팥죽 한 그릇의 거래

팥죽 한 그릇의 거래
창세기 강해 설교 ⑥

지은이 김서택
펴낸곳 주식회사 홍성사
펴낸이 정애주
국효숙 김기민 김서현 김의연 김준표 김진원 송승호 오민택 오형탁
윤진숙 임승철 임진아 임영주 정성혜 차길환 최선경 허은

2000. 3. 2 초판 발행 2018. 12. 17. 10쇄 발행

등록번호 제1-499호 1977. 8. 1
주소 (04084) 서울시 마포구 양화진4길 3 전화 02) 333-5161 팩스 02) 333-5165
홈페이지 hongsungsa.com 이메일 hsbooks@hsbooks.com 페이스북 facebook.com/hongsungsa
양화진책방 02) 333-5161

ISBN 978-89-365-0481-6 (04230)
ISBN 978-89-365-0521-9 (세트)

창세기 강해설교 ⑥ (25~28장)

팥죽 한 그릇의 거래

김 서 택

홍성사

머리말

진정한 축복

옛날에 백인들은 인디언들에게 유리구슬 반 상자를 주고 뉴욕 섬을 샀다고 합니다. 믿음의 조상 이삭의 집에는 하나님의 축복이 상속되고 있었습니다. 야곱은 형 에서에게 팥죽 한 그릇을 주고 장자권을 샀습니다. 그러나 하나님의 축복은 돈을 주고 살 수 있는 성질의 것이 아닙니다. 오직 하나님께서 원하시고 기뻐하시는 자에게 거저 주시는 것입니다.

오늘날 사람들은 눈에 보이는 부귀와 영화를 찾아 이리저리 날뛰고 있습니다. 그러나 진정한 하나님의 축복은 눈에 보이지 않는 데 있습니다. 그것은 성령으로 우리의 속사람을 치료하여 새 사람 되게 하시는 축복입니다. 이 귀한 축복이 믿는 자들의 공동체 안에 있습니다.

이 설교집이 세상에서 빛을 볼 수 있도록 수고하신 홍성사 여러 식구들에게 깊은 감사를 드리며, 이 귀한 축복을 함께 나누었던 제자들교회 식구들에게도 깊은 감사를 드립니다.

새 천년을 시작하며
대구에서

김의환

1 뱃속의 두 아들

아브라함의 아들 이삭의 후예는 이러하니라.
아브라함이 이삭을 낳았고 이삭은 40세에
리브가를 취하여 아내를 삼았으니 리브가는
밧단 아람의 아람 족속 중 브두엘의 딸이요
아람 족속 중 라반의 누이였더라.
이삭이 그 아내가 잉태하지 못하므로
그를 위하여 여호와께 간구하매
여호와께서 그 간구를 들으셨으므로
그 아내 리브가가 잉태하였더니
아이들이 그의 태 속에서 서로 싸우는지라.
그가 가로되 "이 같으면 내가 어찌할꼬?" 하고
가서 여호와께 묻자온대
여호와께서 그에게 이르시되
"두 국민이 네 태중에 있구나.
두 민족이 네 복중에서부터 나누이리라.
이 족속이 저 족속보다 강하겠고
큰 자는 어린 자를 섬기리라" 하셨더라.
그 해산 기한이 찬즉 태에 쌍둥이가 있었는데
먼저 나온 자는 붉고 전신이 갖옷 같아서
이름을 '에서' 라 하였고
후에 나온 아우는 손으로 에서의 발꿈치를
잡았으므로 그 이름을 '야곱' 이라 하였으며
리브가가 그들을 낳을 때에 이삭이 60세이었더라.

창 25:19-26

어렸을 때 저희 집은 무척이나 가난했습니다. 그야말로 끼니를 거르는 것은 예사일 정도였습니다. 그런데 저만 가난했던 것이 아니라 제 주위에 있던 사람들이 다 그렇게 가난했습니다. 제 친구들이나 제가 알고 있던 사람들은 모두 다 가난한 사람들이었습니다. 초등학교에 다니던 저는 어린 마음에 혼자 곰곰이 생각을 해 보았습니다. '왜 나는 돈 많은 부자 나라에서 태어나지 않고 이토록 가난한 나라에서 태어났을까?' 그런데 아무리 생각해도 왜 내가 가난한 나라, 가난한 집에서 태어났는지 알 수가 없었습니다. 그 때 제가 내린 결론은 '내가 왜 이 가난한 나라, 가난한 집에서 태어났는지는 알 수 없지만 일단 이 사실을 받아들이고, 이 가난한 나라에서 다른 사람들을 위하여 할 수 있는 일이 무엇인지 찾으면서 살아 보자' 는 것이었습니다.

　우리는 모두 자신의 문제에 대해 결정을 할 수 있는 인격을 가진 사람들입니다. 그래서 자신의 의사에 반하여 어떤 사항이 결정될 때 마치 인격이 무시당하는 것 같은 느낌을 받습니다. 그러나 우리가 아무리 인격을 가진 존재라 하더라도 모든 것을 스스로 결정할 수는 없습니다. 우리는 많은 부분에서 자신의 의사와 상관 없이 타의에 의해 이미 결정된 채로 태어납니다. 내가 미국 시민으로 태어나느냐 북한에서 태어나느냐 하는 것은 나의 의지와 전혀 상관 없이 결정되는 것입니다. 남자로 태어나느냐 여자로 태어나느냐 하는 것도 내 의사와 상관 없이 미리 결정됩니다.

어떤 여자는 남자로 태어나지 못한 것을 원망합니다. 집안 형편이 너무나도 어려워서 자기가 돌봐야 하는데 여자이기 때문에 시집을 가야만 할 때, 왜 여자로 태어났는지가 원망스럽지요. 그러나 아무리 원망해 봐야 소용이 없습니다. 이것은 자신의 의사와 아무 상관 없이 이미 결정되어 있는 것이기 때문입니다. 건강도 이미 결정된 상태로 태어나는 사람들이 있습니다. 예를 들어 선천적으로 건강이 약하다거나 병을 가지고 태어나는 사람 중에 자기가 원해서 그렇게 된 사람은 아무도 없습니다. 자신의 의사와는 아무 상관 없이 그렇게 태어난 것입니다.

그럴 때 할 수 있는 일이 무엇입니까? 그 사실을 인정하고 그 범위 안에서 최선을 다하여 사는 것입니다. 내가 왜 한국에서 태어났고 왜 여자로 태어났으며 왜 이런 병을 가지고 태어났는지 아무리 원망해 봐야 소용이 없습니다. 일단 그 사실을 인정하고 그 범위 안에서 최선을 다하는 수밖에 없습니다.

오늘 본문은 이삭의 두 쌍둥이 아들에 대해 말씀하고 있습니다. 이삭은 결혼한 후에도 오랫동안 아이를 가지지 못했습니다. 리브가는 몸이 건강했음에도 불구하고 무려 20년 동안이나 임신을 하지 못했습니다. 결국 이삭은 이 문제를 놓고 기도하지 않을 수 없었습니다. 그가 기도했을 때 드디어 리브가가 임신을 하게 되었는데, 나중에 알고 보니 쌍둥이였습니다. 그런데 문제는 이 쌍둥이들이 뱃속에서 너무나 싸운다는 것이었습니다. 그래서 이 일을 어떻게 하면 좋을지 하나님께 여쭈어 보았더니, 이 두 아들의 장래에 대해 말씀해 주셨습니다.

그 말씀의 내용은 아이들이 뱃속에 있는 이 때, 이미 하나님께서는 이들에 대하여 각기 다른 뜻을 가지고 계시다는 것이었습니다. 하나님께서는 이들이 아무 행동도 하기 전, 선한 일도 악한 일도 전혀 하지 않은 상태에서, 하나는 택하여 하나님의 백성이 되게 하시고 다른 하나는 버려서 멸망받게 하겠다는 계획을 말씀하셨습니다. 이것이 놀라운 점입니다. 이 아이들은 아직 태어나지도 않았습니다. 아직 아무 일도 한 것이 없습니다. 그럼에도 불구하고 하나님께서는 이 아이들에 대하여 각기 다른 계획을 가지고 계시다는 것입니다.

기독교의 가르침 중에서도 가장 비밀스러운 것이 바로 이 예정에 대한 가르침입니다. 하나님께서는 그 백성들이 태어나기 전부터 알고 계셨으며 택하셨습니다. 즉 어떤 자들에게는 은혜를 주기로 결정하셨는가 하면, 어떤 자들은 버리기로 결정하신 것입니다. 사실 이 예정에 대한 가르침보다 더 우리를 화나게 하는 것이 없습니다. 만일 하나님께서 이처럼 우리의 의사와 상관 없이 미리 다 결정을 내려 놓으셨다면 인간은 도대체 뭐가 되는 것입니까? 결국 하나님께서 예정하신 자들은 어떻게든 믿게 될 것이고 예정하지 않으신 자는 아무리 믿으려고 애를 써도 못 믿게 될 것 아닙니까?

그러나 우리가 참으로 자기 자신의 모습을 깨닫는다면 이 예정이라는 것이 결코 인간의 의사를 무시하는 것이 아니며, 오히려 이런 방법이 아니라면 구원받을 사람이 단 한 명도 없다는 사실을 알게 될 것입니다. 그리하여 이 예정을 통하여 하나님의 은혜가 얼마나 소중한지를 깨닫고 그 은혜를 더 찬양하게 될 것입니다.

1. 쉽게 아이를 가지지 못하는 이삭

이삭은 아브라함이 노년에 가진 유일한 아들이었습니다. 그는 자기 마음대로 결혼하지 않고 하나님께서 정해 주신 여자와 결혼했습니다. 그런데 하나님께서 정해 주신 이 아내가 오랫동안 아이를 가지지 못했습니다. 혹시 하나님이 기뻐하시지 않는 결혼을 했다면 '아, 내가 하나님께 불순종했기 때문에 그 벌로 아이를 주시지 않는구나' 라고 생각하겠지만, 이 결혼은 하나님이 결정하시고 축복하신 결혼이었습니다. 처음에는 '시간이 좀 지나면 생기겠지' 하면서 가볍게 생각하고 넘어갔는데 결혼한 지 20년이 지나도록 아이는 생기지 않았습니다. 그래서 이삭은 이 문제를 가지고 하나님께 기도하지 않을 수 없었습니다. 25장 21절을 보십시오.

이삭이 그 아내가 잉태하지 못하므로 그를 위하여
여호와께 간구하매 여호와께서 그 간구를 들으셨으므로
그 아내 리브가가 잉태하였더니

우리는 하나님께서 축복하시고 함께하신 결혼인데도 불구하고 이토

록 오랫동안 아이가 생기지 않는 것을 이해할 수가 없습니다. 지금까
지 이삭은 무슨 생각을 하면서 살았습니까? 모든 것을 하나님이 알아
서 하신다는 것입니다. 하나님의 때에, 하나님의 방법으로, 하나님께
서 다 알아서 주신다는 것이 이삭의 믿음이었고, 그는 이 믿음으로 지
금까지 기다렸습니다. 그가 모리아 산에서 죽을 뻔했을 때 깨달은 것
은 '여호와 이레'의 신앙이었습니다. 하나님은 필요한 것을 다 준비해
주신다는 것입니다. 그래서 이 일도 하나님께서 알아서 해 주실 것을
믿고 기다렸는데, 무려 20년이 지나도록 아이는 생기지 않았습니다.
그래서 그는 어쩔 수 없이 이 문제를 놓고 하나님께 기도하지 않을 수
없었습니다.

　사람들은 말로는 하나님께 맡긴다고 하면서, 실제로는 그 문제의 중
요성을 잊어버리고 거기에 무관심해질 때가 많습니다. 우리는 움켜쥐
든지, 아니면 잊어버립니다. 그래서 하나님께서는 이미 우리가 믿음으
로 하나님께 맡겼음에도 불구하고 오히려 응답해 주지 않고 기다리게
하심으로써, 그 문제에 다시 한 번 관심을 집중시키시고 그 문제의 중
요성에 주의를 환기시키시는 것입니다.

　믿는 사람들은 '저절로 신학'을 가지고 있는 경우가 많습니다. 말로
는 믿는다고 하지만 실제로는 그 문제를 잊어버린 채 '하나님이 다 알
아서 하시겠지' 하면서 방관하는 것을 믿음으로 생각하는 것입니다.
그 때 하나님께서는 오히려 그 문제에 빨리 응답해 주지 않으심으로써
우리를 방관의 굴에서, 구경꾼의 위치에서 나오게 하십니다. 그래서
그 문제를 놓고 기도하게 하시고 그 문제의 중요성에 집중하게 하십니
다. 하나님께서는 중요한 문제에 대해 방관하는 자세로 있는 것을 좋

1. 뱃속의 두 아들　**15**

아하시지 않습니다. 하나님께서 우리의 중요한 문제에 더디게 응답하시는 데에는 그렇게 방관하는 자세나 포기하는 자세를 버리고 나와, 그 문제를 놓고 하나님과 의논하고 기도하며 더 적극적인 하나님의 뜻을 찾으라는 의미가 들어 있습니다.

'저절로 신학'의 특징이 무엇입니까? 하나님께 맡겼다는 미명하에 다른 일에 더 열중하는 것입니다. 정작 중요한 문제는 하나님께 맡겼다는 핑계로 밀어 놓은 채, 자기는 돈 버는 문제에 빠지고 사람 만나는 문제에 빠지고 취미생활에 빠집니다. 그리고 여호와 이레의 하나님이 다 알아서 하실 것이라고 하면서, 자기는 그 문제에 책임을 지지 않으려고 합니다. 그럴 때 하나님은 그 기도에 응답하지 않으심으로써 다시 한 번 그 문제에 매달리게 하시고 그 중요성을 인식하게 하시는 것입니다.

하나님께서 이삭의 아이를 늦게 주신 데에는 또 다른 의미가 있습니다. 즉 우리에게 무언가 중요한 가르침을 주시려는 뜻이 있습니다. 아브라함의 경우, 하나님께서 아들을 늦게 주신 이유가 무엇이었습니까? 하나님의 아들은 자연발생적으로 출생하는 것이 아니라 하나님의 말씀으로 만들어진다는 것을 보여 주시기 위해서였습니다. 이삭은 부모가 너무 늙어서 인간의 상식으로는 태어날 수 없는데도 불구하고 하나님의 말씀이 늙은 아버지와 어머니의 몸 속에 역사함으로써 잉태되어 태어난 아들입니다. 하나님의 백성은 자동적으로 만들어지지 않습니다. 도저히 변할 수 없는 사람이 하나님의 말씀에 붙들려 변화됨으로써 하나님의 백성이 되는 것이지, 원래부터 종교성이 있고 기독교 테두리 안에 있다고 해서 되는 것이 아닙니다. 이 점이 이스마엘과 이삭의 다른 점입니다.

그런데 하나님께서는 이삭 역시 아들을 오래오래 기다리게 하셨습니다. 이번에는 그 이유가 무엇입니까? 같은 아들이라 하더라도, 심지어는 쌍둥이라고 하더라도 각 사람에 대해 다른 계획을 가지고 있다는 것을 가르쳐 주시기 위해서입니다. 같은 아들입니다. 같은 어머니에게서 태어난 쌍둥이입니다. 그러나 하나님께서는 이들이 태어나기도 전에 각각에 대해 근본적으로 다른 계획을 가지고 계셨습니다.

그러므로 하나님께서 나를 사랑하심에도 불구하고 나의 필요를 채워 주시지 않고 오래 기다리게 하실 때 '나에게 가르쳐 주시고자 하는 중요한 진리가 있구나' 생각하면서 하나님의 뜻을 기대해야 합니다. 하나님은 분명히 여호와 이레의 하나님이십니다. 그럼에도 불구하고 나의 필요를 오래 채워 주시지 않는 것은 나를 사랑하시지 않거나 무관심하시기 때문이 아닙니다. 나에게 가르쳐 주실 엄청난 진리가 있기 때문입니다.

하나님께 결혼 문제를 맡겼는데도 결혼이 늦어집니까? 이미 하나님의 뜻대로 결혼을 했고 아이의 문제를 하나님께 맡겼는데도 임신이 늦어집니까? 그럴 때 '하나님은 나를 사랑하지 않는다'고 생각하지 말고, '도대체 또 어떤 진리를 나에게 체험하게 하시려고 이렇게 하시는가, 도대체 어떤 큰 은혜를 주시려고 이렇게 기다리게 하시는가, 나를 얼마나 감격시키시려고 이렇게 눈물 흘리게 하시는가' 하는 기대의 마음으로 하나님을 바라보십시오.

2. 뱃속의 두 아들

이삭은 아이를 갖는 문제 앞에 더 이상 '저절로 신학'을 가질 수 없었고, 더 이상 방관한 채로 머물러 있을 수 없었습니다. 그래서 하나님께 기도했고 하나님께서는 그의 기도를 들으셔서 마침내 리브가는 임신을 하게 되었습니다. 얼마나 기쁘고 감사한 일입니까? 그런데 뱃속에 있는 아기가 자라면서 마냥 기뻐할 수만은 없는 일이 벌어졌습니다.

아이들이 그의 태 속에서 서로 싸우는지라.

그가 가로되 "이 같으면 내가 어찌할꼬?" 하고

가서 여호와께 묻자온대(25:22)

리브가의 고민 리브가는 처음에 자신이 쌍둥이를 임신했으며 이 쌍둥이들이 서로 싸우는 바람에 그토록 몸이 불편하다는 사실을 몰랐을 것입니다. 하지만 좌우간 하루도 배가 편할 날이 없이 항상 요동질을 쳤습니다. 오늘 본문에는 "이 같으면 내가 어찌할꼬?"라고 되어 있는데, 다른 번역에는 "이러면 도대체 내가 어떻게 살꼬?"로 되어 있습니다. 다시 말해서 날이면 날마다 엄청난 요동질이 일어나는 바람에 거의 죽을 지경이 되었다는 것입니다. 무엇보다 걱정이 되어서 살 수가 없어요. 다른 부인들은 임신을 해도 배가 조용할 때가 있다는데, 자기는 무언가 쉬지 않고 우당탕거립니다. 도대체 뭘 잘못 먹어서 그런 건지, 정말 아이가 들어 있긴 한 건지, 혹시 무슨 짐승이 든 것은 아닌지 알 수가 없습니다.

그렇지 않아도 여자들은 임신을 하면 과연 정상적인 아이가 태어날 것인지에 대해 걱정을 많이 합니다. 그런데 이렇게 요동질이 심하니 어떻게 걱정이 되지 않겠습니까? 또 몸은 몸대로 힘들어서 견딜 수가 없었습니다. 그래서 이 문제를 가지고 하나님께 나아갔습니다.

여기에서 중요한 것은 리브가가 어떤 방식으로 하나님께 나아갔느냐 하는 것입니다. 우리는 어려운 문제가 있을 때 여러 가지 방식으로 하나님의 뜻을 구합니다. 때로는 설교를 통해 하나님의 뜻을 구하기도 하고, 성숙한 신앙의 선배를 찾아가서 상담하기도 합니다. 또 어떤 경우에는 일반적이고 상식적인 방법을 통해 하나님의 뜻을 찾기도 합니다. 예를 들어서 리브가가 요즘 세상에 살았더라면 당장 병원에 가서 초음파 검사를 해 보고 답을 얻었을 것입니다. 그러나 리브가는 고대의 인물입니다. 그는 하나님께 "제 몸이 대체 왜 이렇습니까? 다른 사람들은 임신해도 잘만 사는데 저는 왜 이렇게 속이 편한 날이 하루도 없습니까?" 하고 물을 수밖에 없었습니다.

물론 그 당시에도 사람들은 개인적으로 기도할 수 있었습니다. 그러나 이런 문제에 대해서는 하나님의 선지자를 찾아가서 묻게 되어 있었습니다. 특히 리브가의 경우에, 하나님의 응답이 어떤 직감적인 느낌이 아니라 구체적인 예언의 말씀으로 주어진 것을 보면 어떤 선지자와 상담한 것이 분명합니다. 문제는 이 선지자가 누구냐 하는 것입니다. 아브라함은 선지자였습니다. 그러나 이 성경은 이 선지자가 아브라함이라고 굳이 말하고 있지 않습니다. 어쩌면 우리가 모르는 또 다른 선지자가 있었는지도 모릅니다.

그러나 이삭은 분명히 선지자였습니다. 리브가는 자기 남편에게 물

없을 가능성이 아주 큽니다. 그러니까 이 때만큼은 이삭이 리브가에게
남편이 아니라 목회자요 선지자가 되는 것입니다. 성경이 이 부분에
침묵을 지키고 있기 때문에 분명히 이삭이 리브가를 상담했다고 단정
지어 말할 수는 없습니다. 그러나 그 밖의 다른 가능성이 적기 때문에,
이삭이 남편이 아니라 선지자의 자격으로 이 문제에 대하여 하나님께
물은 후에 그 뜻을 리브가에게 전달했다고 볼 수 있는 여지가 많습니
다.

목사는 집에서는 남편이자 아버지입니다. 그러나 어떤 영적인 문제
가 생겼을 때에는 더 이상 남편이나 아버지로서가 아니라 목회자로서
그 문제에 접근하게 됩니다. 또 목사가 없는 집일 경우에는 그 가정에
서 영적으로 가장 성숙한 사람이 선지자가 됩니다. 아내가 선지자가
될 수도 있고, 딸이 집안의 위기에 대한 하나님의 뜻을 전할 수도 있습
니다. 어느 가정이든지 그 가정에서 영적으로 가장 성숙한 사람이 선
지자가 되는 것입니다.

하나님은 무엇이라고 말씀하셨습니까?

여호와께서 그에게 이르시되
"두 국민이 네 태중에 있구나.
두 민족이 네 복중에서부터 나누이리라.
이 족속이 저 족속보다 강하겠고
큰 자는 어린 자를 섬기리라" 하셨더라 (25:23).

리브가는 이 말씀을 통해 자신이 쌍둥이를 가졌다는 사실을 안 것

같습니다. 전에는 혹시 무슨 죽을 병에 걸려서 이처럼 하루도 속이 편한 날 없이 요동질을 한다고 생각했을 수도 있습니다. 그런데 알고 보니 뱃속에 쌍둥이가 있었으며 이 쌍둥이들이 기를 쓰고 싸우는 바람에 하루도 편한 날이 없던 것이었습니다. 그렇다면 도대체 이 쌍둥이들은 왜 이렇게 기를 쓰고 싸우는 것입니까?

하나님께서는 이 두 쌍둥이가 하나 될 수 없는 사람들이기 때문에 싸운다고 말씀하십니다. 우리 상식으로 쌍둥이는 뱃속에서 하나는 아래로 하나는 위로 어긋나게 있는 법입니다. 애들이 마주 봐야 싸울 텐데 이렇게 거꾸로 있으면서 어떻게 싸웠는지 모르겠습니다. 발바닥을 이빨도 없는 입으로 물어뜯었는지, 발을 서로 잡아당겼는지 모르겠지만, 어쨌든 인간의 모습이 생기면서부터 죽어라고 싸웠습니다.

보통 형제가 태어나면 한 민족으로 살아갑니다. 성질이 좀 안 맞아도 그냥 삽니다. 그러나 이들은 한 민족이 되지 못하고 나뉠 것이라고 말씀하십니다. 그것도 늙은 후에 그 자손들이 나뉘게 되는 것이 아니라, 뱃속에서부터 나뉜다는 것입니다. 뱃속에 이미 국경이 있다는 거예요. 보통 민족은 핏줄로 나뉩니다. 핏줄이 같을 때 대개는 한 민족으로 생각합니다. 그런데 여기에서 핏줄 외에 또 다른 민족의 개념이 생기고 있습니다. 그것이 무엇입니까? 하나님의 선택입니다. 하나님의 선택에 따라 같은 핏줄을 가진 한 형제인데도 민족이 나뉘고 있습니다.

하나님께서 뱃속에서 서로 싸우는 이 두 쌍둥이를 통해 보여 주시고자 하는 것이 무엇입니까? 하나님의 백성은 단순히 자기 자신의 선행이나 노력으로 되는 것이 아니라 하나님의 영원한 작정에 따라 된다는 것입니다. 사도 바울은 로마서 10장 10절부터 13절에서 이렇게 말씀하고 있습니다.

> 이뿐 아니라 또한 리브가가 우리 조상 이삭 한 사람으로
> 말미암아 잉태하였는데 그 자식들이 아직 나지도 아니하고
> 무슨 선이나 악을 행하지 아니한 때에
> 택하심을 따라 되는 하나님의 뜻이 행위로 말미암지 않고
> 오직 부르시는 이에게로 말미암아 서게 하려 하사
> 리브가에게 이르시되 "큰 자가 어린 자를 섬기기라"
> 하셨나니 기록된 바 "내가 야곱은 사랑하고 에서는
> 미워하였다" 하심과 같으니라.

'선택'의 문제

기독교의 가르침 중에 가장 위험한 것이 바로 이 선택의 교리입니다. 하나님께서는 아직 우리가 태어나기도 전에, 착한 일이나 악한 일을 하기도 전에 우리를 택하시기로 영원히 작정하셨습니다. 사실 이 선택의 교리만큼 하나님을 불리하게 만드는 것이 없습니다. 사람들은 이 가르침을 듣자마자 반발합니다. 태어나기도 전에 결정적으로 예정해 놓았다면 도대체 인간은 무엇 때문에 태어나고 무엇 때문에 살며 무엇 때문에 선행을 해야 하느냐는 것입니다. 그럼에도 불구하고 성경은 분명히 우리가 태어나기도 전에 영원한 하나님의 작정에 따라 구원받았다고 말씀하고 있으며, 리브가의 뱃속에서부터 두 민족이 나뉠 수밖에 없다고 단언하고 있습니다.

그 이유가 무엇입니까? 우리가 우리의 본성을 바로 안다면 이 하나

님의 선택에 대해 오히려 찬양드리지 않을 수 없을 것입니다. 이 세상
에 태어나는 인간들 가운데 하나님께 택함받을 만한 사람은 단 한 사
람도 없기 때문입니다. 자발적으로 하나님의 백성이 될 수 있는 사람
은 단 한 사람도 없습니다. 다윗은 시편 51편에서 무엇이라고 고백했
습니까?

> 내가 죄악중에 출생하였음이여,
> 모친이 죄중에 나를 잉태하였나이다(시 51:5).

모친이 죄악중에 자기를 잉태했다는 것입니다. 이것은 아기를 가지
는 것 자체가 죄라는 뜻이 아닙니다. 사람은 처음 잉태될 때부터, 아예
만들어질 때부터 죄 가운데 있었으며, 따라서 그 본연의 모습 그대로
하나님의 백성이 될 수 있는 사람은 아무도 없다는 것입니다.

사람은 누구나 죄 가운데서 만들어집니다. 이삭의 두 쌍둥이 아들은
둘 다 처음에 만들어질 때부터 하나님의 백성이 될 자격이 없었습니
다. 그럼에도 불구하고 하나님께서는 그 중에 하나를 택하여 한평생
말씀으로 찾아오시고 은혜로 설득하셔서 결국은 하나님의 백성으로
만들어 놓고야 마십니다. 둘 다 하나님의 백성이 될 수 없는데 둘 중에
하나를 택하여 끝까지 물고 늘어져서 변화시킴으로써 그 백성으로 만
드시는 것입니다. 야곱이 하나님의 백성이 된 것은 그가 처음부터 경
건했거나 신앙생활을 착실히 했기 때문이 아닙니다. 오직 그가 나기도
전에 하나님께서 그를 주목하셨고, 그의 죄성에도 불구하고 끊임없이
찾아와 변화시키셨기 때문입니다.

'선택' 외에는
구원의 길이
없다

이 선택의 교리보다 더 인간의 죄성을 잘 드러내는 것이 없습니다. 이 선택의 교리보다 더 하나님의 은혜를 잘 나타내는 것이 없습니다. 우리는 나중에 이 두 쌍둥이가 태어나는 모습을 보게 됩니다. 둘 중에 어느 누구도 하나님의 백성의 모습을 가지고 있지 않았습니다. 그럼에도 불구하고 하나님께서는 그 중에 하나를 택하여 끝까지 붙드시고 끝까지 설득하시며 끝까지 변화시켜서 결국은 하나님의 백성이 되게 하셨습니다. 이것이 하나님의 선택이요 예정입니다. 이처럼 예정은 우리를 구원하고자 하시는 하나님의 의지와 열정을 나타냅니다.

그러나 우리에게는 또 다른 의문이 있습니다. 만약 그렇다면 왜 쌍둥이를 둘 다 선택하지 않으신 것입니까? 둘 다 변화시키고 둘 다 끝까지 물고 늘어지지 왜 하나만 택하셨습니까? 하나님께서 공평하게 두 사람 모두를 선택했거나 버리셨다면 아마 아무도 이의도 달지 않았을 것입니다. 인간의 불만은 왜 불공평하게 하나는 택하시고 하나는 버리셨느냐는 것입니다.

여러분, 이것이 바로 하나님의 주권입니다. 하나님께는 우리를 구원하셔야 할 의무나 책임이 전혀 없습니다. 만일 하나님께 그런 의무나 책임이 있다면, 우리는 하나님의 구원에 대해 전혀 감사하거나 영광돌릴 생각을 하지 않을 뿐 아니라 이 모든 일을 아주 당연하게 생각할 것입니다. 하나님께서는 이 구원을 통해 참으로 영광받으시기 위해서, 이 구원을 통해 전심으로 하나님을 찬양하게 하기 위해서 일부는 버리시기로 작정하신 것입니다.

구체적으로 어떤 사람을 버리시는지는 우리가 알 수 없습니다. 그러나 같은 인간임에도 불구하고, 같은 형제임에도 불구하고, 같은 쌍둥

 팥죽 한 그릇의 거래

이임에도 불구하고, 같은 부부임에도 불구하고 그 중에 일부를 버리신다는 것은 분명합니다. 그리하여 우리의 구원이 당연한 것이 아니라 하나님의 은혜라는 것을 알게 하시고, 이 구원에 대해 하나님을 찬양하며 기뻐하게 하십니다.

하나님께서는 우리가 예정 때문에 불평하지 못하도록 하기 위해, 어떤 것은 우리의 의지와 상관없이 정해진 채로 태어나게 하셨습니다. 남자로 태어나느냐 여자로 태어나느냐, 유대인으로 태어나느냐 일본인으로 태어나느냐 하는 것은 우리가 결정할 수 있는 일이 아닙니다. 그것은 내 의사와 상관 없이 결정되는 것으로서, 우리는 그것을 받아들이지 않을 수 없습니다.

하나님의 택함을 받지 못한 자의 특징이 무엇입니까? 하나님의 말씀을 경멸하는 것입니다. 자신이 하나님보다 더 능력있고 똑똑하다고 생각하는 것입니다. 하나님을 무시하고 업신여기는 것입니다. 그들은 교만 가운데 자기 멋대로 살다가 영원한 멸망으로 떨어집니다. 택함받은 자들도 원래는 그들과 똑같았습니다. 그러나 그들은 말씀을 통해 하나님이 얼마나 크고 오묘하신 분인지 깨닫고, 두렵고 떨리는 마음으로 살게 된 사람들입니다.

하나님은 공평한 분이십니다. 이 세상에서 자기 하고 싶은 대로 다 하며 사는 사람들은 반드시 멸망당할 것입니다. 하나님을 두려워하지 않는 사람들은 공부하고 싶은 만큼 다 공부하고 돈 벌고 싶은 만큼 다 법니다. 사기를 치든 도둑질을 하든 벌고 싶은 대로 벌고 누리고 싶은 대로 누립니다. 그런 사람들은 멸망당하는 것이 당연합니다. 만약 그런 사람이 한 명이라도 천국에 들어온다면, 그것이야말로 불공평한 일이 될 것입니다. 이 세상에서 제멋대로 다 하면서 다른 사람을 업신여기며 산 사람은 천국에 발가락 하나도 들여놓으면 안 됩니다.

그리스도인들은 누구입니까? 이 세상에서 온갖 고난을 다 받는 사람들입니다. 낮아질 대로 낮아진 사람들입니다. 하고 싶은 말도 다 못 하고 하고 싶은 일도 다 못 합니다. 야곱은 성경에 나오는 인물들 중에 가장 많은 연단을 받은 사람입니다. 야곱의 연단은 그야말로 눈물겨운 것이었습니다. 야곱만큼 쓰라린 경험을 한 사람이 없었습니다. 그 이유가 무엇입니까? 변화되어야 했기 때문입니다. 하나님의 백성으로 만들어져야 했기 때문입니다. 야곱은 자기 꾀에 빠져 젊은 시절을 노예로 보냈고, 사랑하는 아내를 잃었으며, 쫓기며 살았습니다. 바로를 만났을 때 자기가 130년을 살았지만 험악한 인생을 살았다고 고백할 정도로 그는 힘들게 살았습니다.

그렇게 변화되지 않았다면 야곱 같은 사람이 어떻게 하나님의 백성이 될 수 있었겠습니까? 하나님은 참 공평하신 분입니다. 자기 하고 싶은 대로 다 하는 사람은 복을 받을 수 없으며 영원한 영광에 들어갈 수 없습니다. 예배드리고 싶으면 드리고 빠지고 싶으면 빠져 가면서 제멋대로 살던 사람이 하나님의 영광에 들어간다는 것은 정말 불공평한 일입니다. 진리를 붙들고 자기의 모든 욕망을 포기한 채 이런 소리 저런 소리 다 들어가면서 산 사람과 자기 하고 싶은 대로 다 하고 산 사람이 어떻게 같을 수가 있습니까?

택함받은 사람은 하나님이 바꾸어 놓으십니다. 바뀌지 않으면 치십니다. 야곱은 한평생 도망을 쳤습니다. 그의 인생은 하나님과의 숨바꼭질이었습니다. 은혜를 베풀려 하면 도망치고 베풀려 하면 도망쳤습

니다. 결국 하나님은 얍복 강에서 그의 다리를 치셨습니다. 우리의 신
앙생활도 숨바꼭질입니다. 여러분 자신도 알고 있지 않습니까? 하나
님께 잡히지 않으려고 얼마나 요리조리 피하고 있습니까? 그러나 여
러분이 정말 하나님이 택하신 백성이라면 잡힐 때가 있습니다. 하나님
께서 잡으실 때는 손으로 잡지 않으십니다. 아예 도망갈 생각을 못 하
도록 작살을 꽂으십니다.

여러분, 더 이상 도망가지 마십시오. 이 세상에서 갈 데까지 다 가
본 사람은 사람은 결국 지옥으로 가게 됩니다. 돈 벌고 싶은 만큼 다
번 사람, 돈이 너무 많이 들어와서 지겨운 사람, 세종대왕 얼굴만 봐도
입맛이 떨어지는 사람이 어디로 가겠습니까? 공부하고 싶은 만큼 다
한 사람, 너무 지겹게 많이 해서 얼굴이 다 마비될 지경인 사람들이 어
디로 가겠습니까? 그러나 하나님께서 사랑하시겠다고 한번 찍은 사람
은 끝까지 추격하십니다. 긴 말 하시지 않습니다. 작살로 박아 버립니
다. 그러면 손들고 돌아오지 않을 수 없습니다.

이것이 하나님의 예정입니다. 하나님이 한 명 한 명 그런 식으로 추
적하지 않으셨다면, 교회에 사람들이 모여지지가 않았을 것입니다. 우
리가 보통 사람들입니까? 보통으로 할 일이 많고 보통으로 똑똑한 사
람들입니까? 자발적으로 여기에 올 리가 없어요. 하나님이 한 명 한
명 찾아가서 쓰러뜨리셨기 때문에 결국은 끌려온 것입니다. 그런데 이
렇게 끌려와서도 졸면서 딴 생각 하면 되겠습니까? 딴 생각이 나거든
얼른 의자에서 내려와 무릎 꿇고 앉아서 예배드려야 합니다. 실컷 딴
생각하다가 축도 소리에 깜짝 놀라서 깨고 그러면 안 돼요. 예배드리
는 이 시간이 얼마나 중요한지 알고 정신을 차려야 합니다.

3. 쌍둥이의 출생

배에서 싸우는 쌍둥이가 어떻게 생겼는지 보고 싶지 않습니까? 도대체 어떻게 생긴 아이들이길래 뱃속에서부터 이렇게 전쟁을 치르고 있을까요? 그런데 이 아이들이 마침내 태어나게 되었을 때 보니, 역시 예상대로 대단했습니다.

> 그 해산 기한이 찬즉 태에 쌍둥이가 있었는데
> 먼저 나온 자는 붉고 전신이 갖옷 같아서
> 이름을 '에서'라 하였고
> 후에 나온 아우는 손으로 에서의 발꿈치를 잡았으므로
> 그 이름을 '야곱'이라 하였으며
> 리브가가 그들을 낳을 때에 이삭이 60세이었더라
> (25:24-26).

두 사람 모두
자격이 없지만

큰아들은 온몸에 붉은 털이 덮여 있었습니다. '갖옷'은 '털옷'입니다. 아기는 아기인데 마치 털옷을 입은 것처럼 온통 털복숭이였어요. 그것도 보통 털이 아니라 붉은 털이었습니다. 도대체 사람인지 짐승인지 구별이 안 될 정도였습니다. 아기 때의 모습이 이후의 삶에 얼마나 많은 영향을 미치는지는 모르겠지만, 여하튼 나중에 에서는 짐승처럼 전혀 통제되지 않는 기질을 가지고 욕심껏 살았습니다. 그는 말씀으로 길들일 수 없는 사람이었습니다.

그러면 아우는 어떠했습니까? 아우는 털이 없이 맨질맨질했지만, 이 아이 역시 보통이 아니었습니다. 아니 오히려 한 술 더 떠서 형의 발꿈치를 잡고 나왔습니다. 갓 태어난 아기가 무슨 힘이 있길래 발꿈치를 잡느냐고 생각할 수도 있겠지만, 아기들이 얼마나 힘이 센지 모릅니다. 잘못하다 머리카락이라도 잡히면 한 움큼씩 빠지는 것이 예사입니다.

한번 생각해 보십시오. 하나는 짐승같이 막 덤벼드는 아이입니다. 아이인데도 우직하기 짝이 없습니다. 또 하나는 약삭빠르게 피하는 아이입니다. 꼭 사기꾼 같아요. 이 두 아이는 마치 곰과 사기꾼 같았습니다. 이런 아이들이 싸우니까 엄마의 배가 편할 리가 없지요.

고대인들은 씨름을 자주 했습니다. 그런데 씨름 기술 중에 자기가 쓰러지는 척하면서 상대방의 발꿈치를 잡아 쓰러뜨리는 기술이 있었습니다. 그래서 발꿈치를 잡는다는 것은 상대방을 속인다는 의미로 사용되었습니다. '야곱'이라는 이름은 이 발꿈치를 뜻하는 '야켑'에서 나왔습니다.

우리가 하나님이라면 곰을 택하겠습니까, 사기꾼을 택하겠습니까? 우리라면 미련해도 곰 쪽을 택할지 모르겠습니다. 그러나 하나님께서는 사기꾼 쪽을 택하셔서 한평생 연단한 끝에 구약에서 가장 성숙한 믿음의 조상을 만들어 놓으셨습니다. 창세기에서 야곱보다 더 은혜를 끼치는 사람이 없습니다. 야곱처럼 변화된 사람이 없어요. 그러나 이 간사한 사람이 진실한 하나님의 사람이 되기까지는 엄청난 시련과 연단이 있어야 했습니다.

하나를 택하여
연단하시다

오늘 본문이 우리에게 말씀하시려는 것이 무엇입니까? 우리가 하나님의 백성이 되는 것은 우리 안에 그럴 만한 가능성이 있어서가 절대로 아니라는 것입니다. 우리는 둘 중에 하나입니다. 미련한 곰이든지 속이는 사기꾼입니다. 어느 누구도 하나님의 백성이 되기에는 적합하지 않습니다. 그러나 하나님께서는 우리를 아주 오래 전부터, 영원 전부터 그 백성으로 만들기로 작정하셨으며, 끊임없는 숨바꼭질 끝에 결국은 우리를 사로잡아 그 말씀에 무릎꿇게 하심으로써 우리의 욕심과 계산을 버리고 온전히 하나님의 뜻을 따르는 신실한 하나님의 백성이 되게 하십니다.

오늘 우리가 그리스도인이 되고 하나님의 백성이 된 것은 절대로 우리의 공로 때문이 아니라는 것을 깨달아야 합니다. 우리는 선택의 교리를 들을 때 하나님이 불공평하시다고 불평할 것이 아니라, 그만큼 우리가 간악하며 하나님의 백성 될 자격이 없고, 하나님의 인자하심과 신실하심이 아니었다면 멸망받을 수밖에 없는 사람들이었다는 것을 생각해야 합니다. 아직도 숨바꼭질을 하고 있습니까? 아직도 도망치고 있습니까? 이제 하나님께 항복하십시오. 더 이상 숨바꼭질 하지 마십시오. 어느 한순간 하나님이 확 움켜쥐시면, 그 때는 폐인이 되는 것입니다. 하나님께서 한번 정하신 사람은 어떻게 해서든지 자기 백성으로 만들어 놓으시기 때문입니다.

우리 자신의 변화된 모습을 보십시오. 하나님은 그 어떤 사람도 변화시키실 수 있다는 것을 인정하지 않을 수 없지 않습니까? 곰같이 미련한 사람이든지 사기꾼같이 약삭빠른 사람이든지 하나님께서 한번 마음만 먹으시면 어떻게 해서라도 변화시켜서 그 앞에 무릎꿇게 하시며 천사보다 더 나은 모습으로 만들어 놓으십니다. 사람은 사람을 절대로 못 바꿉니다. 부모도 자식을 못 바꿉니다. 하나님의 인자하심과 신실하심 외에는 우리를 하나님의 백성으로 만들 것이 없습니다.

가장 가까운 이들 가운데 끝까지 하나님을 거부하고 죽는 사람이 있을 때, 왜 그를 구원해 주지 않으셨느냐고 하나님께 항의해서는 안 됩니다. 아무리 가족이고 부부라고 하더라도 그 사람의 불신앙의 책임을 하나님께 돌려서는 안 됩니다. 우리는 자신의 미련한 고집 때문에 멸망할 수밖에 없는 자들이 있다는 사실을 인정해야 합니다. 그러나 살아 있는 동안에는 그 어떤 사람에게도 가능성이 열려 있습니다. 그러므로 죽기 전까지는 누구에 대해서도 그 선택 여부를 놓고 단정을 내리지 마십시오. 하나님은 그렇게 하는 것을 가장 싫어하십니다. 우리가 다른 사람의 예정을 놓고 이러니저러니 하는 것은 하나님을 그 보좌에서 끌어내리는 것과 같습니다.

구원의 문은 모든 사람에게 열려 있습니다. 누구든지 예수 이름을 부르기만 하면 구원을 받을 수 있습니다. 그러나 똑같은 복음을 듣고서도 복음을 업신여기고 하나님을 욕되게 하며 자기 욕심대로 사는 사람은 자기의 미련함 때문에 결국 멸망당할 것입니다.

2 팥죽 한 그릇의 거래

그 아이들이 장성하매
에서는 익숙한 사냥꾼인 고로 들사람이 되고
야곱은 종용한 사람인 고로 장막에 거하니
이삭은 에서의 사냥한 고기를 좋아하므로
그를 사랑하고 리브가는 야곱을 사랑하였더라.
야곱이 죽을 쑤었더니 에서가 들에서부터 돌아와서
심히 곤비하여 야곱에게 이르되
"내가 곤비하니 그 붉은 것을 나로 먹게 하라"
한지라. 그러므로 에서의 별명은 '에돔' 이더라.
야곱이 가로되 "형의 장자의 명분을 오늘날 내게
팔라." 에서가 가로되 "내가 죽게 되었으니 이
장자의 명분이 내게 무엇이 유익하리요?"
야곱이 가로되 "오늘 내게 맹세하라."
에서가 맹세하고 장자의 명분을 야곱에게 판지라.
야곱이 떡과 팥죽을 에서에게 주매
에서가 먹으며 마시고 일어나서 갔으니
에서가 장자의 명분을 경홀히 여김이었더라.

창 25:27-34

어렸을 때 부모님이 용돈이나 과자를 주시면 그 돈으로 당장 무엇을 사먹거나 그 과자를 먹어치워야 직성이 풀리는 아이가 있는가 하면, 나중을 대비하여 착실하게 아껴두는 아이도 있습니다. 그래서 나중에 보면 당장 사먹는 아이가 늘 아껴두는 아이한테 돈을 빌려달라고 하든지 과자를 좀 나누어 먹자고 부탁하는 모습을 보게 됩니다.

사실 살아가면서 지금 가지고 있는 것을 다 써 버릴 것이냐 미래를 위해 아껴둘 것이냐 하는 것은 언제나 우리를 딜레마에 빠뜨리는 문제입니다. 미래는 불확실한 것입니다. 그래서 어떤 사람은 미래를 믿지 않고 현재를 위해서 삽니다. 당장 필요한 것이 있으면 일단 돈을 써 버리고, 돈이 없으면 카드를 쓰든지 옆집에서 돈을 빌려서라도 하고 싶은 것을 합니다. 또 어떤 사람은 지금 먹고 싶은 것이 있어도 사 먹지 않고 입고 싶은 옷이 있어도 사 입지 않으면서 미래를 대비합니다. 왜냐하면 지금 조금만 참으면 좀더 윤택한 미래가 오리라고 믿기 때문입니다.

개인이나 사회가 불안하면 불안할수록 현재지향적이 되는 것을 볼 수 있습니다. 성격이 불안한 개인은 무엇을 쌓아 놓지 못합니다. 돈이 있으면 들고 나가서 써 버려야 마음이 후련하고 편안합니다. 사회도 불안하면 미래를 생각하지 않고 소비지향적이 됩니다. 그에 비해 안정된 성격을 가진 개인은 미래를 위해 차곡차곡 쌓아두며, 사회도 안정될수록 미래를 대비해서 근검절약하는 것을 볼 수 있습니다.

오늘 본문이 말씀하려는 것이 바로 이것입니다. 하나님의 백성들에게는 반드시 미래의 약속이 있습니다. 이 세상 사람들에게는 미래가 불확실할지 모르지만 하나님의 백성들에게는 확실한 미래가 있습니다. 그래서 참으로 하나님의 약속을 믿는 사람은 오늘 모든 것을 다 누리거나 오늘 모든 것을 다 쓰지 않습니다. 오히려 현재에 많은 즐거움을 포기하면서 미래에 하나님께서 주실 축복을 기대합니다. 이것이 그리스도인의 삶입니다.

팥죽 사건으로
드러난 차이

기도의 사람 이삭에게는 쌍둥이 아들이 있었습니다. 그런데 이 두 아들은 태어날 때부터 외모나 성격이 너무나도 달랐습니다. 그리고 이러한 차이는 자라가면서 더 심해졌습니다. 형 에서는 성격이 굉장히 남성적이었고 현재지향적이었습니다. 반면에 동생 야곱은 성격이 대단히 안정적이었고 미래지향적이었습니다. 물론 어떤 사람의 성격이나 직업만을 가지고 그 사람의 신앙에 대해 말할 수는 없습니다. 그런데 이 두 사람의 생각이나 인생관을 극명하게 보여 주는 사건이 하나 일어났습니다. 그것은 바로 팥죽 사건이었습니다. 물론 이 사건은 두 사람 모두에게 결코 아름다운 일이 아니었습니다.

사냥꾼이었던 에서가 하루는 완전히 지친 상태로 집에 들어오게 되었습니다. 야곱은 팥죽을 쑤고 있었습니다. 배가 너무 고팠던 에서는 팥죽을 좀 달라고 했습니다. 그러자 야곱은 늘 마음속으로 생각하고 있던 비장의 카드를 제시했습니다. 그것은 팥죽 대신 형의 장자권을 자기에게 넘기라는 것이었습니다. 다시 말해서 거래를 하자는 것입니다. 에서는 별 생각 없이 지금 당장 죽을 지경인데 장자권이 다 무슨 소용이냐면서 그것을 넘겨 주겠다고 맹세하고 팥죽을 사 먹습니다.

장자권을 과연 이런 식으로 사고 팔 수 있느냐 하는 점은 둘째 문제로 치더라도, 이 에서라는 인물은 미래에 대한 생각이 전혀 없는 사람이었습니다. 그에게는 눈앞에 있는 현재가 모든 것이었습니다. 중요한 것은 지금 배고픈 것이고, 장자권이 어떻게 되든지 그건 그 때 가서 보자는 것이 에서의 사고방식이었습니다. 당장 눈앞에 보이는 어려운 현실 때문에 하나님께서 주고자 하시는 엄청난 축복에 무관심했던 에서는 나중에 하나님의 축복에서 영원히 제외되고 맙니다. 25장 34절을 보십시오.

　야곱이 떡과 팥죽을 에서에게 주매
　에서가 먹으며 마시고 일어나서 갔으니
　에서가 장자의 명분을 경홀히 여김이었더라.

이것이 에서에 대한 성경의 평가입니다. 이것은 단지 에서와 야곱에게 국한되는 문제가 아니라 오늘 우리 모두의 문제이기도 합니다. 우리에 대한 하나님의 약속은 모두 미래형으로 되어 있습니다. 지금 우리가 맛보고 있는 것은 하나님이 앞으로 주실 축복의 지극히 작은 부분에 불과합니다. 어떤 사람은 하나님께서 앞으로 주실 그 모든 축복을 온전히 누리기 위해, 오늘 먹어야 할 것을 먹지 않고 누려야 할 것을 누리지 않습니다. 이렇게 모든 욕망을 억제하면서 말씀대로 살려고 애를 씁니다. 그러나 어떤 사람들은 미래가 불확실하다는 생각 때문에 일단은 먹고 입고 차 굴리고, 장래 일은 그 때 가서 보자는 식으로 삽니다.

예수님의 제자 가롯 유다가 바로 그런 사람이었습니다. 가롯 유다는 눈앞의 이익 때문에 주님과 함께 고난받기를 거부했습니다. 은 삼십에 하나님이 주시는 말씀의 종의 축복을 포기한 것입니다. 그 결과 그는 영원한 반역자의 대열에 서게 되었습니다. 미래를 위해 오늘 절제하지 못하는 사람, 미래의 문제는 그 때 가서 보고 오늘 당장 모든 것을 쓰고 즐기고 끝장내자는 사람은 분명히 하나님의 축복을 누리지 못한다고 오늘 성경은 말씀하고 있습니다.

1. 두 쌍둥이 아들의 차이

이삭의 두 쌍둥이 아들은 서로 상반되는 기질을 가지고 자라났습니다. 성인이 된 그들은 성향도 완전히 달랐고 직업도 완전히 달랐습니다.

그 아이들이 장성하매 에서는 익숙한 사냥꾼인 고로
들사람이 되고 야곱은 종용한 사람인 고로

장막에 거하니(25:27).

어떤 사람의 기질이나 직업을 가지고 그 사람의 구원 여부를 말할 수는 없습니다. 예를 들어서 에서는 상당히 남성적인 기질을 가진 사람으로서, 사냥꾼이 직업이었습니다. 그렇다고 해서 에서처럼 남성적인 사람이나 사냥꾼은 하나님의 백성이 될 수 없으며, 야곱처럼 늘 조용하고 집에 붙어 있는 사람이어야 백성이 될 수 있다고 말할 수는 없습니다.

오늘 본문이 말씀하고자 하는 것은 야곱에 비하여 에서가 훨씬 더 잘나가는 사람이었다는 것입니다. 고대 사람들의 직업 중에서 가장 인기 있는 직업이 바로 사냥꾼이었습니다. 얼핏 생각하기에는 그게 무슨 인기 있는 직업인가 싶을 수도 있지만, 그 당시에는 남성다움이 가장 큰 매력으로 꼽혔고, 가장 남성다운 사람은 역시 사냥꾼이었습니다. 사냥꾼은 몇 주에 걸쳐서 짐승을 추격합니다. 그리고 단 한 방에 끝장을 내 버립니다. 그렇게 잡은 짐승을 목에 척 걸고 돌아오는 남자야말로 온 동네 여자들의 선망의 대상이지요.

반면에 야곱이 장막에 거했다고 해서 늘 장막 안에서 잠만 자는 게으른 사람이었다고 생각해서는 안 됩니다. 그는 목축을 하는 사람이었습니다. 그런데 그 당시에는 남자가 목축한다는 것을 높이 평가하지 않았습니다. 그래서 그냥 '장막에 거했다'고 표현한 것입니다. 나중에 야곱의 생애를 보면 알겠지만, 그는 대단히 치밀하며 과학적인 사고방식을 가진 사람이었습니다. 아마 그가 요즘 세상에 살았더라면 유전과학자 같은 사람이 되었을 것입니다. 그는 목축을 해도 그냥 무식하게 양도 패고 소도 때려 가면서 한 것이 아니라 대단히 과학적이고 합리적으로 여러 가지 경험을 정리해 가면서 했습니다. 요즘 세상이었다면 에서보다는 야곱 같은 기질이 더 인정받았을지 모릅니다. 그러나 그 당시의 기준으로 보면 에서에 비해 전혀 주목이나 인정을 받지 못하는 보잘것없는 사람에 불과했습니다.

그 당시 사람들에게 매력 포인트가 무엇이었을 것 같습니까? 털입니다. 온몸에 털이 나 있는 남자야말로 진짜 남자지요. 그런데 에서는 태어날 때부터 털옷을 입고 있었습니다. 또 고대의 영웅은 전부 사냥꾼들이었습니다. 사냥꾼들은 대개 판단력과 순발력을 갖추고 있었고, 사람들은 그런 이들을 지도자로 추앙했습니다.

 이 두 형제를 현대판으로 옮겨 놓는다면, 에서는 우리 사회에서 아주 인정받고 각광받는 인물 유형입니다. 예를 들어 국제 변호사 자격을 가지고 오늘은 이 나라 내일은 저 나라, 비행기를 타고 날아 다니면서 바쁘게 일하고 돈 많이 버는 사람들이 요즘 얼마나 인기 있습니까? 우리 나라 사람들은 바쁘게 돌아다니는 것을 굉장히 좋아합니다. 인정받는 사람들은 여기저기 많이 불려 다닙니다. 그래서 "요즘 많이 바쁘신 것 같네요. 바쁜 게 좋은 거지요"라는 인사들을 많이 합니다.

그런데 야곱은 에서에 비하면 평범한 하급 공무원이나 샐러리맨, 또는 만년 과장 같은 사람이라고 할 수 있습니다. 책상에 앉아서 치밀하게 줄도 긋고 사무도 보지만 외국에 나갈 일은 한 번도 없습니다. 그나마 제주도 한번 가 보려고 곗돈을 붓고 있는 것이 고작입니다. 거의 대부분의 사람들은 이런 평범한 삶을 원치 않습니다. 기왕 세상에 태어난 이상, 비행기 타고 이 나라 저 나라 다니면서 세상을 한번 주물러

보고 싶지요.

그런데 우리가 성경에서 보는 것은 그런 사회적인 인정이나 사람들의 인정이 하나님 앞에서는 전혀 고려의 대상이 되지 못한다는 사실입니다. 하나님께서 사랑하신 사람은 그 사회에서 주목받았던 에서가 아니라 장막에 있던 야곱이었습니다. 우리 사회에는 확실히 다른 사람들보다 머리나 능력이 뛰어난 사람들이 있습니다. 그러나 그들의 뛰어난 머리나 능력은 그 사람 자신이 특별해서 얻은 것이라기보다는, 이 사회가 효과적으로 돌아가려면 어차피 그런 사람이 있어야 하기 때문에 하나님이 주신 것입니다.

그러나 대개의 사람들은 자기가 무언가 특별해서 그런 머리나 능력을 가지고 있는 것처럼 생각하기 쉽습니다. 그런 사람들은 자기가 가지고 있는 것이 하나님으로부터 왔다고 생각하지 않습니다. 그들의 불행은 하나님 앞에서 조용히 자기 자신에 대해 생각할 시간이 없다는 것입니다. 한 가지 일이 끝나면 또 바쁘게 그 다음 일을 시작해야 합니다. 혼자 가만히 있기에는 너무나도 유명하고 재주가 많습니다. 다른 사람들이 조용히 있을 시간을 주질 않아요. 그래서 결국 하나님 앞에서 자기의 모습을 생각할 기회를 한 번도 얻지 못하게 되는 것입니다.

예수님께서 처음 사역을 시작하셨을 때 병을 고치고 귀신을 쫓으셨습니다. 그 때 사람들이 얼마나 많이 몰려왔던지 조용히 기도하실 시간이 없었습니다. 새벽에 한적한 곳에 나가서 기도하실 때에도 제자들이 막 찾으러 오니까 예수님은 "나는 복음을 전하러 온 것이니 다른 곳으로 가자"고 하셨습니다. 인간 세상은 어쩔 수가 없습니다. 자꾸 사람들 사이에 소문이 나고 여러 사람들의 지지를 받아야 무슨 일을 할 수가 있습니다. 대표적인 것이 민주정치입니다. 아무리 똑똑한 사람이라도 다른 사람들이 지지해 주지 않으면 힘을 쓸 수가 없습니다.

그러나 하나님께서 축복을 주시는 데에는, 얼마나 많은 사람들이 인정해 주며 얼마나 사회에서 성공했는가가 전혀 고려의 대상이 되지 않는다고 분명히 말씀하고 있습니다. 하나님께서는 평범하게 집에서 목축업을 하고 있는 야곱을 사랑하셨습니다. 세상에서 지위가 높아지고 많은 사람들의 지지와 인정을 받는 것은 하나님의 사랑을 받는 일과 전혀 관계가 없습니다. 이 세상에 성공하는 사람들이 있는 것은 어차피 이 사회를 위해 하나님께서 몇 명에게는 성공할 만한 능력과 두뇌를 주시기 때문입니다. 꼭 그 사람이기 때문에 주시는 게 아니에요. 어차피 누군가에게 주시는 것입니다. 그런데도 사람들이 그의 능력을 추켜세우고 그를 중심으로 모여서 그를 높일 때, 하나님께서는 하늘에서 인간의 어리석음을 조용히 비웃으실 것입니다.

2. 부모의 왜곡된 사랑

하나님께서 부모를 주신 것은 자녀들이 부모를 통해 하나님을 좀더 더 잘 알게 하시기 위해서입니다. 하나님께서는 부모들의 무조건적인 사랑이나 권위를 통해 사람들이 그분을 더 잘 알게 하셨습니다. 왜냐하면 부모의 사랑이나 권위는 바로 하나님 자신의 것을 나누어 주신 것이기 때문입니다. 그러나 부모가 하나님의 말씀에 따라 자녀를 키우지 않고 자신의 기질이나 성향에 따라 키울 때, 그 자녀들이 하나님의 뜻을 대단히 왜곡되게 깨닫는 것을 보게 됩니다. 28절을 보십시오.

> 이삭은 에서의 사냥한 고기를 좋아하므로 그를 사랑하고
> 리브가는 야곱을 사랑하였더라.

이 쌍둥이들이 태어나기 전에 하나님께서 이삭 부부에게 주신 말씀이 무엇이었습니까?

> 여호와께서 그에게 이르시되
> "두 국민이 네 태중에 있구나.
> 두 민족이 네 복중에서부터 나누이리라.
> 이 족속이 저 족속보다 강하겠고
> 큰 자는 어린 자를 섬기리라" 하셨더라(25:23).

하나님께서는 이 두 쌍둥이가 태어나기 전부터 각각에 대해 서로 다른 계획을 가지고 계시며, 하나님께서 은혜를 주기로 작정하신 아들은 작은아들임을 분명히 밝히셨습니다. 만일 이것이 사실이라면 이 부모는 아들들을 어떻게 키웠어야 마땅합니까?

무엇보다 먼저 그들은 인간적인 능력이 하나님의 사랑을 받는 조건이 아니라는 것을 가르쳐 주었어야 합니다. 에서는 자기의 남성다운 기질과 많은 사람들의 인정을 근거로 스스로 우월하다고 생각하고 있습니다. 그럴 때 부모는 "네가 우월한 능력을 가지고는 있지만 하나님이 은혜 주시기로 작정한 사람은 네가 아니라 동생 야곱이다. 그러니

무엇을
가르쳐야
했나?

까 너는 야곱을 통해 은혜를 받아야 한다"고 가르쳐 주었어야 합니다. 또 야곱에 대해서는 "비록 다른 사람들에게는 인정받지 못하는 보잘 것없는 사람 같지만, 너는 하나님의 은총이 약속된 사람이다. 그러니 더 겸손하게 다른 사람들을 포용해야 한다"고 가르쳐 주었어야 합니다. 다시 말해서 야곱이 하나님의 은혜와 축복을 받게 되는 것은 그럴 만한 자격이 있어서가 아니라 하나님께서 순전히 은혜와 사랑으로 주신 것이므로 감사할 수밖에 없다는 것을 가르쳐 주었어야 합니다.

그러나 이삭과 리브가는 하나님의 말씀에 따라 자식을 키우는 대신, 자신들의 기준에 따라 편애했습니다. 이삭은 큰 자가 작은 자를 섬겨야 한다는 말씀을 분명히 들었으면서도 에서가 잡아오는 짐승들의 고기가 좋아서 그를 사랑하고 인정했습니다. 여기에서 이삭이 에서를 사랑했다는 것은 단순히 자식으로 사랑했다는 것이 아닙니다. 여전히 그를 자기의 장자로 생각해서 우대하며 특별하게 대했다는 것입니다. 그가 에서를 사랑한 것은 하나님의 말씀 때문이 아니었습니다. 순전히 자신의 취향과 맞았기 때문이었습니다. 이삭은 '남자는 자고로 남자다워야 한다. 털도 좀 있고 밖에서 며칠씩 뛰어다니며 살아야 한다' 고 생각한 것 같습니다. 그는 야곱을 인정할 수가 없었습니다. 야곱은 너무나도 조용하고 계산적이고 이기적이었습니다.

반면에 리브가는 야곱을 사랑했습니다. 이것은 어떻게 보면 하나님의 말씀에 일치하는 것 같습니다. 그러나 실제로는 리브가도 말씀 때문에 야곱을 사랑한 것이 아닙니다. 남편이 큰아들을 편애하니까 그에 대한 반발로, 혹은 작은아들이 늘 집에 있으면서 크고 작은 일을 도와주었기 때문에 좋아한 것입니다.

신앙의 부모들은 자신의 취향에 따라 자식들을 편애해서는 안 됩니다. 또 세상적인 기준에 따라 사랑해서도 안 됩니다. 공부 잘한다고 특별히 인정하고 사랑하면 안 돼요. 왜 그렇습니까? 하나님께서 부모를 주신 것은 부모를 통해 그분 자신을 나타내기 위해서이기 때문입니다. 자식들이 부모를 보면서 '하나님은 이런 분이시구나. 하나님은 나에 대해 이런 계획을 가지고 계시구나' 하고 깨달을 수 있도록 부모를 주신 것입니다. 그런데 부모가 자기 욕심에 따라 어떤 아이는 사랑하고 어떤 아이는 미워하며, 어떤 아이는 우대하고 어떤 아이는 멸시한다면 그 아이가 하나님의 뜻을 깨닫는 데 얼마나 큰 어려움을 겪겠습니까?

이삭이 할 일은 큰아들이 잡아다 주는 귀한 사슴고기나 들짐승들의 고기를 먹으면서 축복하는 것이 아닙니다. 에서가 아무리 남성적인 기질을 가지고 있고 그 사회에서 인정을 받는 자라 하더라도 그런 것을 가지고는 하나님 앞에 나아갈 수 없으며, 그가 참으로 하나님의 은혜를 받으려면 겸손하게 동생 밑으로 들어가서 볼품없는 그를 상전처럼 인정해야 한다는 것을 가르쳤어야 합니다. "이 사슴고기 같은 것은 필요 없다. 이런 건 가져다 주지 않아도 돼. 단, 네가 정말 은혜를 받으려면 동생 밑으로 들어가야 한다. 이것이 하나님의 뜻이다" 하고 가르쳤어야만 합니다. 그런데 이삭은 낮추어야 할 에서를 오히려 높였기 때문에 에서는 야곱 앞에서 낮아질 수가 없었을 뿐 아니라 오히려 더 미워하고 증오했습니다. 그래서 결국은 하나님께 돌아오지 못하고 야곱을 박해하고 핍박하는 원수로 남게 되었습니다.

하나님께서 리브가의 뱃속에서부터 야곱과 에서를 갈라 놓으셨다고 해서 그들이 반드시 원수가 되어야 하는 것은 아니었습니다. 하나님의

에서, 돌아올 기회를 잃다

백성이 되고 안 되는 것은 이미 뱃속에서부터 하나님의 계획에 따라 정해진 것이지만, 그래도 에서는 야곱을 통해 얼마든지 하나님의 은혜를 받을 수 있었습니다. 야곱을 인정하기만 했다면, 야곱을 장자로 생각하기만 했다면 에서도 은혜를 받을 수 있었습니다. 그런데 이삭이 에서를 추켜세워 주고 우월감을 심어 주었기 때문에, 에서는 결국 하나님의 말씀으로 돌아올 수 없었습니다.

리브가도 마찬가지입니다. 리브가가 참으로 말씀에 따라 자녀를 키웠다면 자기 아들이면서도 집에 붙어 있지 않고 늘 사냥만 다니는 에서를 미워할 것이 아니라, 어떻게 해서든지 에서와 야곱이 화해할 수 있도록 중간에서 조정했어야만 합니다. 그러나 리브가가 야곱을 사랑한 것은 자기 마음에 들었기 때문이고, 자기 성향이나 취향에 맞았기 때문입니다. 그래서 결국은 야곱도 하나님 앞에서 자신의 존귀함을 깨닫지 못하고 하나님의 은혜를 믿지 못하게 되었습니다.

잘못된 사랑　　부모의 잘못된 사랑이 자식들을 아주 잘못된 자기 도취에 빠지게 할 때가 많습니다. 부모가 자식들에게 가르쳐 주어야 할 것이 무엇입니까? "사람은 누구나 하나님 앞에서 똑같은 피조물이다. 우리 모두 죄인이고 티끌이다. 그러니 너는 이 세상에서 다른 사람들과 함께 어울려 사는 법을 배워야 한다"는 것입니다. 그런데 "넌 특별해. 그러니 맞지 말고 때리고 들어와. 그리고 컨닝을 해서라도 1등 해야지" 하니까 그 아이가 하나님 앞에 돌아오는 데 부모가 장애물이 되는 것입니다.

자기 자식이 특별한 두뇌나 능력을 가지고 있다면 "하나님께서 다른 사람을 섬기게 하시려고 너에게 이런 걸 주신 거야. 그러니 이걸로 너 자신을 성취하려 들거나 자기 신화를 창조하려 해서는 안 돼. 그러면 하나님께 버림받는다. 너는 이런 걸로 남을 섬기는 것을 배워야 해. 굳이 네가 아니라도 하나님은 누구한테나 이런 머리나 재능을 주실 수 있어”라고 말해 주어야 합니다. 그런데 부모들이 “1등이라구? 아이고, 내 새끼가 1등이란다, 1등!” 하면서 맛있는 것 사 주고 선물 사 주니까 자식들이 자기 도취에 빠져서 남에게 상처를 주고 나서도 그게 얼마나 큰 죄인지를 모르는 것입니다.

이삭과 리브가가 에서에게 “너 인기 따라가지 마. 사람들에게 인정 좀 받는다고 해서 하나님께 사랑받는 것이 아니야. 넌 집에 좀 있어야 해”라고 했다면, 혹시 당장은 에서가 “난 그렇게 하기 싫어요” 하면서 집을 뛰쳐나갔다고 해도 나중에 그 말을 기억하고 돌아올 수 있었을 것입니다. 그런데 “더 인기 끌어라, 더 사냥해 가지고 와라, 더 사람들한테 칭찬받아라” 하니까 돌아올 기회가 아예 없어지고 만 것입니다. 이삭이 짐승의 고기 때문에 에서의 기질을 지지하고 인정하는 바람에 에서는 정말 하나님 앞에서 겸손해질 기회를 놓치고 말았습니다.

또한 그들이 야곱을 격려하고 하나님이 그를 사랑하신다는 것을 가르쳐 주었더라면 형을 속이고 아버지를 속여 가면서까지 축복을 받으려고 하지는 않았을 것입니다. 야곱은 아버지를 믿지 못했습니다. 그래서 하나님이 벧엘에서 나타나셨음에도 불구하고 하나님을 믿지 못했습니다. 결국 그는 밧단 아람에 가서 자기 방식대로 결혼을 하고 무려 20년이 넘어서야 하나님께 돌아오게 됩니다. 야곱이 택함받은 자임에도 불구하고 이처럼 오랜 연단과 환난을 겪은 후에야 하나님께 돌아올 수 있었던 것은 자기 아버지에게서 온전한 하나님의 모습을 보지 못했기 때문입니다.

3. 팥죽 한 그릇에 장자권을 팔다

이삭의 두 아들이 가지고 있는 사고방식은 우연한 한 사건을 통하여 표출되었습니다. 어느 날 야곱이 집에서 죽을 쑤고 있는데 에서가 대단히 지치고 피곤한 상태로 집에 돌아오게 되었습니다. 에서는 죽을 보자마자 당장 좀 달라고 요구했습니다.

> 야곱이 죽을 쑤었더니 에서가 들에서부터 돌아와서
> 심히 곤비하여 야곱에게 이르되
> "내가 곤비하니 그 붉은 것을 나로 먹게 하라" 한지라.
> 그러므로 에서의 별명은 '에돔'이더라(25:29, 30).

너무나도 배가 고픈 상태에서 돌아왔기 때문에 죽을 달라는 소리도 나오지 않았습니다. 에서는 "그 붉은 것을 나로 먹게 하라"고 말하고 있습니다. 사람이 배가 너무 고프면 밥 달라는 소리도 나오지 않는 법입니다. "제발 저 흰 것 좀 주세요" 하지요. 이 장면을 한번 생각해 보십시오. 한 사람은 배가 고파서 숨이 넘어갈 지경인데 또 한 사람은 눈 하나 깜짝하지 않고 계속 죽만 젓고 있습니다. 너무나도 대조적인 모습입니다.

야곱은 그토록 오래 기다렸던 순간이 마침내 왔다고 생각했습니다. 그는 장자권을 놓고 흥정을 벌였습니다. 31절을 보십시오.

> 야곱이 가로되 "형의 장자의 명분을 오늘날 내게 팔라."

다시 말해서 팥죽과 장자의 권리를 바꾸자는 것입니다. 그런데 이 말에 대한 에서의 대답은 전혀 뜻밖의 것이었습니다. 화를 내면서 당장 집어치우라고 소리를 버럭 지를 줄 알았는데, 오히려 자기가 지금 죽게 되었는데 그런 장자권 같은 것은 가지고 있어서 무엇을 하겠느냐면서 당장 팥죽이나 달라는 것입니다. 그래서 야곱이 맹세하라고 하니까 맹세까지 하면서 장자권을 팔았습니다.

야곱이 가로되 "오늘 내게 맹세하라."
에서가 맹세하고 장자의 명분을 야곱에게 판지라(25:33).

장자권이라는 것이 무엇입니까? 이것이 사고 팔 수 있는 성질의 것입니까? 이 장자권은 두 가지 방향에서 생각해야 합니다. 하나는 그 당시 사회적인 관행이고 다른 하나는 신앙적인 입장입니다. 사회적으로 장자는 부모의 재산을 다른 자식들의 배나 되게 상속받을 수 있는 권리가 있었습니다. 또 다른 아들들이 종의 아들이면 재산의 전부를 상속받을 수 있었습니다. 그런데 야곱은 종의 자식이 아니니까 에서는 아버지 재산의 삼분의 이를 상속받을 수 있었습니다. 장자권의 의미

그뿐만 아니라 장자는 집안 일에 대하여 재판을 할 수 있었습니다. 그는 중요한 결정을 내릴 수 있었으며 집안 사람이 음란한 죄나 부정한 일을 저질렀을 때 사형도 명할 수 있었습니다. 또한 장자는 가족들을 위하여 최후의 축복을 할 수 있는 권한을 가지고 있었습니다. 그 당시 사람들은 축복도 재산의 형태로 생각했습니다. 재물은 실현된 축복이요, 축복은 아직 실현되지는 않았지만 언젠가는 반드시 실현될 약속

어음과 같은 것으로 생각했습니다. 그런데 이렇게 축복할 수 있는 권한이 장자에게만 있었습니다.

그러나 더 중요한 것은 장자권이 가지고 있는 영적인 의미였습니다. 하나님의 장자에게는 말씀이 임했습니다. 하나님은 그분이 정한 사람에게만 말씀을 주셨습니다. 그리고 그가 드리는 예배에 임재하셨습니다. 그가 드리는 예배에는 하나님과 함께하는 감동이 있었고 뜨거움이 있었으며 죄 용서가 있었고 새로워지는 힘이 있었습니다. 장자권이 무엇보다 중요한 것은 바로 하나님의 말씀이 임하고 죄 용서가 있는 이 영적인 이유 때문인 것입니다.

이 장자권은 돈을 주고 사거나 팔 수가 없습니다. 오로지 하나님이 원하시는 자에게만 주시는 것입니다. 물론 이 장자권을 원치 않는 사람은 받을 수 없었습니다. 장자권이란 자기가 원한다고 해서 받을 수 있는 것은 아니지만 원치 않고 포기하는 사람에게는 절대로 오지 않는 것입니다. 하나님께서는 이 영적인 장자의 축복을 야곱에게 주기로 오래 전부터 작정해 놓으셨습니다. 그럼에도 불구하고 에서가 이 장자권을 업신여겨서 의도적으로 포기했을 때 그는 참으로 이 축복으로부터 멀어지게 되었습니다. 하나님께서는 장자권을 중요하게 생각하지 않는 자에게 절대로 그 축복을 주시지 않습니다.

에서가 이렇게 하나님의 축복을 소홀하게 생각한 이유는 무엇이겠습니까? 그에게는 미래가 없었기 때문입니다. 그는 많은 사람들에게 인정과 칭찬을 받는 것에 만족하고 있었으며 스스로를 대단하게 여기고 있었습니다. 그는 미래의 축복을 믿지 않았습니다. '지금 당장 배가 고픈데 장자권이 무슨 소용이 있는가, 지금 당장 죽게 생겼는데 미

래가 무슨 소용이 있는가, 그 때 일은 그 때 가서 보는 거지' 하는 것
이 에서의 사고방식이었습니다. 그는 사냥을 하면서 모든 것이 한순간
에 결정된다는 것을 알았습니다. 숨을 멈추고 화살을 당겼다가 쏘면,
그 한 방으로 결정이 나는 것입니다. 재수가 좋으면 잡는 것이고 재수
가 없으면 못 잡는 것이지 미래의 축복이라는 게 어디 있습니까? 에서
는 모든 것이 찰나주의였습니다. 그는 철저하게 오늘 현재를 위해서
모든 것을 다 써 버렸습니다. 그 결과 원래 자기 것이 아니긴 했지만,
자기 자신 역시 아무 미련 없이 하나님의 축복을 차 버리고 만 것입니
다.

오늘 본문이 우리에게 말씀하려고 하는 것이 무엇입니까? 하나님의
백성들에게는 반드시 보장된 미래가 있다는 것입니다. 그런데 하나님
의 백성이라고 하면서도 오늘 모든 힘을 다 탕진하고, 오늘 모든 돈을
다 써 버리고, 오늘 모든 음식을 다 먹어 버리고, 오늘 모든 것을 다 즐
겨 버리는 사람은 내일 하나님 앞에서 얻을 것이 분명히 없다는 것입
니다.

지금 이 세상에 있는 것은 하나님이 앞으로 우리에게 주실 것의 천
분의 일, 만분의 일도 되지 않습니다. 중요한 것은 전부 다 미래에 대
한 약속의 형태로 있습니다. 그래서 위대한 신앙의 인물들은 이 세상
에서 모든 것을 다 가지거나 누리려고 하지 않았습니다. 그들은 억지
로 집을 가지려고 하지 않았습니다. 억지로 좋은 차를 타려고 하지 않
았습니다. 억지로 사람들의 명성과 칭찬을 구하려고 하지 않았습니다.
지금 모든 것을 다 가져 버리면 분명히 미래가 없다는 것을 알았기 때
문입니다.

가룟 유다를 기억하십시오. 그는 말씀의 사역자로 부름을 받았습니다. 그보다 더 존귀한 일이 어디 있습니까? 그러나 유다는 미래의 축복을 믿지 않았습니다. 그는 현재에 모든 것을 끝장내는 사람이었습니다. 그래서 은 삼십 개에 말씀의 종이 되는 이 축복을 팔아 버림으로써, 영원히 구원받지 못했을 뿐만 아니라 배반자의 반열에 서게 되었습니다.

오늘 우리들은 어떻습니까? 하나님의 말씀을 들으면서 날마다 새로워지는 것과 이 세상에서 모든 부귀와 생활의 편의를 누리는 것 가운데 어느 것을 더 중요하게 생각하고 있습니까? 거의 대부분의 사람들은 야곱이 아니라 에서의 길을 가고 있습니다. 말로는 믿는다고들 하지만 미래를 생각하지 않습니다. 여기에서 모든 것을 끝장내려고 듭니다. 이 세상에서 좀더 나은 자리를 얻을 수 있다면 얼마든지 말씀을 포기할 수 있고, 이 세상에서 사람들에게 좀더 인정받을 수 있다면 얼마든지 신앙을 포기할 수 있습니다. 그래서 신앙이 액세서리요 여가선용에 불과해졌습니다. 시간이 나면 좀 신앙생활 하고 시간이 없으면 그만이라는 식으로 살고 있는 모습을 많이 볼 수 있습니다. 그러나 여러분, 이 땅에 있는 것은 팥죽입니다. 우리를 영원히 배부르게 하지 못합니다.

야곱이
알았던 것

야곱이 이 장자권의 중요성을 깨달은 것은 자기 집에 있는 어떤 비밀을 알게 되었기 때문입니다. 야곱은 집에 있는 시간이 많았기 때문에 자기 집에 내려오고 있는 아브라함의 축복에 관해 알게 되었던 것 같습니다. 이삭의 집은 교회였습니다. 이 교회 안에는 구전의 형태로 내려오는 하나님의 말씀이 있었습니다. 그는 그 말씀을 통하여 장자권이야말로 이 세상에서 가장 중요한 것이라는 사실을 깨닫게 되었습니다. 야곱이 팥죽 한 그릇으로 장자권을 사려고 했던 것은 재산을 더 받기 위해서가 아니었습니다. 실제로 그는 재산을 하나도 물려받지 못했습니다. 그러나 그는 하나님의 말씀, 예언의 말씀, 하나님이 임재하시는 예배, 하늘이 갈라지고 천사가 오르락내리락하는 예배, 즉 성령의 축복을 물려받았습니다. 창세기 끝부분에 이르면 야곱이 지팡이에 의지해서 자손만대를 축복하는 장자권을 행사하는 모습을 볼 수 있습니다.

그러나 야곱은 하나님의 축복이 거저 주어지는 은혜라는 사실은 알지 못했습니다. 아무 자격이 없어도 사랑하시는 자에게 말씀의 종이 되는 축복을 주신다는 것을 몰랐어요. 그래서 자기 노력으로 이 장자권을 사려고 했습니다. 하나님이 먼저 그를 사랑하셨는데도 불구하고, 그는 자기 나름대로 하나님을 짝사랑했습니다. 이것은 종의 신앙이요 율법의 신앙입니다. 결국 그는 쓸데없이 많은 비용을 지불해야 했습니다. 그리고 얍복 강가에서 환도뼈가 위골되고 자기 힘으로 도저히 살 수 없게 되어 울면서 은혜를 간구하게 되었을 때에야 비로소 하나님이 거저 주시는 은혜를 진정으로 체험할 수 있게 되었습니다.

하나님께서 오늘 우리에게 질문하시는 것이 무엇입니까? 오늘 우리는 무엇을 위하여 살고 있느냐는 것입니다. 우리는 하나님 앞에서 누리게 될 축복에 소망을 가지고 있습니까? 지금 당장 누리기 위해 말씀과 성령의 감동을 놓치는 것은 하나님의 축복을 팥죽 한 그릇 먹고 팔아 버리는 것과 같습니다. 우리에게 중요한 것이 무엇입니까? 내 귀에 하나님의 말씀이 들리는 것입니다. 하나님의 말씀을 듣고 나의 삶이 새로워지는 것입니다. 이것이 없는 신앙은 에서의 신앙입니다. 그는 분명히 아무것도 얻지 못할 것입니다. 오늘 이 현실에 있는 것을 붙들기 위해 힘을 쓰는 사람은 하나님 앞에서는 분명히 빈손으로 서게 될 것입니다. 그래서 예수님은 천국은 침노하는 자가 빼앗는다고 하셨습니다.

현명한 사람은 이 세상에서 모든 것을 누리지 않는 사람입니다. 누가 엄청난 돈을 준다고 해도 안 받아요. 엄청난 재산을 관리하다가 말씀의 기쁨을 잃어버리면 어떡합니까? 하나님이 앞으로 주실 그 축복을 붙들고 이 세상의 것을 움켜쥐지 않는 사람이 현명한 사람입니다. 베드로 사도가 말한 것이 무엇입니까? 이 세상에 있는 영광은 들의 꽃과 같다는 것입니다. 꽃이 얼마나 아름답습니까? 그러나 그렇게 아름다운 꽃도 이틀만 지나면 시들어 버립니다. 이 세상의 영광이 그렇습니다. 젊음이 그렇습니다. 마치 우리를 영원히 행복하게 해 줄 것 같지만 조금만 지나면 아무것도 아닙니다. 직장에서 좀더 인정받기 위해서 신앙을 팥죽 한 그릇에 팔아 버리고, 자기가 추구하는 어떤 목표를 위해 말씀을 포기하는 사람들의 이름은 가장 어리석은 자의 명단에 남게 될 것입니다.

사랑하는 여러분, 하나님의 은혜는 전적으로 구하는 자에게 주어집니다. 돈을 못 벌고 싶어서 못 버는 것이 아닙니다. 좋은 집에서 살기 싫어서 안 사는 것이 아닙니다. 영원한 축복을 움켜쥐기 위해서 할 수 있어도 안 하는 것입니다. 좀더 말씀을 읽고 말씀 가운데 변화되며 영혼이 새로워지고 하나님께 더 가까워지는 이 축복을 움켜쥐기 위해,

이 장자권의 축복을 놓치지 않기 위해 오늘 참읍시다.

3 동일한 어려움에 빠진 이삭

아브라함 때에 첫 흉년이 들었더니
그 땅에 또 흉년이 들매 이삭이 그랄로 가서
블레셋 왕 아비멜렉에게 이르렀더니
여호와께서 이삭에게 나타나 가라사대
"애굽으로 내려가지 말고 내가 네게 지시하는 땅에
거하라. 이 땅에 유하면 내가 너와 함께 있어 네게
복을 주고 내가 이 모든 땅을 너와 네 자손에게
주리라. 내가 네 아비 아브라함에게 맹세한 것을
이루어 네 자손을 하늘의 별과 같이 번성케 하며
이 모든 땅을 네 자손에게 주리니 네 자손을 인하여
천하 만민이 복을 받으리라. 이는 아브라함이
내 말을 순종하고 내 명령과 내 계명과 내 율례와
내 법도를 지켰음이니라" 하시니라.
이삭이 그랄에 거하였더니
그 곳 사람들이 그 아내를 물으매
그가 말하기를 "그는 나의 누이라" 하였으니
리브가는 보기에 아리따우므로 그 곳 백성이
리브가로 인하여 자기를 죽일까 하여
'그는 나의 아내라' 하기를 두려워함이었더라.
이삭이 거기 오래 거하였더니 이삭이 그 아내
리브가를 껴안은 것을 블레셋 왕 아비멜렉이
창으로 내다본지라.

이에 아비멜렉이 이삭을 불러 이르되
"그가 정녕 네 아내여늘 어찌 네 누이라 하였느냐?"
이삭이 그에게 대답하되 "내 생각에 그를 인하여
내가 죽게 될까 두려워하였음이로라."
아비멜렉이 가로되 "네가 어찌 우리에게 이렇게
행하였느냐? 백성 중 하나가 네 아내와 동침하기
쉬웠을 뻔하였은즉 네가 죄를 우리에게 입혔으리라."
아비멜렉이 이에 모든 백성에게 명하여 가로되
"이 사람이나 그 아내에게 범하는 자는 죽이리라"
하였더라.

창 26:1-11

사람이 사람다울 수 있는 것은 이전 조상들의 경험을 축적해서 사용할 수 있는 능력이 있기 때문입니다. 우리는 전기를 발견하기 위해 벤자민 프랭클린처럼 폭풍 치는 날 하늘에 연을 날리지 않습니다. 또 증기기관을 발명하기 위해 불 위에 냄비나 주전자를 놓고 실험을 되풀이하지 않습니다. 우리는 우리 조상들이 발견한 것이나 발명한 것들을 그대로 사용하기만 하면 됩니다. 만약 이 모든 것을 매번 다시 실험해서 개발해야 한다면 인간의 삶은 원시인의 상태에서 조금도 벗어나지 못할 것입니다. 신앙도 마찬가지입니다. 우리는 신앙적으로 아주 미개한 상태에서 여러 가지 문제와 어려움들을 겪어 나가는 가운데 하나씩 하나씩 깨달아 갑니다. 그런데 만일 영적인 문제들을 전부 직접 경험해야만 성숙할 수 있다면 우리는 신앙적으로 늘 미개한 상태를 벗어나지 못할 것입니다.

우리 믿음의 형제들 중에는 어른이 된 후에 복음을 듣고 신앙을 가지게 된 분들이 많습니다. 이 일이 얼마나 귀한 축복인지에 대해서는 더 이상 말할 필요가 없습니다. 그러나 우리가 인정해야 할 아주 중요한 사실이 하나 있습니다. 그것은 이렇게 어른이 되어 회심했을 경우에는 어려서부터 신앙으로 잔뼈가 굵어진 것이 아니기 때문에, 어떤 어려움에 부딪쳤을 때 비교해 볼 수 있는 경험이 없다는 것입니다. 그래서 모든 것을 백지 상태에서 시작해야 합니다.

예를 들어 어려서부터 신앙생활을 해 온 사람들은 그 동안 수없이 많은 것을 보고 들었기 때문에 자기도 모르는 새에 그 속에 많은 지혜가 들어와 있고, 따라서 모든 것을 새로 시작할 필요가 없습니다. 그러나 성인이 되어서 신앙생활을 시작한 사람들은 문제에 부딪칠 때마다 매번 새로운 어려움으로 와 닿으면서 어떻게 해결해야 좋을지 감이 잡히지가 않습니다. 특히 그렇게 나중에 믿게 된 사람이 교회 지도자의 위치에 서게 될 때에는 더욱 그렇습니다. 목사나 장로는 수많은 영적인 일들에 대하여 결단을 내려야 하거나 문제들을 해결해야 하는데, 과거에 경험한 것이 없는 탓에 늘 새로운 상태에서 시작해야 하기 때문입니다. 이것은 일종의 영적인 미개 상태라고 할 수 있습니다. 그래서 사도 바울은 믿은 지 얼마 되지 않는 사람들을 장로로 세우지 말라고 했습니다.

그러나 우리가 이 세상에 살면서 서로 인생 경험들을 나눈다면 직접 모든 것을 경험하지 않더라도, 비슷한 경우에 처했을 때 도움을 받을 수 있습니다. 신앙도 마찬가지입니다. 만약 우리가 많은 어려움 가운데 살아남은 성숙한 믿음의 선배들과 함께 신앙생활 할 수 있는 기회를 얻었다면 이보다 더 귀한 축복이 없습니다. 물론 위대한 신앙 인물들의 전기나 간증집 등을 통해서도 배울 수는 있습니다. 그러나 전기나 간증집들은 아주 세세한 경험까지는 다루지 못합니다. 실제로 가까이에서 보고 함께 경험하는 것과는 비교가 되지 않지요. 그야말로 백문이 불여일견입니다.

저는 아주 어려서부터 신앙생활을 했습니다. 네다섯살 때부터 교회에 다니기 시작했고, 대학생 때 한 2년 정도 신앙생활 하지 않은 것을 빼면 그야말로 교회에서 잔뼈가 굵었다고 할 수 있습니다. 그러나 저에게 가장 어려웠던 점은 막상 어려움이나 시험에 빠졌을 때 거울로 삼을 만한 믿음의 인물들이 생각나지 않는다는 것이었습니다. 그렇게 오래 교회에 다녔는데도 어려움 속에서 말씀을 붙들고 승리한 사람을 보지 못했습니다. 그래서 전부 바닥에서부터 시작해야만 했고, 신앙의 기초부터 모든 것을 다시 경험해야만 했습니다.

오늘 본문은 흉년이 들었을 때 이삭이 가나안 땅을 떠나 그랄 땅에 가서 경험한 일을 보여 주고 있습니다. 성경이 말씀하고자 하는 것은 이것입니다. 이런 흉년은 이삭 때 처음 찾아온 일이 아닙니다. 아브라함 때에도 찾아왔고, 그 때 아브라함은 바로 이 그랄 땅에서 한 번 실패한 적이 있었습니다. 이 곳에서 자기 아내 사라를 누이라고 했다가 아비멜렉에게 빼앗긴 적이 있었던 것입니다. 그런데 우리는 놀랍게도 이삭이 아브라함의 실수를 그대로 반복하고 있는 것을 볼 수 있습니다.

그 이유가 무엇입니까? 이삭은 아브라함의 경험으로부터 배운 것이 별로 없었던 것 같습니다. 아버지의 실패에 별로 관심이 없었는지, 아니면 그 때 너무 어려서 배울 기회가 없었는지 모르겠지만, 여하튼 이삭은 아브라함의 풍부한 경험으로부터 많은 유익을 얻을 수 있었음에도 불구하고 그렇게 하지 못한 채 똑같은 일을 반복하고 있습니다. 다시 말해서 이삭은 거듭난 하나님의 사람임에는 틀림이 없지만, 어려움을 극복할 만한 연단된 신앙은 없었다는 것을 알 수 있습니다. 그는 백지 상태에서 모든 것을 새로 경험하고 있습니다.

오늘 말씀이 우리에게 증거하고 있는 것이 무엇입니까? 왜 선배들의 그 풍성한 경험으로부터, 그 실패로부터 많은 것을 얻지 못하고, 날마다 백지 상태에서 또 시작하고 또 시작하느냐는 것입니다. 왜 선배들의 풍성한 자원은 생각지도 않고 모든 것을 새롭게 경험해야 한다고 고집을 부리고 있느냐는 것입니다. 이렇게 자신이 경험하는 것만이 신앙의 전부라고 생각하는 사람은 '신앙적인 원시인'이라고 말할 수밖에 없습니다.

시대는 변해도 사람은 그렇게 변하지 않습니다. 그리스도인이 경험하게 되는 문제들도 그렇게 변화되지 않습니다. 그럼에도 불구하고 우리는 자꾸 새 것만 찾고 있습니다. 새로운 책, 새로운 영화, 새로운 잡지를 찾습니다. 그러나 신앙의 영역에서야말로 우리는 위대한 믿음의 사람들이 실패했던 경험으로부터 수많은 지혜를 얻어야 합니다.

1. 가나안 땅에 찾아온 흉년

가나안 땅에 살고 있는 이삭에게 예기치 못한 어려움이 생겼습니다. 그 땅에 심한 흉년이 든 것입니다. 가나안 땅은 흉년이 들면 도저히 살 수 없는 곳입니다. 26장 1절과 2절을 보십시오.

아브라함 때에 첫 흉년이 들었더니

그 땅에 또 흉년이 들매 이삭이 그랄로 가서

블레셋 왕 아비멜렉에게 이르렀더니

여호와께서 이삭에게 나타나 가라사대

"애굽으로 내려가지 말고 내가 네게 지시하는

땅에 거하라."

우리가 알고 있듯이 팔레스타인 땅은 비가 일 년 내내 오는 곳이 아닙니다. 일 년에 두 번만 옵니다. 그런데 그나마 그 두 번의 비도 내리지 않은 채 몇 년이 지나면 흉년이 들게 되고, 그러면 사람만 먹을 것이 없는 것이 아니라 짐승들도 먹을 것이나 마실 것이 없어서 주위에 그 시체들이 즐비합니다. 그러나 가나안 땅에 이렇게 흉년이 드는 때에도 애굽에는 항상 양식이 있었습니다. 나일 강이 있었기 때문입니다. 그래서 가나안 땅에 흉년이 들 때면 피할 수 있는 곳이 바로 애굽이었습니다.

아마 이삭은 애굽을 목표로 길을 떠났던 것 같습니다. 아브라함도 예전에 애굽으로 내려갔고, 지금 이삭도 애굽으로 내려가고 있습니다. 그런데 그가 그랄 땅에 이르렀을 때, 하나님께서 애굽으로 가지 말라고 하셨습니다. 그가 지시하신 가나안 땅을 떠나서는 안 된다는 것입니다.

우리 생각에 이러한 하나님의 지시는 모순인 것 같습니다. 가나안 땅에 살라고 하셨으면 거기서 살 수는 있게 해 주셔야 하지 않습니까? 그런데 흉년이 들어서 도저히 먹고 살 수가 없게 되었는데도 떠나지 말라는 것입니다. 이 땅에 살게 하셨으면, 적어도 흉년이 들어 이 곳을 떠나지 않으면 안 되는 상황은 막아 주셔야 하지 않습니까? 그런데 왜 하나님이 살라고 친히 지시하신 이 땅에도 이런 기근이 발생하는 것입니까?

우리가 먼저 생각해 볼 수 있는 것은 이 기근이 하나님의 징계의 수단이라는 것입니다. 지진이나 흉년이나 기근은 우연히 발생하는 것이 아닙니다. 이것은 하나님께서 이 세상 사람들의 죄악을 징계하시는 방식입니다. 가나안 사람들은 크게 두 가지 측면에서 하나님 앞에 죄인이었습니다. 그 하나는 지나친 미신 행위였고, 다른 하나는 성적인 죄악이었습니다. 가나안 사람들은 하나님을 인정하지 않았기 때문에 전혀 거리낌 없이 죄를 지었습니다. 하나님께서는 이렇게 죄악이 날뛸 때 지진이나 흉년을 주심으로써, 그나마 일시적으로라도 사람들의 마음에 두려움이 생겨서 죄짓는 일을 조금이나마 자제하고 이성을 되찾게 하셨습니다.

그뿐 아니라 하나님께서는 세상의 죄를 징계하실 때 자기 백성들도 이 환난에 밀어넣어서 함께 고생하게 하십니다. 하나님의 백성들도 이런 고난을 통해 좀더 순수해질 필요가 있으며, 다른 사람들의 어려움을 긍휼히 여기는 마음과 책임의식을 가질 수 있게 되기 때문입니다. 온실 안에서 키운 화초의 특징이 무엇입니까? 찬바람이나 서리에 전혀 준비되어 있지 않다는 것입니다. 어려움이 오면 그냥 쓰러져 버립니다. 찬바람만 불면 그냥 얼어 죽어 버려요. 다른 사람의 처지를 이해할 줄 모릅니다. 어려움이 온다는 소리만 들어도 탁 넘어져 버립니다.

하나님께서는 자기 백성들이 다른 사람의 어려움에 깊은 관심을 가

지기 원하십니다. 하나님께서는 자기 백성들 중 누군가가 이 세상에서
어려움을 당한 자들을 위하여 기도해 주기를 원하십니다. 그런데 하나
님의 백성들 가운데 굶는 자는 다른 굶는 자들을 위해서도 기도하게
됩니다. 하나님의 백성들 가운데 병든 자는 다른 병든 자를 위해서도
기도하게 됩니다. 또 하나님의 백성들 가운데 포로 된 자는 다른 포로
된 자들을 위해서도 기도하게 됩니다. 하나님께서는 가난하고 병들고
포로 된 자들에게 은혜 주시기를 원하십니다. 그러나 그냥 은혜를 주
시기보다는 우리가 그런 어려움의 일부를 경험하고 그들을 위해 기도
하기를 원하십니다. 우리는 하나님 나라의 특파원들이기 때문입니다.

종군기자들이 하는 일이 무엇입니까? 세상에서 가장 위험한 곳에
직접 뛰어들어, 그 구석구석에서 일어나는 생생한 기사와 사진을 전세
계에 전하는 것입니다. 사람들은 구석진 곳에서 도대체 얼마나 끔찍한
일들이 일어나고 있는지 잘 모릅니다. 만약 목숨을 걸고 어려움 속에
뛰어들어서 취재하는 종군기자들이 없다면, 다른 이들이 겪고 있는 어
려움과 굶주림을 전혀 알지 못할 것입니다. 하나님의 백성은 호화로운
궁궐에 앉아 있는 여왕이 아닙니다. 하나님의 백성은 특파원이고 종군
기자입니다. 이 세상 구석 구석을 뒤지면서, 그 곳에서 일어나고 있는
말로 표현하기 어려운 비참한 사정을 하나님께 알려 드리는 것이 그
백성의 사명입니다.

우리가 생각하기에 이삭은 어렸을 때 모리아 산에서 하나님께 자신
을 바쳤기 때문에 더 이상 성숙할 필요가 없는 완전한 신앙인이 된 것
같습니다. 그러나 그의 삶을 보면 아브라함의 신앙과 비교해 볼 때 아
직도 굉장한 거리가 있다는 것을 알게 됩니다. 아브라함에게는 하나님

의 말씀이 전부였습니다. 그러나 이삭에게는 말씀이 전부가 아닙니다. 하나님께서 분명히 큰 자가 작은 자를 섬길 것이며 하나님의 축복을 이을 자는 맏아들 에서가 아니라 동생 야곱이라고 말씀하셨음에도 불구하고, 그는 에서를 포기하지 못하고 있습니다. 또 아브라함은 결혼 문제가 걸려 있을 때에도 이삭을 가나안 땅에서 떠나지 못하게 했는데, 이삭은 너무나 쉽게 야곱을 떠나 보냅니다.

사람이라는 존재는 어쩔 수가 없습니다. 고난을 통해 그 눈에서 눈물이 흘러나오지 않으면 몸 안에 있는 불순한 기질이 절대로 빠지지 않습니다. 편한 상태에서는 절대로 순수해지지가 않아요. 어려운 환난 가운데 들어가 그 눈에서 피눈물이 흘러야 비로소 자기의 잘못을 조금 시인하게 됩니다. 고난을 통하지 않으면 말씀이 자기 것이 되지 않습니다. 어려움을 통해 직접 체험한 말씀만이 자신의 신앙이 됩니다.

하나님께서는 가나안 땅에 흉년이 들었음에도 불구하고 이삭을 가나안 땅에서 떠나지 못하게 하십니다. 이것은 "이 흉년은 너의 믿음을 시험하기 위해 내가 너에게 준 것인데, 왜 너는 시험을 치르지 않고 도망치려 하느냐"는 말씀과 같습니다. 물론 가나안 땅에 흉년이 든 책임이 전적으로 이삭에게 있는 것은 아닙니다. 그러나 이 흉년은 분명히 그가 경험해야만 하는 일이었습니다. 그러나 이삭은 거기에서 도망치려 했습니다.

우리 또한 하나님께서 시험을 주셨음에도 불구하고, 그 시험을 치지 않고 도망칠 때가 많이 있습니다. 하나님께서 나를 구석에 몰아넣으시고 '이것은 네가 치러야 할 어려움'이라고 말씀하시는데도 불구하고 그 책임을 남편이나 아내나 자식에게 돌린 채, 자신은 그 문제와 아무 상관 없는 듯 외면할 때가 많이 있습니다. 그래서 집에 해결해야 할 문제가 있는데도 실컷 돌아다니다가 밤늦게 들어가거나 아예 외박해 버립니다. 분명히 어려움이 있는데도 삼류소설이나 비디오테이프를 시리즈째 빌려다 놓고 시간을 보냄으로써 그 문제를 잊으려 합니다. 이것이 무엇입니까? 도망치는 것입니다. 이런 사람은 고생은 고생대로 하면서도 그 고생에서 어떤 유익도 얻지 못합니다.

오늘 말씀이 제시하고 있는 것이 무엇입니까? 이번 흉년은 처음이 아니라는 것입니다. 아브라함 때에도 이와 비슷한 흉년이 있었고, 그가 경험한 일이 있었습니다. 그러나 이삭은 아버지의 경험으로부터 아무것도 얻어내지 못한 채, 원시인의 상태에서 새로 시작하고 있습니다. 아브라함은 흉년에 애굽으로 내려갔다가 신앙적으로 대실패를 했습니다. 그렇다면 이삭은 애굽으로 가지 말아야 합니다. 그러나 그는 하나님의 말씀을 듣기 전까지 애굽으로 가려고 했습니다.

2. 약속의 반복

하나님께서는 이삭에게, 이 어려움 속에서도 계속 가나안 땅에 산다는 것이 얼마나 중요한 그의 뜻이며 하나님의 축복을 받는 조건인지에 대해 말씀하십니다.

가나안을 떠나면 안 되는 이유

"이 땅에 유하면 내가 너와 함께 있어 네게 복을 주고
내가 이 모든 땅을 너와 네 자손에게 주리라.

내가 네 아비 아브라함에게 맹세한 것을 이루어

네 자손을 하늘의 별과 같이 번성케 하며

이 모든 땅을 네 자손에게 주리니

네 자손을 인하여 천하 만민이 복을 받으리라.

이는 아브라함이 내 말을 순종하고

내 명령과 내 계명과 내 율례와 내 법도를 지켰음이니라"

하시니라(26:3-5).

하나님께서는 흉년 때문에 가나안 땅을 버리고 애굽으로 가려고 하는 이삭에게, 흉년 속에서도 이 땅에서 계속 버티는 일이 얼마나 중요한 하나님의 계명이자 법도이며 율례인지 말씀하고 있습니다. 하나님께서 이삭에게 말씀하신 것이 무엇입니까? 이 땅에 계속 머물면 그와 계속 함께하시며 그에게 복을 주어 이 땅을 그와 그의 자손에게 주시겠다는 것입니다. 하나님께서는 이 축복이 그냥 주어지는 것이 아니라, 그의 아버지 아브라함에게 맹세의 형태로 주신 축복이 계승되는 것임을 밝히고 계십니다.

하나님께서 아브라함에게 약속하신 것은 별처럼 많은 자손과 가나안 땅이었습니다. 고대 시대에 많은 사람과 땅은 나라를 형성하는 아주 중요한 요건이었습니다. 결국 하나님께서 아브라함에게 약속하시고 이삭에게 계승해 주신 약속은 아주 강한 나라였습니다. 어떤 강한 나라입니까? 하나님께서 함께하시고 직접 다스리시며 모든 죄인을 용서하시고 치료하시는 은혜스러운 나라입니다.

우리는 최근에 끊임없이 북한을 탈출하여 남한으로 오고 있는 동포들의 행렬을 보고 있습니다. 그들이 왜 북한을 탈출했다고 합니까? 배고파서 탈출했다고 합니다. 그러나 그것은 정확한 답이 아니라고 생각합니다. 그들에게 필요한 것은 자유였습니다. 인간답게 살 수 있는 권리였습니다. 만일 이 세상 전체가 무서운 독재 아래 신음하고 있으며 사람이 사람다운 대접을 받지 못하고 짐승 취급을 받으면서 살고 있다면, 모든 이들은 참된 자유의 나라, 참으로 인간답게 살 수 있는 나라, 자기가 생각한 것을 마음대로 표현할 수 있는 나라가 오기를 갈망할 것입니다. 하나님께서 아브라함에게 약속하신 나라는 바로 그런 나라였습니다. 인간이 인간답게 살 수 있는 나라, 그러면서도 아주 강한 나라, 주위에 있는 죄악의 나라를 심판할 수 있는 나라를 아브라함에게 주겠다고 약속하셨습니다. 하나님은 그 약속이 이제 이삭에게 계승되고 있다고 말씀하십니다.

우리는 그 당시 가나안 사람들이 어떻게 살았는지 구체적으로 알지 못합니다. 그러나 그들의 삶은 비참한 죄와 억압에 사로잡힌 삶이었습니다. 아브라함과 이삭은 그들의 비참한 생활을 보면서도 도울 수가 없었습니다. 그들은 단지 나그네에 불과했기 때문입니다. 그런데 하나님께서 무엇을 약속하십니까? 이제 더 이상 나그네가 아니라 강한 나라가 되게 하셔서, 주위에 있는 모든 사람들을 억압과 죄에서 해방시켜 참으로 인간이 인간답게 살 수 있게 해 주시겠다는 것입니다. 하나님은 이삭에게 "이 가나안 땅을 떠나지 말거라. 이 가나안 땅은 그 나라가 실현될 곳이다. 너는 이 곳에서 지금 고생하고 있는 사람들의 비참한 현실을 똑똑히 보아야 한다"고 말씀하고 계십니다.

오늘 우리들은 놀라울 정도로 자유로운 세상에 살고 있습니다. 우리는 마음대로 자신의 의사를 표현할 수 있고 마음대로 이사할 수 있으며 마음대로 물건을 사고 팔 수 있는 자유를 가지고 있습니다. 그러나 사람들은 여전히 완전한 자유를 얻지 못하고 있습니다. 그들은 하나님께 나아갈 수 있는 자유를 알지 못합니다. 날마다 하나님의 은혜와 사랑으로 살고 있으면서도 하나님이 계신다는 사실조차 알지 못합니다. 몸은 자유롭지만 마음은 여전히 욕망에서 해방되지 못한 채, 열등감과 분노로 가득 차 있습니다. 만약 인간이 정욕과 열등감과 욕망에서부터 해방될 수만 있다면 천사들보다 더 아름답고 고상하게 나타날 것입니다. 천사가 옆에 서 있을 수 없을 정도로 아름다워지고 순결해질 것입니다.

원래 이 세상에는 하나님의 나라가 있었습니다. 처음에 하나님께서 사람들을 만드셨을 때, 그들은 하나님 앞에서 살았고 하나님과의 영광스러운 만남을 알았습니다. 그러나 죄가 들어오면서 하나님의 영광으로부터 축출되어 거짓과 억압과 욕망의 지배를 받게 된 것입니다. 하나님께서 아브라함에게 약속하신 것은 인간이 다시 하나님 앞에서 자유를 얻게 하시겠다는 것입니다. 몸만 자유로워지는 것이 아니라 그 중심이 모든 욕망과 죄에서 해방되는 참된 자유의 나라를 주시겠다는 것이었습니다. 가나안 땅은 바로 그 나라가 세워질 곳이기 때문에 설사 흉년이 들었다 하더라도 포기해서는 안 되는 것입니다.

자본주의 사회는 우리의 몸에 자유를 주었습니다. 우리는 모든 것을 다 할 수 있습니다. 우리는 거주 이전의 자유가 있고 직업 선택의 자유가 있습니다. 그러나 아직 얻지 못한 자유가 있습니다. 그것은 양심의 자유입니다. 정욕으로부터의 자유입니다. 분노로부터의 자유입니다.

미움과 열등감으로부터의 자유입니다. 우리는 자유롭지 못합니다. 만일 우리가 살고 있는 이 세상이 진정한 자유의 세계라면 교도소가 없어야 합니다. 그 안에 들어 있는 사람들은 자유롭지 못하기 때문입니다. 또한 이 땅에 죄가 완전히 없어져야 합니다. 가난하고 무식하다고 해서 업신여김 받는 일이 없어져야 합니다. 병원이 없어져야 합니다. 물론 공산주의 국가에 비한다면 말할 수 없이 자유로운 상태이지만 그럼에도 불구하고 완전한 자유는 요원합니다. 고속도로로 비유한다면 부산에서 출발해서 서울까지 와야 하는데, 자본주의 사회의 자유는 겨우 구미나 대구 정도 온 것에 불과한 것입니다.

하나님께서 아브라함과 이삭에게 요구하신 것이 무엇입니까? 그 나라를 세우기 위해 자금을 모으라는 것도 아니요 군사들을 훈련시키라는 것도 아닙니다. 오직 그 나라를 기다리라는 것입니다. 하나님 나라 백성의 특징은 하나님의 약속을 믿고 현재의 생활을 통제한다는 것입니다. 미래에 대한 기대와 소망이 현재의 생활을 지배한다는 것입니다. 하나님을 모르는 사람들은 현재지향적으로 삽니다. 내일 어떻게 될지 모르니 오늘 실컷 먹고 마시자는 것입니다. 세속주의는 불신앙의 대표적인 특징입니다. 그러나 하나님의 백성은 오늘 하고 싶은 일이 아무리 많아도 내일 이루어질 하나님의 약속에 비추어 모든 욕망을 통제하고 절제하면서 그 나라를 준비합니다.

예수님께서는 마태복음 25장에서 지혜로운 처녀와 어리석은 처녀의 비유를 통하여 이것을 보여 주셨습니다. 그 당시에는 신랑이 와야 결혼식 잔치를 시작할 수 있었습니다. 그러나 신랑은 대개 처리해야 할 일들이 많았기 때문에 잔치에 늦게 오곤 했습니다. 그래서 한밤중에 올 때도 있고 새벽에 올 때도 있었습니다. 지혜로운 처녀들은 신랑이 밤에 올지도 모른다고 생각해서 기름을 준비했습니다. 신랑에 대한 기대로 현재의 삶을 통제한 것입니다. 그러나 어리석은 처녀들은 '올 때 오더라도 지금은 일단 먹고 자고 보자" 하면서 기름을 미리 준비하지 않았습니다. 결국 어리석은 처녀들은 잔치에 들어가지 못했습니다.

왕의 심판을
생각하라

모든 인류가 기다리고 있는 것이 무엇입니까? 큰 왕의 방문입니다. 그가 오시면 이 세상 모든 사람들의 활동은 '동작 그만' 상태에 들어가게 됩니다. 왕이 오시면 아무것도 할 수가 없습니다. 천사장의 나팔과 큰 호령 소리와 함께 왕이 오시면, 그 때까지 하던 모든 일을 그대로 내려 놓고 그 왕 앞에서 심판을 받아야 합니다. 그 때에는 지금의 태양보다 수십 배, 수백 배 더 밝은 빛이 우리의 모든 생활과 일과 생각들을 밝혀낼 것입니다.

물론 우리가 살아 있는 동안에 왕이 오시지 않을 수도 있습니다. 그러나 이 왕은 시간에 구애받지 않으십니다. 사람이 죽는다 해도 그의 삶은 그대로 살아 있습니다. 죽는 것으로 모든 것이 끝나는 것이 아닙니다. 이 왕 앞에서 모든 것이 다 벌거벗은 것처럼 드러날 것입니다.

3. 하나님을 모르는 사람들에 대한 태도

아브라함이나 이삭이 가나안 땅에 살면서 똑같이 겪었던 어려움은, 자신들은 하나님을 믿지만 주위 사람들은 하나님을 전혀 인정치 않는다는 것이었습니다. 하나님의 백성들이 하나님을 모르는 사람들과 함께 살면서 겪는 어려움이라는 것은 말로 표현할 수 없을 정도입니다. 하나에서 열까지 일치하는 것이 없습니다. 요즘 예수 믿는 사람들이 믿지 않는 사람들 사이에서 겪는 어려움 가운데 하나는 주일 예배를 드리는 일입니다. 믿지 않는 사람들은 예배의 중요성을 알지 못합니다. 그래서 직장에서 야유회를 가도 꼭 주일에 가고, 가족 모임이나 결혼식을 해도 꼭 주일 예배 시간에 맞춰서 합니다. 그리고 예배 때문에 빠진다고 하면 도무지 이해를 못 하고 "일요일마다 교회 가면서 한 번쯤 빠지면 안 돼?"라고 합니다.

이삭은 하나님의 말씀 때문에 애굽으로 내려가지 못하고 그랄 땅에 머물렀습니다. 그러나 그랄 사람들이 하나님을 모른다는 사실이 이삭을 몹시 불안하게 만들었습니다. 무엇보다 두려운 것은 바로 아내의 문제였습니다.

이삭의 두려움

> 이삭이 그랄에 거하였더니 그 곳 사람들이 그 아내를
> 물으매 그가 말하기를 "그는 나의 누이라" 하였으니
> 리브가는 보기에 아리따우므로 그 곳 백성이
> 리브가로 인하여 자기를 죽일까 하여
> "그는 나의 아내라" 하기를 두려워함이었더라 (26:6, 7).

우리는 그 당시 풍속을 잘 알지 못하지만, 한 가지 분명한 것은 다른 사람의 아내를 빼앗기 위해 남편을 죽이는 풍습이 있었다는 것입니다. 고대에는 여자를 인격체로 생각하지 않고 물건 취급했습니다. 그래서 누구든지 힘센 사람이 먼저 차지하면 그만이라고 생각했습니다. 예를

들어 탐나는 여자가 누군가의 누이라면 일단 빼앗고 난 후에 그 오라비와 협상을 합니다. 그런데 아내인 경우에는 협상이 되지 않으니까 남편을 죽이고 빼앗아 가는 것입니다. 그래서 하나님을 모르는 곳에 갈 때 가장 두려운 것이 바로 이 여자 문제였습니다. 어떤 경우든지 여자는 어차피 빼앗기게 되어 있습니다. 다만 문제는 남자가 사느냐 죽느냐 하는 것입니다. 당시에는 새로운 곳에 이사 간 이들 가운데 아내를 빼앗기고도 말 한마디 못 하는 사람들이 수두룩했던 것 같습니다. 가난과 흉년과 힘 없는 것을 탓할 수밖에 없는 형편이었을 것입니다. 이삭은 이러한 가나안 땅의 풍조가 두려웠습니다.

우리 생각에는 이삭이 아버지의 경험을 통해 믿음을 얻을 수도 있었을 것 같습니다. 아버지 아브라함도 두 번씩이나 아내를 빼앗겼지만 하나님께서 도로 찾아 주셨으니 말입니다. 그런 경험을 믿는다면 한번쯤 믿음으로 밀어붙여서 "이 여자는 제 아내입니다. 절대로 제 누이가 아닙니다"라고 할 수도 있었을 것 같은데 이삭에게는 이 용기가 없었습니다.

우리는 사람들을 너무나도 두려워한 나머지 자신의 신앙에 대해 분명히 이야기하지 못할 때가 많습니다. "왜 어제 안 나왔어요?" 하면 "예배드리러 갔습니다. 예배는 저의 생명이거든요"라는 말을 못 하고, "갑자기 설사가 나서요"라고 합니다. 공연히 긁어 부스럼 만들고 싶지도 않을 뿐 아니라 자신도 없기 때문입니다. 하나님의 백성이 자기 하나님을 섬기면서 사는 것은 이 세상의 어떤 법으로도 금지할 수 없는 최상위의 법입니다. 하나님의 백성이 자기 양심에 따라 예배드리고 그분의 뜻대로 사는 것이야말로 최고의 법입니다. 그런데도 우리는 너무나도 자주 사람들을 두려워합니다.

이삭과 리브가의 관계는 우연치 않은 사건을 통해 밝혀지게 되었습니다. 8절을 보십시오.

이삭이 거기 오래 거하였더니 이삭이 그 아내 리브가를
껴안은 것을 블레셋 왕 아비멜렉이 창으로 내다본지라.

여기서 이삭이 리브가를 '껴안았다'는 것은 단순히 '안았다'는 뜻이 아니라 '애무했다'는 뜻입니다. 애무하는 관계는 부부 관계입니다. 아마 이 곳은 더워서 창문이 제대로 달려 있지 않았던 것 같습니다. 아니면 아비멜렉이 리브가에게 관심이 있어서 한 번씩 이들을 훔쳐 보았는지도 모릅니다. 혹은 이들의 관계가 수상해서 파수꾼을 세워 두었는데, 이 파수꾼의 보고를 들은 일을 마치 아비멜렉이 직접 본 것처럼 표현하고 있는 것인지도 모르겠습니다. 여하튼 이삭과 리브가가 부부라는 사실이 그 나라 왕에게 알려졌습니다.

지난번에 교회 청년회 일일 수련회를 갔을 때 입맞춤과 포옹과 애무와 성관계에 대해 심도 있게 토론한 적이 있었습니다. 관심의 초점은 이성간에 교제할 때 어느 선까지 접촉이 허용되느냐 하는 것이었습니다. 그 때 내린 결론 가운데 하나가 '애무는 예비 성관계이기 때문에 부부에게만 허락되는 것'이라는 점이었습니다. 오늘날 우리는 성 문제에 대하여 그랄 왕 아비멜렉에게 자문을 좀 구해야 할 것 같습니다. 그는 하나님을 믿지 않는 사람이었음에도 불구하고 '애무하는 사이는 부부 사이'라는 놀라운 기준을 가지고 있었습니다. '남의 아내와 관계

아비멜렉의
기준

를 맺는 것은 곧 죽음'이라는 것이 그의 견해였습니다.

이에 아비멜렉이 이삭을 불러 이르되
"그가 정녕 네 아내여늘 어찌 네 누이라 하였느냐?"
이삭이 그에게 대답하되
"내 생각에 그를 인하여 내가 죽게 될까
두려워하였음이로라."
아비멜렉이 가로되
"네가 어찌 우리에게 이렇게 행하였느냐?
백성 중 하나가 네 아내와 동침하기 쉬웠을 뻔하였은즉
네가 죄를 우리에게 입혔으리라"(26:9, 10).

이처럼 아비멜렉은 남의 아내와 동침하는 것은 무서운 죄로서 곧 죽음을 의미한다는 생각을 가지고 있었습니다. 그는 리브가가 이삭의 아내라는 사실이 노출된 일을 아주 다행스럽게 생각하는 것처럼 보입니다. 자칫 잘못했으면 아주 무서운 죄가 자신들에게 입혔을지도 모른다는 것입니다. 이것은 이방 나라의 위선적인 모습입니다. 그들은 실제로는 남의 아내를 많이 도둑질하고 있었습니다. 그러나 정신적으로, 또 적어도 법적으로는 이것이 무서운 죄라는 점을 인정하고 있었습니다. 이것을 볼 때 하나님을 모르는 사람들이 죄를 지을 때에도 전혀 죄의식이 없는 것은 아니라는 것을 알 수 있습니다.

성은 감정이 아니요 책임입니다. 다른 것은 잘못되면 무를 수 있지만 성은 잘못되면 죽음으로 연결되게 되어 있습니다. 음식을 잘못 먹으면 토하면 됩니다. 그러나 성을 잘못 사용하면 아비멜렉의 말처럼 무서운 죄를 입게 됩니다. 청년기의 여자가 자살을 기도한 경우를 보면 십중팔구 성 문제가 관련되어 있습니다. 분노가 죽음을 부른 것입니다.

아비멜렉은 이삭의 말을 통해 그에게 그랄 사람들을 해칠 의사가 전혀 없는 것을 알고, 그를 보호하는 특별 명령을 내렸습니다.

아비멜렉이 이에 모든 백성에게 명하여 가로되
"이 사람이나 그 아내에게 범하는 자는 죽이리라"
하였더라(26:11).

오늘 이 말씀이 우리에게 보여 주는 것이 무엇입니까? 하나님께서 가나안 땅에 살게 하셨다면 이삭은 믿음으로 그 사실을 붙들 필요가 있었다는 것입니다. 하나님의 말씀이 있으면 죽지 않습니다. 하나님의 말씀이 지금 내 귀에 들리고 있다면 절대 죽을 수가 없습니다. 사사 시대 때 하나님의 천사를 만난 사람들은 죽을까 봐 두려워했습니다. 물론 죄인들에게 하나님의 천사가 나타났다면 그는 죽은 목숨입니다. 그러나 하나님의 말씀을 전하기 위해 천사가 나타났다면 절대 죽지 않습니다.

하나님께서 그랄 땅에서 살라고 하셨다면, 이삭은 하나님이 자신을 굶어 죽지 않게 해 주신다는 것뿐 아니라 리브가도 지켜 주신다는 사실을 믿었어야 합니다. 그러나 이삭의 신앙은 어디까지나 이론적인 것으로서 실전에서는 힘을 발휘하지 못했습니다. 왜냐하면 그의 신앙은 아직도 완전히 그의 것으로 뿌리를 내리지 못했기 때문입니다.

설교에서 듣는 내용이 곧 자기 신앙이라고 생각하지 마십시오. 실제 문제에 부딪쳐 보아야 합니다. 하나님의 뜻대로 살려고 애쓰는데도 불구하고 먹을 것이 없고 직장에서도 쫓겨나 생계 대책이 없을 때, 결혼할 가능성이나 아이가 생길 가능성이 점점 희미해질 때, 그 때에도 믿음을 주장할 수 있어야 설교 시간에 들었던 그 말씀이 자신의 신앙으로 뿌리내리는 것입니다. 내가 들은 말씀에 고난의 도장이 찍혀야 합니다. 고난의 도장이 찍히지 않은 설교는 어디까지나 가설이지 자기 신앙이 아닙니다. 오늘날 사람들은 훌륭한 목사님들의 설교를 듣고 즐기면서 마치 그것이 자기의 신앙이 된 것처럼 생각하지만, 고난이라는 도장이 찍히지 않은 신앙은 전부 가식입니다.

이삭은 아버지 아브라함으로부터 풍성한 경험을 얻어오지 못했기 때문에 백지 상태에서 신앙생활을 하고 있습니다. 우리가 만약 어느 곳에 선교사로 가게 되었다면, 가장 먼저 무엇부터 해야 합니까? 우리보다 먼저 와서 선교 활동을 한 사람들이 실패했던 경험과 그가 겪었던 어려움에 대해 들어야 합니다. 그렇게 하지 않으면 같은 실수를 반복할 수밖에 없습니다.

목사들이 교회사를 공부하는 일이 중요한 이유가 바로 여기에 있습니다. 교회사를 읽어 보면 해 아래 새 것이 없다는 말씀이 진리임을 알게 됩니다. 무언가가 새로이 시작됩니다. 처음에는 아주 굉장해 보입니다. 그런데 그러다가 어느 틈에 없어져 버립니다. 이단적인 움직임들은 처음에는 다 참신한 것 같아요. 그러나 시간이 지나면 결국 자기 모순에 빠져 스스로 무너지고 마는 것을 볼 수 있습니다. 이삭이 아버지 아브라함의 경험을 받아들였다면 이 그랄 땅에서 담대하게 자신의 신분이나 신앙을 주장할 수 있었을 것입니다.

우리가 생각해야 할 것은 아무리 이방 왕인 아비멜렉이라 하더라도 하나님께서 다스리고 계신다는 사실입니다. 하나님께서는 우연치 않은 일을 통해 아베멜렉에게 이삭의 정체를 알리심으로써 그를 보호하게 하셨습니다. 우리는 하나님을 모르는 사람들을 두려워할 때가 많습니다. 그러나 하나님을 모르는 사람도 하나님이 다스리십니다. 일반 상식을 통해, 사회 제도를 통해 다스리십니다. 믿지 않는 사람들도 최소한의 상식이 있고 대화가 통하는 부분이 있으며 때로는 믿는 사람보다 훨씬 더 합리적입니다. 물론 미친 개처럼 말이 통하지 않는 사람들도 없는 것은 아니지만, 그들은 자기 스스로 멸망을 재촉하는 것이나 다름없습니다.

여러분, 이 세상 전체를 하나님께서 다스리시며, 아무리 하나님을 모르는 사람이라고 하더라도, 아무리 무지하고 고집스러운 자라 하더라도 하나님께서 그들이 알아들을 수 있는 방식으로 설득하시고 깨닫게 하신다는 것을 알아야 합니다. 아직도 우리를 답답하게 하고 있는 일이 있습니까? 내 영혼이 해방되지 못한 것이 있습니까? 예배를 통해 주님 앞에 솔직히 고백함으로써 참으로 자유로워집시다. 이삭이 그랄 땅에서 새로 살아야 했을 때처럼 불안하고 두려울 수도 있습니다. 도대체 이 세상에서 어떻게 살아가야 할지 막막할 수도 있습니다. 그러나 하나님께서는 그랄 땅에서도 이삭과 함께하셨고 그를 보호하셨습니다. 그 하나님께서 오늘 우리도 지키시고 인도하실 것입니다.

4 더 넓은 곳을 찾아서

이삭이 그 땅에서 농사하여 그 해에 100배나
얻었고 여호와께서 복을 주시므로 그 사람이
창대하고 왕성하여 마침내 거부가 되어
양과 소가 떼를 이루고 노복이 심히 많으므로
블레셋 사람이 그를 시기하여 그 아비 아브라함
때에 그 아비의 종들이 판 모든 우물을 막고 흙으로
메웠더라. 아비멜렉이 이삭에게 이르되
"네가 우리보다 크게 강성한즉 우리를 떠나가라."
이삭이 그 곳을 떠나 그랄 골짜기에 장막을 치고
거기 우거하며 그 아비 아브라함 때에 팠던
우물들을 다시 팠으니 이는 아브라함 죽은 후에
블레셋 사람이 그 우물들을 메웠음이라.
이삭이 그 우물들의 이름을 그 아비의 부르던
이름으로 불렀더라.
이삭의 종들이 골짜기에 파서 샘 근원을 얻었더니
그랄 목자들이 이삭의 목자와 다투어 가로되
"이 물은 우리의 것이라" 하매 이삭이 그 다툼을
인하여 그 우물 이름을 '에섹' 이라 하였으며
또 다른 우물을 팠더니 그들이 또 다투는 고로
그 이름을 '싯나' 라 하였으며
이삭이 거기서 옮겨 다른 우물을 팠더니 그들이
다투지 아니하였으므로 그 이름을 '르호봇' 이라

하여 가로되 "이제는 여호와께서 우리의 장소를
넓게 하셨으니 이 땅에서 우리가 번성하리로다"
하였더라.
이삭이 거기서부터 브엘세바로 올라갔더니
그 밤에 여호와께서 그에게 나타나 가라사대
"나는 네 아비 아브라함의 하나님이니 두려워 말라.
내 종 아브라함을 위하여 내가 너와 함께 있어 네게
복을 주어 네 자손으로 번성케 하리라" 하신지라.
이삭이 그 곳에 단을 쌓아 여호와의 이름을 부르고
거기 장막을 쳤더니 그 종들이 거기서도 우물을
팠더라.

창 26:12-25

우리가 살고 있는 이 세상은 경쟁에서 이기는 자만이 살아남을 수 있는 곳입니다. 우리가 이 세상에 살면서 자기도 모르는 사이에 몸으로 체득하는 것이 있다면 바로 이것입니다. 즉 경쟁에서는 이겨야 하며 그래야만 살아남을 수 있다는 것입니다. 이러한 경쟁 관계는 우리 생활 전체를 지배하고 있습니다. 작게는 입시 경쟁에서부터 시작해서 크게는 대권 경쟁에 이르기까지 철저하게 게임에서 살아남아야 하며 2등은 존재할 수가 없는 분위기에서 살고 있습니다.

저희 아파트 상가에는 제법 큰 슈퍼마켓이 있었습니다. 그런데 어느 날 가 보니 문이 닫혀 있었습니다. 대형 백화점이 버스를 돌린 후부터 손님이 끊어져서 결국은 문을 닫게 되었다는 것입니다. 지금은 모든 것이 무한 경쟁 관계입니다. 눈에 불을 켜고 끝없이 경쟁하는 자는 살아남지만, 조금이라도 경쟁에 느슨하게 대처하거나 정보에 어두운 사람은 살아남을 수가 없습니다.

우리 그리스도인들은 이런 경쟁의 세상에서 갈등을 겪습니다. 살아남으려면 눈에 불을 켜고 다른 사람들과 싸워야겠는데, 성경은 그렇게 하라고 말씀하지 않기 때문입니다. 성경은 원수를 위해 기도하라고 합니다. 오른뺨을 때리면 왼뺨을 돌려대라고 합니다. 내일 일을 염려하지 말라고 합니다. 그런데 이렇게 성경대로 살아도 경쟁적인 사회에서 과연 살아남을 수 있겠습니까? 사생결단을 하고 덤벼들어도 겨우 목구멍에 밥이 들어갈까 말까 한 이 세상에서, 있는 여유 없는 여유 다 부려 가며 다른 사람의 사정을 봐주면서도 과연 배겨날 수가 있겠습니까?

이런 점에서 볼 때, 오늘 본문에서 이삭이 보여 주는 믿음의 여유는 우리가 살아가야 할 방향을 제시해 주고 있다고 생각합니다. 이삭은 흉년 때문에 아주 어려운 처지에 빠지게 되었습니다. 그는 그랄 땅에 살려고 해서 살게 된 것이 아니었습니다. 원래는 애굽으로 가려고 했는데 하나님께서 가나안 땅을 떠나지 못하게 하셨기 때문에 어쩔 수 없이 주저앉은 것입니다.

그런데 하나님께서는 그랄에 주저앉은 이삭을 축복하셨습니다. 이삭은 이 곳에서 지금까지 해 보지도 않은 농사를 지었는데 무려 100배나 소출을 거두었습니다. 그리고 원래 직업인 목축업도 잘되어서 많은 양 떼와 소 떼와 종을 거느리게 되었습니다. 그러나 그 곳 사람들은 이삭이 이런 식으로 잘되는 것을 좋아하지 않았습니다. 그들의 마음에는 이삭에 대한 시기심이 일어났습니다. 이삭이 어려울 때에는 동정적이었던 사람들이, 그가 갑자기 잘되기 시작하자 경쟁 관계로 돌아서게 된 것입니다. 그들은 이삭이 견딜 수 없도록 숨통을 조여오기 시작했습니다. 그들은 이삭이 농사를 짓지 못하게 하려고 토지에서 쫓아내 버렸습니다. 그리고 그의 아버지가 판 우물을 흙으로 메워 버렸습니다. 농사가 잘되니까 땅을 빼앗아 버리고 목축이 잘되니까 우물을 메워 버린 것입니다. 이삭은 도저히 그 곳에서 버틸 수 없게 되었습니다.

이제 이삭이 선택할 수 있는 대안은 무엇입니까? 그들과 한판 싸우든지, 그 곳을 완전히 떠나든지 둘 중에 하나입니다. 그러나 이 두 가지 다 불가능했습니다. 이삭에게는 그랄 사람과 싸울 힘도 없었고, 아직 흉년이 끝나지 않은 이 때에 그랄을 떠날 수도 없었습니다. 그래서 그가 취한 방법이 무엇입니까? 믿음으로 견디는 것이었습니다. 그는 하나님이 주신 지혜에 따라 아버지 아브라함의 신앙적인 유산을 사용하기로 했습니다. 아브라함은 우물을 파는 전문가였습니다. 이삭에게는 어렸을 때 아버지를 따라 우물 파는 데를 여러 군데 따라다닌 기억이 있었습니다. 그래서 낙심하거나 분노하는 대신 그 옛날 아버지를 따라다니면서 팠던 그 우물 자리를 기억해 내서 다시 파 보았더니, 물이 나왔습니다.

그런데 이렇게 새로운 우물을 판 것은 또 다른 문제의 시작이 되었습니다. 이삭이 새 우물을 팔 때마다 그랄 사람들이 제 것이라고 억지를 부리면서 빼앗아 버린 것입니다. 이삭은 그 때마다 우물을 양보하고 새 우물을 팠습니다. 마침내 세번째로 새로운 곳에 우물을 팠을 때, 이제는 그랄 사람들도 지쳤는지 더 이상 시비를 걸지 않았습니다. 그래서 이삭은 그 곳을 '르호봇'이라고 불렀습니다. '르호봇'은 '공간'이라는 뜻입니다. 즉 공간이 넓어지니 이제는 더 이상 사람들이 싸울 필요가 없어졌다는 뜻입니다.

블레셋 사람들이 가졌던 생각은 경쟁적인 사고였습니다. 그들은 '이삭이 잘되면 우리는 못살게 된다' 는 경쟁적인 원리로 이삭을 바라

보았습니다. 그러나 이삭은 그들과 경쟁하려고 하지 않았습니다. 그들이 시비를 걸면 다른 곳으로 가고, 거기까지 쫓아와서 시비를 걸면 더 넓은 곳으로 걸음을 옮겼습니다. 그가 이렇게 믿음의 여유를 가질 수 있었던 이유가 어디에 있을까요?

1. 그랄 땅에서 주신 축복

하나님께서는 전혀 생각지도 못하게 그랄 땅에 주저앉은 이삭을 참으로 많이 축복하셨습니다.

이삭이 그 땅에서 농사하여 그 해에 100배나 얻었고
여호와께서 복을 주시므로 그 사람이 창대하고 왕성하여
마침내 거부가 되어 양과 소가 떼를 이루고 노복이 심히
많으므로 블레셋 사람이 그를 시기하여(26:12-14).

이삭이 그랄 땅에 머무르게 된 것은 전혀 생각 밖의 일이었습니다. 가나안 땅을 떠날 생각으로 경계선까지 왔는데 하나님이 못 떠나게 하시니까 주저앉았을 뿐입니다.

가나안 땅이 왜 중요합니까? 가나안은 죄악의 세상이었지만, 동시에 하나님의 말씀이 임하고 있는 계시의 무대였습니다. 하나님의 말씀이 임하고 있는 곳은 무대 위에서 가장 밝은 곳, 스포트라이트가 비치고 있는 곳과 같습니다. 신문이나 방송을 보면 역시 뉴스는 가장 중요

한 곳에 초점을 맞춘다는 것을 알 수 있습니다. 뉴스가 생길 만한 곳이 따로 있어요. 전세계의 이목이 집중되는 곳이 따로 있습니다.

그 당시 애굽은 가나안 땅에 비해 말할 수 없이 문명화된 곳이었고 학문적으로도 발전한 곳이었습니다. 그러나 하나님께서는 애굽을 계시의 무대로 사용하지 않으셨습니다. 하나님께서 중요하게 생각하신 곳은 몇 명 되지 않는 믿음의 사람들이 살고 있던 가나안 땅이었습니다. '촛대를 옮긴다'는 말이 있습니다. 무슨 뜻입니까? 하나님의 계시의 역사가 다른 곳으로 옮겨진다는 것입니다. 하나님께서는 아직 가나안 땅을 무대로 사용하여 계시의 말씀을 주고 계십니다. 그렇기 때문에 단지 흉년이 들었고 먹을 것이 없다는 이유로 이 중요한 곳을 떠날 수 없는 것입니다.

우리에게도 하나님의 계시가 임하는 곳이냐, 생활이 더 편한 곳이냐를 선택해야 하는 문제가 있습니다. 편한 생활을 위해 말씀을 버리는 것은 자기 스스로 무대 중앙에서 변두리 쪽으로 물러나는 것과 같습니다. 모든 스포트라이트는 하나님의 말씀의 역사가 일어나는 곳에 집중됩니다. 사람이 많든 적든, 학문이 뛰어나든 뒤처지든, 문명이 발전했든 퇴락했든 상관 없습니다. 오직 하나님의 말씀의 역사가 일어나는 그 곳에 모든 역사의 초점이 맞추어집니다.

하나님께서는 그랄 땅에 엉거주춤 주저앉은 이삭을 엄청나게 축복하셨습니다. 원래 이삭은 농사를 짓는 사람이 아닙니다. 이렇게 자기 전공도 아닌 농사에 손을 대게 된 것은 아마도 양식을 구하기가 대단히 어려웠기 때문인 것 같습니다. 그러나 하나님께서는 이삭에게 100배나 되는 결실을 거두게 하셨습니다. 그뿐만 아니라 목축도 잘되어서 양이나 소가 떼를 이루었고, 수많은 노복들도 생기게 되었습니다.

 하나님께서 그랄 땅에 있는 이삭을 축복하신 이유가 무엇입니까? 하나님은 이런 식으로라도 하나님의 뜻에 순종하여 애굽으로 내려가지 않고 그랄 땅에 주저앉아 있는 이삭에 대한 사랑을 표시하고 계시는 것입니다. 하나님께서는 그분의 뜻에 순종하기 위해 자기의 욕망이나 고집을 꺾는 사람을 얼마나 사랑하시는지 모릅니다. 설사 온 마음으로 순종한 것이 아닐 때에도, 발이 벌써 몇 걸음 나가 버렸지만 그 상태에서라도 주저앉아 그 뜻에 순종할 때에도, 그렇게 불완전하게 순종할 때에도 기뻐하십니다. 그리고 그렇게 기뻐하시는 표시를 눈으로 보고 손으로 만질 수 있게 보여 주십니다.

물론 물질적인 축복을 전부 하나님의 사랑의 표시로 볼 수는 없습니다. 그런 논리로 보면 가난이나 고난은 하나님의 선물이 아니라 죄의 징계가 되고 맙니다. 그러나 하나님께서 물질을 통해 하나님의 뜻에 순종하는 자를 기쁘게 해 주신다는 것은 어느 정도 사실입니다. 이 세상에서 신앙생활을 한다는 것은 모든 것을 다 버리고 포기한 채 수도원 생활을 하는 것이 아닙니다. 하나님께서는 우리의 부족한 순종이 하나님을 얼마나 기쁘시게 했는지를 보여 주시는 증표로 이 세상에 있는 것 가운데 일부를 주실 때가 있습니다.

자기 고집을 꺾지 않는 사람은 사랑을 받을 수 없습니다. 한번 생각한 것은 끝까지 해야 직성이 풀리는 사람은 결코 풍성한 삶을 살 수 없습니다. 자식 중에서도 한번 생각한 것은 죽어도 해야 직성이 풀리는 아이가 있습니다. 그 때는 부모도 포기하지요. "그래? 그러면 너 하고 싶은 대로 한번 실컷 해 봐. 하지만 그래도 아니면 정신차리고 돌아와야 한다." 고집스런 아들의 특징이 무엇입니까? 언젠가 돌아오기는 돌아오지만 풍성한 삶을 모른다는 것입니다. 늘 극에서 극을 달립니다.

그러나 이삭은 그렇지가 않았습니다. 이삭은 애굽으로 가려고 가나안 땅을 출발했습니다. 이제 조금만 더 가면 애굽 땅입니다. 그런데 하나님이 안 된다고 하시니까 그랄 땅에서 엉거주춤 주저앉아 버렸습니다. 자기 계획이 있었지만 하나님이 아니라고 하시니까 중간에 눌러앉은 것입니다. 그런데 하나님께서 이 부족한 순종을 얼마나 기뻐하셨는지, 말할 수 없는 축복으로 그를 기쁘게 해 주셨습니다. 그랄 땅에서 받은 축복은 보너스 축복입니다. 보너스는 기쁜 것입니다. 생각하지도 않았는데 봉투 하나 더 주면 굉장히 뿌듯하지 않습니까? 이삭이 받은 축복은 이처럼 전혀 기대하거나 생각하지 않았던 축복이었습니다.

2. 그랄 사람들의 시기

그런데 이삭이 그랄 땅에서 잘살게 된 것은 새로운 어려움을 불러일으켰습니다. 그랄 사람들이 그를 더 이상 좋아하지 않게 된 것입니다. 그들은 이삭을 시기하고 미워하기 시작했습니다. 그 시기와 미움은 이삭이 그랄에서 누리고 있는 모든 혜택을 박탈하는 것으로 나타났습니다.

그 아비 아브라함 때에 그 아비의 종들이 판 모든 우물을
막고 흙으로 메웠더라. 아비멜렉이 이삭에게 이르되

"네가 우리보다 크게 강성한즉 우리를 떠나가라"(26:15, 16).

나그네로 있는 사람에게 가장 두려운 일이 바로 이런 것입니다. 자기 나라가 아니고 자기 땅이 아니기 때문에 하루 아침에 모든 권리를 박탈당한 채 쫓겨날 수 있습니다. 이삭의 입장에서 한번 생각해 보십시오. 그는 지금 전혀 생각지도 못한 축복을 누리고 있습니다. 농사도 잘되고 목축도 잘됩니다. 물론 이 모든 것은 그랄 사람들의 관용 아래 이루어진 것입니다. 그런데 그들의 마음이 하루 아침에 변하더니, 아브라함의 우물을 메워 버리고 여기를 떠나라는 것입니다.

예를 들어 어떤 사람이 별로 좋지도 않고 누가 사용하지도 않는 건물을 싸게 빌려서 유치원을 시작했다고 합시다. 그런데 생각지도 않게 원아들이 많이 몰려 와서 유치원이 아주 잘되었습니다. 그런데 이렇게 유치원이 잘되는 것을 본 건물 주인이 살살 배아파하기 시작합니다. 그러더니 어느 날 갑자기 와서 유치원을 떠나라고 하면서 전기와 수도를 끊어 버리면 어떻게 되겠습니까? 졸지에 망하는 것이지요. 이삭의 경우가 바로 그러한 것이었습니다. 지금까지 그 땅은 농사도 안되는 불모의 땅이었습니다. 쓰지도 않는 땅이었어요. 그 땅을 일구어서 100배의 소득을 얻었습니다. 그런데 이제 와서 갑자기 우물을 막아 버리고 떠나라는 것입니다.

이삭의 입장에서는 분명히 할 말이 있습니다. 농사는 그들이 지으라고 한 것이 아닙니까? 그리고 그 땅도 안 쓰는 땅 아닙니까? 그랄 땅은 농사가 잘 안되는 곳입니다. 또 이삭은 사기를 치거나 도둑질을 해서 부자가 된 것이 아니라 하나님이 복을 주셔서 부자가 된 것입니다.

이삭은 그랄 사람들에게 피해를 준 것이 없었습니다. 또 우물은 이삭의 아버지가 판 것이었습니다. 그들은 그 때부터 공짜로 그 물을 먹어 오지 않았습니까? 아비멜렉은 이 우물이 아브라함의 것이라는 맹세까지 했습니다. 그런데 하루 아침에 우물을 메우고 "너는 우리보다 강하니까 떠나라"는 것입니다. 이삭은 하루 아침에 알거지 신세가 되고 말았습니다.

하나님께서 이렇게 하시는 이유가 무엇입니까? 왜 한편으로는 축복하시면서 또 다른 한편으로는 그랄 사람들의 마음을 변하게 해서 이 모든 축복을 거두어 가시는 것입니까? 이것이 바로 하나님께서 우리들에게 늘 하시는 방법입니다. 하나님은 두 손을 가지고 계시다는 것을 기억하십시오. 하나님은 한 손으로는 우리를 축복하시면서도 다른 한 손으로는 축복을 거두셔서 이 세상의 축복을 움켜쥐거나 이 세상의 물질에 탐닉하지 못하게 하십니다.

그래서 하나님이 우리에게 물질적인 축복을 주실 때 '이것은 맛보기구나. 맛만 보고 끝을 내야지' 라고 생각해야지, '아니야. 나는 끝장을 봐야 해' 하면서 더 부자가 되려 하고 더 높아지려고 하면 결국 넘어지게 되어 있습니다. 오른손에서 축복을 받다가 왼손에 걸려 넘어지는 것입니다. 하나님께서 생각지도 못한 물질적인 축복을 주시고 형통하게 하시거든 '와! 돈이다! 보너스다! 다음에는 또 얼마를 주실까?' 하지 말고 '이것은 하나님께서 나를 사랑하시는 증표구나. 이런 방식으로 나를 향한 사랑을 표시하시는구나' 라고 생각하십시오.

그래서 믿음의 사람들은 일이 잘되더라도 거기 푹 빠지지 말고 긴장하고 있어야 합니다. 하나님께서는 일이 잘될 때 꼭 나를 겸손하게 만드심으로써 물질적인 문제나 돈의 문제나 차의 문제에 집착하지 못하게 하십니다. 하나님께서 좋은 차를 주셨습니다. 그래서 매일매일 닦고 광을 냈는데, 어느날 누가 싹 긁어 놓습니다. 그 때 시험들지 않도록 '차는 어쨌든 차야. 언제든지 긁힐 수도 있어' 라고 미리 마음먹고 있어야 합니다.

　문제는 이것입니다. 축복을 거두어 가시는 것은 좋습니다. 그런데 이제는 거꾸로 도저히 살 수 없는 처지가 되고 말았습니다. 가나안 땅의 흉년은 아직 끝나지 않았고 애굽으로는 갈 수가 없습니다. 마지막 남은 보루가 그랄 땅이었는데, 이제는 그나마 그랄 땅에서도 쫓겨나게 되었습니다. 이럴 때 이삭은 무엇을 해야 합니까? 주시는 것도 좋고 거두시는 것도 좋은데, 도대체 어디서 무엇을 해서 먹고 살라는 것입니까? 문제는 있는데 답이 없습니다. 이 답을 어디에서 찾겠습니까? 이런 것이 바로 시험입니다. 하나님의 백성들이 치르는 시험 중에 사지선다형은 없습니다. 전부 다 논술형입니다. 그런데 문제는 있는데 풀이가 없는 것입니다.

　이럴 때 우리는 두 가지를 생각해야 합니다. 하나는 이 시험은 분명히 하나님께서 허락하셨다는 것입니다. 그러므로 두려워해서는 안 됩니다. 우리는 이 어려움으로 멸망하지 않습니다. 시험은 사탄이 하는 것입니다. 하나님께서 사탄에게 기회를 주신 것입니다. 그러나 사탄이 우리 전부를 건드릴 수는 없습니다. 하나님께서 허락하지 않으시면 머리카락 하나도 건드릴 수 없습니다. 물론 그 시험이 우리에게 엄청난 두려움을 줄 수도 있고, 때로는 우리의 영혼을 사망의 음침한 골짜기에 빠뜨릴 정도로 위협적일 수도 있습니다. 그러나 결코 우리를 지배하지는 못합니다.

여러분, 이렇게 도저히 풀리지 않는 어려운 문제에 빠졌을 때 그것을 해결할 수 있는 방법은 오직 하나밖에 없습니다. 그것은 기도입니다. 사탄은 천재예요. 우리의 머리로는 도저히 그 궤계를 이길 수가 없습니다. 오직 하나님의 지혜로만 이 사탄의 문제를 풀 수 있습니다. 야고보 사도가 무엇이라고 말했습니까?

> 너희 중에 누구든지 지혜가 부족하거든 모든 사람에게
> 후히 주시고 꾸짖지 아니하시는 하나님께 구하라.
> 그리하면 주시리라(약 1:5).

물론 처음부터 지혜가 생기는 것은 아닙니다. 처음에 이런 문제를 당하면 도무지 살 길이 없는 것 같고 막막하기만 합니다. 나만 쳐다보고 있는 식구들이 부담스럽고, 도무지 이 세상에서 살아남을 길이 없는 것 같습니다. 농사짓던 땅에서는 나가라고 하고 우물은 메워 버렸으니, 이제 어디에서 무엇을 하면서 살 수 있겠습니까? 머리 속에는 자꾸만 최악의 시나리오가 떠오릅니다. 모든 것을 다 빼앗기고 아내까지 빼앗긴 채 비참하게 죽어 있는 자신의 모습이 보입니다.

그런데 그 가운데서도 하나님의 신실하심을 붙들고 자신을 설득해 나갑니다. '믿음의 끝이 이럴 리가 없다'는 것입니다. 하나님은 선을 베풀다가 졸지에 망하게 하시는 분이 아니라는 것입니다. 지금 겪고 있는 이 어려움의 이유는 알 수 없지만 하나님이 허용하신 것이니 분명히 합력해서 선을 이루리라는 것입니다. 그래서 하나님의 신실하심

을 붙들고 매달리며 기도하고, 때로는 금식하며 기도합니다. "아버지,
저는 평소에 제 믿음이 좋은 줄 알았습니다. 그런데 이 작은 어려움에
제 믿음은 거의 바닥을 드러내고 있습니다. 하나님 앞에서 저는 죽은
개처럼 무능합니다. 주여, 도와 주십시오, 긍휼을 베풀어 주십시오!"
그렇게 기도하고 매달리다 보면 갑자기 무슨 생각이 떠오릅니다. 아주
놀라운 생각입니다. 마치 어떤 계시가 마음 속에 비치는 것 같습니다.
지금까지 붙들고 있던 문제를 아주 새로운 눈으로 볼 수 있는 새로운
지각이 생깁니다. 사고의 전도, 가치관의 변화가 일어납니다.

지금까지 이삭은 자기가 농사짓던 땅에 애착을 가지고 있었습니다.
몇 배나 결실하던 이 땅을 어떻게 포기합니까? 씨만 뿌리면 줄기가 휘
어지도록 주렁주렁 이삭이 달리는 이런 땅을 어떻게 포기할 수 있습니
까? 게다가 이 우물은 아버지 아브라함이 판 것입니다. 삼촌이 판 것
이라면 그래도 좀 포기할 수 있겠지만, 바로 자기 아버지가 판 우물인
데 어떻게 포기합니까?

그런데 그 때 갑자기 새로운 생각이 떠오릅니다. '그래, 나는 원래
농사꾼이 아니었잖아. 나는 원래 목축업자였어. 그리고 아버지가 판
우물을 그들이 메워 버린 것은 아깝고 분하지만, 아버지가 판 우물이
이것이 전부는 아니잖아. 그걸 또 파면 되지.' 이렇게 자기가 붙들고
있던 것을 놓았을 때, 이삭의 마음은 아주 자유로워졌을 것입니다.

바로 이것입니다. 하나님께서 주신 지혜는 내가 붙들고 있는 것을
놓고, 나와 하나님의 관계를 바라보게 합니다. 아마 이삭의 종들 중에
는 싸워서라도 끝까지 그 땅을 지키자는 사람들도 있었을 것입니다.
아예 이 기회에 그랄 사람들에게 본때를 보여 주어야 한다고 주장하는

과격파들도 있었을 것이고, 많은 권리금을 받기 전까지는 물러나지 말고 버텨 보자는 사람들도 있었을 것입니다. 그런데 하나님께서 이삭에게 깨닫게 하신 것이 무엇입니까? 이삭 자신이 하나님 앞에서 얼마나 아름답고 존귀한 사람이냐 하는 것입니다. 그 동안 집착하던 땅이나 우물은 이삭과 하나님과의 관계에서 전혀 중요한 것이 아니었습니다. 이삭은 만약 그 땅과 우물을 지키기 위해 혈기를 부리고 싸운다면 자기 안에 있는 아름다운 하나님의 형상이 파괴될 수밖에 없다는 것을 알았습니다.

하나님의 지혜는 여기에서 끝나지 않았습니다. 아버지 아브라함이 팠던 다른 우물들이 생각난 것입니다. 물론 지금은 사용되지 않는 우물이고 물이 나오지 않는 우물입니다. 그러나 어렸을 때에는 거기에서 물이 나왔던 것 같습니다. 그것을 다시 파면 되지 않을까 하는 생각이 갑자기 머리 속에 떠오릅니다. 이삭은 자신이 여기에 살기 전에 이미 아버지가 믿음으로 여기에서 살았고, 그 아버지가 남겨 놓은 믿음의 유산이 있다는 것을 깨달았습니다. '나는 왜 아버지가 남긴 믿음의 흔적을 따라가지 않는가? 아버지는 여기에서 사셨고 이기셨다. 그 믿음의 유산을 사용하자' 는 것이 그의 깨달음이었습니다.

우리가 성경에 나오는 믿음의 사람들로부터 얻는 유익이 무엇입니까? 그 인물들이 하나님을 찾았던 것처럼 우리도 하나님을 찾으면 그분을 만날 수 있고 동일한 은혜를 체험할 수 있다는 것입니다. 오늘 우리 시대는 항상 새로운 것을 찾습니다. 많은 사람들이 이야기하는 것이 무엇입니까? "새로운 방식으로 하나님께 예배하자"는 것입니다. 그러나 그렇게 한다고 해서 하나님을 만날 수 있는 것이 아닙니다. 믿

아버지의 유산이 생각나다

음의 조상들이 하나님을 만났던 방법으로 나아가야 만날 수 있습니다. 아벨이 예배드렸던 것처럼 예배드려야 하나님을 만날 수 있고, 에녹이 살았던 것처럼 살아야 죽음을 통과할 수 있으며, 노아가 살았던 것처럼 살아야 멸망에서 구원받을 수 있습니다. 예수님께서 말씀하신 것이 무엇입니까? 마지막 심판이 임할 때 사람들의 모습이 노아 때와 같고 소돔과 고모라가 멸망할 때와 같으리라는 것입니다. 나타나는 양상은 다를지 몰라도 사람의 본성 자체는 바뀌지 않습니다.

사고의 전환이
곤경을 뚫는다

어려움 가운데 기도하고 있던 이삭의 마음 속을 찾아온 것은 사고의 전환이었습니다. 지금까지 한 번도 생각하지 못했던 새로운 생각이 섬광처럼 떠올랐습니다. '내가 지금까지 집착하고 있던 것이 중요한 게 아닐 수도 있다'는 이 한 번의 생각이 교착된 국면을 완전히 돌파할 수 있게 해 주었습니다. 우리를 미련하게 만드는 것은 어느새 우리 마음을 차지하고 있는 수많은 전제들입니다. '나는 이 정도는 살아야 해. 우리 집은 저 정도는 갖추어야 해. 우리 애는 이러이러한 모습으로 자라야 해. 하나님은 이러이러한 분이야. 하나님이 이렇게 하지 않고 저렇게 하신다면 난 절대로 못 참아.' 이런 전제들이 생각을 경직시켜서 다른 수많은 가능성을 보지 못하게 하고, 끝까지 한 가지만 고집하게 만드는 것입니다.

우리는 다르게 생각해야 합니다. 즉 내가 집착하고 있던 그것을 내려놓고 하나님과 나의 관계를 생각해야 합니다. '하나님이 나를 얼마나 사랑하고 계시는가. 내게 주신 물질적인 축복의 의미는 무엇인가. 이것은 하나님이 날 사랑하신다는 증표일 뿐이다. 그런데 내가 이것을 지키기 위해서 싸운다면 내 속에서 얼마나 큰 분노와 좌절이 일어날

것인가. 그리고 내 속에 있는 하나님의 형상이 얼마나 파괴될 것인가'
를 생각해야 합니다.

3. 이삭의 인내를 시험하는 것들

마침내 이삭은 결단을 내렸습니다. 그는 그 땅을 포기하고 그랄 골
짜기에 장막을 쳤습니다. 그리고 아버지가 팠던 우물들을 다시 파서
물을 구했습니다.

> 이삭이 그 곳을 떠나 그랄 골짜기에 장막을 치고
> 거기 우거하며 그 아비 아브라함 때에 팠던 우물들을
> 다시 팠으니 이는 아브라함 죽은 후에
> 블레셋 사람이 그 우물들을 메웠음이라.
> 이삭이 그 우물들의 이름을 그 아비의 부르던
> 이름으로 불렀더라(26:17, 18).

이삭은 기꺼이 농사일을 포기했습니다. 100배나 수확을 거두던 일 첫번째 양보
을 포기한다는 것은 쉬운 일이 아닙니다. 그러나 그 일을 계속하려면
그랄 사람들과의 충돌을 피할 수가 없었습니다. 그래서 그는 땅과 우
물을 포기하고, 그 대신 아버지가 팠던 다른 우물을 다시 판 후 아버지
때 부르던 이름으로 불렀습니다.

아브라함이 팠던 우물이 왜 다시 메워졌는지는 알 수가 없습니다.

단지 추측하기에 그럴 사람들은 대단히 자존심이 강한 사람들이었기 때문에 아브라함이 우물을 파서 기근의 문제를 해결해 주었을 때에는 기꺼이 그 도움을 받았지만, 그가 죽자 그 우물을 메움으로써 자신들은 다른 사람의 도움 같은 것을 받은 적이 없다는 식으로 행세한 것이 아닌가 합니다. 그래서 이삭이 아버지의 우물을 도로 파고 아버지가 불렀던 이름을 다시 사용한 데에는 '아버지 때 너희들이 우리 아버지의 도움을 받았던 것은 사실이 아니냐? 이제 제발 그런 엉뚱한 생각들을 다 버리고 옛날의 좋았던 관계를 회복해 보자'는 의미가 들어 있었던 것 같습니다. 그러나 그의 기대는 무참하게 깨지고 말았습니다. 그럴 사람들이 그 우물을 자기들 것이라고 우기고 나선 것입니다.

> 이삭의 종들이 골짜기에 파서 샘 근원을 얻었더니
> 그랄 목자들이 이삭의 목자와 다투어 가로되
> "이 물은 우리의 것이라" 하매
> 이삭이 그 다툼을 인하여 그 우물을 '에섹'이라
> 하였으며(26:19, 20).

참담한 결과 '에섹'이라는 말의 뜻은 '분쟁'입니다. 관계를 좀 회복하려고 했더니, 결과가 오히려 더 악화되어 분쟁이 일어나고 더 속상하게 되었다는 것입니다. 차라리 옛날 이름을 들먹이지 않으면 좋을 뻔했는데 관계를 회복하기 위한 제스추어를 취하다가 망신만 당하고 말았습니다. 이삭은 참으로 어려운 지경에 빠졌습니다. '나는 양보했다. 그리고 관계를 좀 회복해 볼 생각으로 옛날에 아버지가 썼던 이름을 썼다. 그런데 그 결과는 참담하구나. 이제 어떻게 해야 할까? 지금이라도 싸워야 할까? 아니면 또 한 번 양보해야 할까?' 이것이 이삭의 갈등이었습니다.

그러나 그의 마음 속에는 이미 하나의 원칙이 있었습니다. 그것은 절대로 땅과 우물 때문에 그랄 사람들과 싸워서는 안 된다는 것이었습니다. 그는 '나는 싸우지 않는다. 만약 내가 싸운다면 분노로 마음이 폭발하게 되고, 그러면 내 안에 있는 귀한 하나님의 형상이 너무나도 엉망으로 파괴될 것이다. 우물이야 다시 파면 되지만 하나님과 나의 관계가 깨진다면, 분노로 내 속에 있는 인격이 깨진다면, 이것은 회복되기가 너무나도 힘들다' 는 것을 알았습니다. 우물도 귀하고 땅도 귀하지만 자기 속에 있는 하나님의 형상이 더 귀했습니다. 그래서 이삭은 이번에도 그랄 사람들과 경쟁하는 대신에 또 다른 우물을 새로 파기로 했습니다.

그는 어떻게 하든지 그랄 사람들을 이해해 보려고 했습니다. '그랄 사람들이 이 우물을 자기 것이라고 주장하는 데에는 그럴 만한 이유가 있겠지. 그 이유가 뭔지는 모르겠지만 어쨌든 자기 것이니까 자기 것이라고 하겠지' 라고 억지로 단정했습니다. 이렇게라도 하지 않으면 마음 속에 분노가 일어나서 자기 스스로 견딜 수 없었기 때문입니다. 그리스도인들은 이처럼 억지로라도 다른 사람들을 이해하려고 애써야 합니다. 그렇게 하지 않으면 자기가 시험에 듭니다. '저 사람이 저렇게 떼를 쓰는 데에는 이유가 있겠지. 저렇게 악을 쓸 만한 이유가 충분히 있겠지' 하고 이해하지 않으면 자기가 분통이 터져서 견디지 못합니다.

　이삭은 이번 우물도 포기하고 또 새로운 우물을 팠습니다. 그랬더니 전과 똑같은 일이 또 벌어졌습니다.

> 또 다른 우물을 팠더니 그들이 또 다투는 고로
> 그 이름을 '싯나'라 하였으며(26:21).

'싯나'는 '반대'라는 뜻입니다. 이삭은 그랄 사람들이 자기를 무조건 반대하고 있다는 것을 알았습니다. 그러나 그는 끝까지 그들과 다투지 않았습니다. 22절을 보십시오.

> 이삭이 거기서 옮겨 다른 우물을 팠더니 그들이 다투지
> 아니하였으므로 그 이름을 '르호봇'이라 하여 가로되
> "이제는 여호와께서 우리의 장소를 넓게 하셨으니
> 이 땅에서 우리가 번성하리로다" 하였더라.

우물이 넉넉해지니까 그랄 사람들도 더 이상 이삭을 괴롭히지 않았습니다. 이삭은 '그랄 사람들이 나쁘다기보다는 장소가 좁고 우물이 적은 것이 문제이다. 이제 하나님께서 우리에게 넓은 장소를 주셨으니 더 이상 다투지 않고 편하게 지낼 수 있을 것이다'라고 생각했습니다.

그의 믿음은 결국 어떤 것이었습니까? 이 세상에 있는 것을 가지고 그랄 사람과 다투거나 경쟁함으로써 자기 마음에 분노를 채우지 않겠다는 것이었습니다. 그래서 그는 계속 우물을 팠고 판 우물을 빼앗겼습니다. 그는 계속 기다리고 양보했습니다. 그리고 이렇게 양보한 결

과, 그랄에는 우물이 많아지게 되었습니다. 이삭은 손해를 보았지만
세상 사람들에게는 더 좋은 결과를 낳게 되었습니다.

　우리가 이 세상에서 모든 것을 경쟁적으로 하는 이유는 선택의 여지
가 너무나도 좁기 때문입니다. 대학 갈 사람은 많은데 대학이 적으면
결국 경쟁할 수밖에 없습니다. 특히 우리 사회에서 경쟁이 치열한 이
유는 똑같은 스타일의 사람들만 양산해 낸다는 데 있습니다. 꼭 붕어
빵 찍어 내는 것 같아요. 원래 우리 나라는 선비 사상이 지배적이었습
니다. 그래서 지금도 교수나 관료가 우대받는 분위기이고, 사람들이
다 그쪽으로만 가려고 합니다. 교수나 관료가 나쁘다는 말이 아닙니
다. 전부 다 그쪽으로만 가려고 하는 것이 문제라는 것이지요. 다른 쪽
에 관심을 가진 '엉뚱한' 사람들은 천대를 받거나 이상한 사람 취급을
받습니다. 요즘에 와서야 기발한 생각을 가지고 있는 사람들이 조금씩
빛을 보고 있는데, 우리 나라에서 이런 사람들이 빛을 보게 된 것은 불
과 몇 년 안 됩니다.

　우리 사회는 창의성을 길러 주지 않습니다. 말 잘 듣고 공부 잘하는
아이가 '좋은' 아이로 인정 받습니다. 아이들이 가야 할 길을 "넌 교
수", "넌 판사" 하면서 어른들이 미리 다 정해 놓습니다. 그 결과가 무
엇입니까? 생각도 똑같아지고 할 수 있는 일도 똑같아지는 것입니다.
이 여자를 봐도 저 여자를 봐도 얼굴 생김새나 립스틱 색깔이나 생각
하고 있는 것이 똑같습니다. 이 남자를 만나도 저 남자를 만나도 하는
얘기가 다 똑같습니다. 결국은 똑같은 사람들끼리 싸우고 똑같은 사람
들끼리 경쟁하는 것입니다.

　오늘 우리 그리스도인들에게는 사고의 전환이 필요합니다. 우리에

게는 엄청난 믿음의 유산이 있습니다. 성경에 기록된 수많은 믿음의 사람들, 우리보다 더 좋지 못한 상황에서 믿음으로 살아남았던 사람들의 기록이 있습니다. 우리는 세상 사람들이 하는 짓을 똑같이 따라 하지 않아도 얼마든지 풍성하게 잘 살 수 있는 길이 있다는 것을 알고 있습니다. 그들이 했던 방식으로 우물을 파면 우리도 우물을 얻을 수 있다는 것을 알고 있습니다.

〈공부가 가장 쉬웠어요〉라는 책이 있습니다. 그 사람한테는 정말 공부가 가장 쉬운 일입니다. 또 골프 선수인 어떤 여학생은 훈련할 때가 오히려 어렵고 시합 때가 가장 좋다고 했습니다. 결국 사람들은 저마다 자기한테 쉬운 길을 택해서 걷게 되고, 그러다 보면 좁은 곳에 몰려서 결국 자기들끼리 경쟁하고 싸우게 됩니다. 식구들끼리 어울려서 합작투자 하는 것은 현명한 일이 아닙니다. 한번 망하면 전부 깡통 차게 되지 않습니까? 주식 투자도 한 회사에만 집중시키지 말고 나누어서 분산 투자하는 것이 기본입니다. 한 사람은 농사짓고 한 사람은 장사를 해야 농사가 안되도 장사하는 집에서 좀 얻어먹고, 장사가 망해도 쌀은 얻어먹을 수 있지 않겠습니까?

더 넓은 곳을 찾아라

그리스도인들은 더 넓은 곳을 찾아야 하고 더 멀리 바라보아야 합니다. 우리는 경쟁하지 않아도 충분히 살 수 있습니다. 성경이 있는데 왜 못 삽니까? 성경에 나오는 사람들은 우리보다 훨씬 더 어려운 상황을 믿음으로 이겨냈습니다. 그들이 남긴 유산이 있는데, 우리가 왜 굶어 죽습니까? 어디를 파도 물이 나오는 사람이 있지 않습니까? 노예로 잡혀가도 총리가 되는 사람이 있지 않습니까? 바벨론의 포로로 잡혀가도 거기 왕이 바뀌고 나라가 바뀌도록 재상의 자리를 지키는 사람이 있지 않습니까?

어렸을 때에는 자기 것을 포기하지 못합니다. 청소년 때 이성교제를 하면 '이 오빠' 아니면 다시는 이런 사람 못 만날 것 같아요. 커서 보면 아무것도 아닌데 그 당시에는 절대로 포기하지 못합니다. '이 사람이 아닐 수도 있다, 또 기회가 있을지도 모른다'는 생각이 안 떠오르는 것입니다. 이것은 무조건 다음 기회를 찾으라는 말이 아닙니다. 늘 "다음 기회에"라고 말하는 사람은 굉장히 게으르고 무책임한 사람입니다. 절대로 포기할 수 없는 기회이고 정말 나한테 필요하며 하고 싶은 일인데도 불구하고, 이 일에 몰두하려면 과도한 경쟁을 치를 수밖에 없고, 내 마음이 분노로 가득 차야 하며, 그래서 내 안에 있는 하나님의 형상이 파괴될 것 같을 때, '이것이 아닐 수도 있다, 이 사람이 아닐 수도 있다'라고 생각하라는 것입니다. 이것이 사고의 전환입니다.

이 세상 사람들은 경쟁하며 살아야 합니다. 저는 이 세상 사람들에게 경쟁력을 주신 하나님을 찬양합니다. 사람들은 경쟁이 없으면 죄만 지을 것이기 때문입니다. 사람들의 마음에는 죄성이 있어서, 오히려 경쟁할 게 있어야 의욕이 생기고 그 일에 몰두함으로써 무언가를 해낼 수 있으며 죄를 좀 덜 짓습니다. 어떤 사람은 연구할 때만 죄를 안 짓습니다. 연구만 끝나면 술 마시고 부인을 때려요. 그런 사람은 새로운 연구거리를 자꾸 주어서 영원히 연구하게 해야 합니다. 또 스트레스가 꼭 나쁜 것은 아닙니다. 오히려 스트레스가 없으면 의욕을 잃고 방황하거나 영화나 비디오만 줄창 보면서 죄의 유혹에 쉽게 빠져드는 사람이 있습니다. 그러나 하나님의 백성들은 세상 사람들과 똑같은 원리로 살 수 없습니다.

우리가 먼저 알아야 할 것은 건전한 경쟁은 죄가 아니라는 것입니다. 공정하게 규칙에 따라서 경쟁하는 것은 죄가 아닙니다. 자기가 좋은 대학에 들어가면 다른 한 사람이 낙방의 눈물을 흘려야 할 것이 마음 아파서 일부러 떨어져 주는 학생은 없습니다. "또 다른 한 명이 울면서 재수를 하겠구나. 차라리 내가 하고 말지" 하는 사람은 바보예요. 선의의 경쟁은 발전을 위해 필요한 것입니다. 그러나 지금 블레셋 사람들이 한 짓은 '더티 플레이'입니다. 남의 우물을 흙으로 메우고 갑자기 떠나라고 하는 것은 공정한 경쟁이 아닙니다. 기업들도 뒤로 사람을 빼가고 정보를 빼돌리면서 경쟁하면 안 됩니다. 그러나 공정한 게임을 하는 것은 죄가 아닙니다. 열심히 공부한 학생이 대학에 합격하고 장학금을 받는 것은 좋은 일입니다.

지켜야 할 한계 하지만 우리 안에 있는 하나님의 선한 형상이 파괴될 정도까지 경쟁을 해서는 안 됩니다. 그까짓 우물이야 다시 파면 됩니다. 그러나 한번 파괴된 하나님의 형상을 다시 회복시키는 것은 너무나 어려울 뿐 아니라 시간도 오래 걸리는 일입니다. 하나님 앞에서 한번 분노하면 내 안에 있는 그릇이 깨져 버립니다. 그 그릇이 다시 붙는 데 시간이 얼마나 많이 걸리고 은혜가 얼마나 많이 필요한지 모릅니다. 그런데도 우리는 너무나도 쉽게 분노를 터뜨립니다. 내 안에 얼마나 귀한 하나님의 형상이 있는지 생각하지 않습니다. 분노와 잘못된 성욕과 거짓말은 모두 우리 안에 있는 귀한 형상을 파괴시킵니다. 이삭은 몇 번씩이나 양보해 가면서까지 분노로 그 귀한 형상을 파괴시키지 않았습니다.

하나님의 백성들에게 필요한 것은 사고의 전환입니다. 남들이 다 하는 것에 머리 터지게 뛰어들 이유가 뭐가 있습니까? 기도하는 가운데 생각을 한번 바꾸어 보십시오. 내가 죽도록 붙들고 있는 이것이 '아닐 수도 있다'고 생각해 보십시오. '이 길이 아닐 수도 있다, 이런 방식으로 안 살 수도 있다'고 생각해 보십시오.

그래서 때로는 우리 삶에 실패가 필요합니다. 만일 이삭이 늘 잘되기만 했다면 계속 곡식 가마니나 세면서, 양이나 소 숫자나 세면서 시간을 보냈을 것입니다. 그런데 갑자기 위기에 처하고 거리에 나앉게 되니 사고의 전환이 일어났습니다. 바닥까지 내려가 보니 오히려 마음속에 더 큰 여유가 생겼습니다. 이 모든 것의 주인은 하나님이시며 자신은 종에 불과하다는 것을 알게 되었습니다.

음악에는 쉼표가 필요합니다. 쉬지 않고 계속 고음으로만 노래를 부르면 부르는 사람도 쓰러지고 듣는 사람도 쓰러집니다. 우리의 삶에도 쉼표가 필요합니다. 한번 재수해 보는 것도 괜찮아요. 재수 한 번 안 해 보고 줄기차게 1등만 하던 사람이 어쩌다 2등을 하면 그냥 죽어 버립니다. 한번 실업자가 되어 보는 것도 좋습니다. 그러면 나중에 직장에서 승진에 미끄러져도 끄떡없어요. "다음에 승진하면 되지, 뭘 이런 걸 가지고 속을 끓이냐?" 하면서 넘어갈 수 있습니다. 한번씩 아파서 입원해 보는 것도 필요합니다. 새벽 3시까지 막 일하다가 입원해 보면 나 없이도 회사가 잘 돌아갑니다. 그 때 '내가 속고 있었구나! 내가 없어도 이 세상은 잘 돌아가는데 내가 일에 집착하느라 내 가치를 잃고 말았구나. 이런 걸 가지고 괜히 분노하고 이 새끼 저 새끼 하면서 멱살을 잡았구나' 하는 것을 깨닫게 됩니다.

여러분, 사고의 전환이 일어나야 합니다. 우리 눈이 열려야 합니다.

우리 주위에 하나님이 주신 귀한 것들이 얼마나 많습니까? 조금만 생각을 바꿔도 온 세계가 펼쳐지는데, 자기 생각에 빠져서 집착하기 때문에 욕심의 노예가 되는 것입니다.

오늘 본문이 우리에게 하시는 말씀이 무엇입니까? 하나님은 두 손을 가지고 계시다는 것입니다. 한 손으로는 나에게 은혜를 주셔서 형통하게 하시면서도, 다른 한 손으로는 축복을 억제하시고 슬픔을 주셔서 우리를 교만하지 못하게 하시고 그 축복에 집착하지 못하게 하십니다. 그런데 우리는 하나님이 한 손으로 축복을 주시면서 다른 한 손으로는 힘들게 하실 때 얼마나 좌절하며 분노합니까? 하나님께서 주신 아흔아홉 가지 은혜는 다 잊어버리고 그 한 가지 안 되는 일에 집착해서 하나님을 원망하고 신앙의 길을 버리려고 하지 않습니까?

그리스도인은 이 세상의 것을 놓고 목숨 걸어가며 경쟁하지 않습니다. 그리스도인들 중에 그렇게 해서 성공한 사람은 아무도 없습니다. 이 세상에 있는 것들은 하늘에 있는 신령한 은혜의 맛보기에 불과합니다. 더 넓은 곳을 찾으십시오. 생각을 바꾸십시오.

하나님께서 이삭으로 하여금 억지로 우물을 파게 한 일을 기억하시기 바랍니다. 이삭은 자기가 원해서 우물을 판 것이 아닙니다. 블레셋 사람들에게 주기 위해서 우물을 판 것이 아니에요. 자기가 물을 먹으려고 팠다가 빼앗기고 빼앗기고 또 빼앗긴 것입니다. 그러나 결과적으로는 우물이 많아짐으로써, 더 많은 사람들이 우물의 혜택을 입게 되었습니다. 블레셋 사람들은 우물 파는 방법을 모릅니다. 우물 파는 방법을 아는 사람은 이삭밖에 없습니다. 유대인들은 철저하게 자기 아들에게만 방법을 알려 줍니다. "세번째 바위 지나서 노란 풀이 난 곳이 바로 우물이야." 이것은 그 아들이 아니면 절대 알 수가 없습니다. 이삭이 그냥 잘 지냈다면 우물을 또 팔 리가 없습니다. 그런데 자기가 먹고 살려고 우물을 파고 또 파다 보니 더 많은 사람들이 우물물을 먹게 되었고, 마침내 싸우지 않고 잘 살게 되었습니다.

때로 우리는 억지로 강요당해서라도 선한 일을 해야 합니다. 우리는 자진해서 선한 일을 할 인간들이 아니에요. 강요당해서라도 모임에 나가야 하고 강요당해서라도 남을 대접해 보아야 합니다. 그렇지 않으면 우리는 자기 몸이나 챙기고 자기 손톱이나 칠하고 자기 자식밖에 모르면서 살 아주 이기적인 사람들입니다. 나를 나의 토굴에서 억지로 끌어내서 우물을 파게 하고 다른 사람들을 먹이게 하시는 하나님을 찬양하십시오. 나는 시집 식구들을 만나고 싶지가 않지만, 그래도 억지로 만나서 뭐라도 해 줄 때 하나님의 축복이 전달되는 것입니다. 성경이 무엇이라고 말씀합니까?

우리가 선을 행하되 낙심하지 말지니
피곤하지 아니하면 때가 이르매 거두리라(갈 6:9).

자의로 하든 억지로 강요받아서 하든 하나님의 백성의 수고에는 반드시 열매가 있고 상급이 있습니다. 선을 행하다 낙심하여 중간에 포기하지 마십시오. 끝까지 참으십시오. 그러면 반드시 밝은 날을 보게 될 것입니다.

브엘세바의 이삭

이삭이 거기서부터 브엘세바로 올라갔더니
그 밤에 여호와께서 그에게 나타나 가라사대
"나는 네 아비 아브라함의 하나님이니 두려워 말라.
내 종 아브라함을 위하여 내가 너와 함께 있어
네게 복을 주어 네 자손으로 번성케 하리라"
하신지라. 이삭이 그 곳에 단을 쌓아 여호와의
이름을 부르고 거기 장막을 쳤더니 그 종들이
거기서도 우물을 팠더라.
아비멜렉이 그 친구 아훗삿과 군대장관 비골로
더불어 그랄에서부터 이삭에게로 온지라.
이삭이 그들에게 이르되
"너희가 나를 미워하여 나로 너희를 떠나가게
하였거늘 어찌하여 내게 왔느냐?"
그들이 가로되 "여호와께서 너와 함께 계심을
우리가 분명히 보았으므로 우리의 사이, 곧 우리와
너의 사이에 맹세를 세워 너와 계약을 맺으리라
말하였노라. 너는 우리를 해하지 말라.
이는 우리가 너를 범하지 아니하고 선한 일만
네게 행하며 너로 평안히 가게 하였음이니라.
이제 너는 여호와께 복을 받은 자니라."
이삭이 그들을 위하여 잔치를 베풀매 그들이 먹고
마시고 아침에 일찍이 일어나 서로 맹세한 후에

이삭이 그들을 보내매 그들이 평안히 갔더라.
그 날에 이삭의 종들이 자기들의 판 우물에 대하여
이삭에게 와서 고하여 가로되 "우리가 물을
얻었나이다" 하매 그가 그 이름을 '세바' 라 한지라.
그러므로 그 성읍 이름이 오늘까지 '브엘세바' 더라.

창 26:23-33

겨울 산에 별 생각 없이 올라갔다가 조난을 당하는 바람에 목숨을 잃는 분들이 많이 있습니다. 주로 겨울 산행에서 이런 사고가 생기는 이유는 겨울 산의 특징을 잘 모르고 올라가기 때문입니다. 겨울 산에서는 해가 빨리 떨어집니다. 우물쭈물하다가는 금방 해가 져서 사방이 캄캄해집니다. 더욱이 바위 위에 눈이 얼어 있을 때에는 길을 찾을 수가 없습니다. 눈이 얼어 있는 바위에 올라갈 수는 있어도 내려오는 것은 불가능합니다. 그래서 바위를 타고 올라가다 보면 길이 없어지고 양쪽에 절벽이 나타나 오도가도 못한 채 갇히는 신세가 되는데, 그렇게 우물쭈물하는 사이에 해가 떨어져서 캄캄해지면 조난을 당하는 것입니다.

대학생 때 친구와 함께 겨울 오후에 산에 오른 적이 있었습니다. 날씨가 아주 좋았기 때문에 금방 다녀올 생각으로 눈신을 신거나 두꺼운 파카도 입지 않은 채 가벼운 복장으로 길을 나섰습니다. 그런데 앞서 말한 바로 그런 지점에 걸려 들었습니다. 바위 위에 눈이 얼어 있었는데 어느 정도 올라가다 보니 길이 사라져 버린 것입니다. 그리고 양쪽은 모두 절벽이었습니다. 더 이상 올라갈 수도 없었고, 그렇다고 무작정 내려간다는 것은 곧 죽음을 의미했습니다. 그런데 설상가상으로 해까지 지고 있었습니다. 그 때의 난감함이란 이루 말로 표현할 수가 없는 것입니다. 올라갈 수도 없었고 내려갈 수도 없었고 머물러 있을 수도 없었습니다. 그 때, 갑자기 아주 작은 짐승의 발자국이 보였습니다. 짐승이 지나간 것을 보면 적어도 그쪽에는 절벽이 아니라 길이 있으리라는 생각이 들었습니다. 그래서 그 길을 따라가 보니, 거기야말로 그곳에서 빠져 나갈 수 있는 유일한 길이었습니다.

길을 잃었을 때　　겨울 산에서만 이런 일이 생기는 것은 아닙니다. 다른 경우에도 마찬가지입니다. 한번 길을 잃어버리면 그 어려운 지경에서 빠져 나갈 수가 없습니다. 이리 뛰고 저리 뛰다가 시간만 낭비한 채 결국은 그 자리에서 목숨을 잃고 맙니다. 우리의 인생에서도 어느 한순간 '내가 지금 길을 잘못 들었다'는 생각이 들 때가 있습니다. 그러나 그런 생각이 들 때는 이미 늦은 때입니다. 결혼해서 아이도 있고 나이도 많아서 새로운 전공을 택하거나 새로운 직장을 구할 수가 없습니다. 그럴 때 길을 발견하지 못해서 이리 뛰고 저리 뛰다가 폐인이 되어 버리는 경우가 많습니다.

얼마 전에 신문에서 '고개 숙인 남자'라는 제목 아래 명예퇴직 당한 남자들의 이야기가 연재되는 것을 보았습니다. 그들은 자기가 속한 그 직장이 자기의 길이라고 생각했습니다. 그래서 그 직장밖에 모르고 살다가, 어느 한순간 자기의 의사와는 전혀 상관 없이 퇴직을 당하고 나니 도무지 길이 보이지 않는 것입니다. 그래서 어떤 남자는 가족들이 충격을 받을까 봐 퇴직한 사실을 숨기고 매일 똑같은 시간에 집을 나서서 도서관에 가기도 하고 공원에서 어슬렁거리기도 하고 극장에서 영화를 보고 또 보기도 하면서 시간을 때웁니다. 하지만 그것도 한두 번이지 얼마나 괴롭겠습니까? 이처럼 한번 길을 잃어버리면 다시 길을 찾기가 쉽지 않습니다. 죽지는 않는다 하더라도 자기 자신의 가치를 잃어버리고 폐인이 될 가능성이 아주 많습니다.

그런데 우리 그리스도인들은 신앙을 가지지 않은 사람보다 더 길을 잃기가 쉽습니다. 신앙이 없는 사람들은 주로 직장을 잃거나 건강을 심하게 다치거나 다른 무슨 심각한 일이 터졌을 때 자신이 길을 잃었다는 것을 깨닫습니다. 그러나 그리스도인들은 일이 잘되고 있을 때에도 얼마든지 길을 잃을 수 있습니다. 그리스도인들에게는 하나님과의 생명력 있는 교제가 끊어지는 것이 곧 길을 잃는 것이기 때문입니다.

오늘 본문을 보면 한때 길을 잃은 이삭의 모습을 볼 수 있습니다. 그러나 그는 다시 길을 되찾았고 하나님과의 살아 있는 관계를 되찾았으며 잃어버린 자존감을 되찾았습니다. 이것은 오늘 불확실한 시대를 살아가고 있는 우리들에게 아주 중요한 교훈이 될 것입니다.

가나안 땅에 흉년이 들었을 때 이삭은 애굽을 목표로 삼아 길을 떠났습니다. 그러나 하나님께서 막으시는 바람에 어쩔 수 없이 그랄 땅에 주저앉았습니다. 처음에는 너무나도 형통했기 때문에 이 곳에서 오래 지낼 수 있을 것 같았습니다. 농사를 지었는데 엄청나게 잘되어서 100배나 결실을 거두었습니다. 양과 소도 아주 많아졌습니다. 그런데 시간이 지날수록 이삭은 블레셋은 자기가 있을 곳이 아니라는 것, 자기는 길을 잃어 버렸다는 것을 깨닫게 되었습니다. 그랄 사람들의 마음이 변해서 그를 몰아내고 있었습니다. 아버지가 판 우물도 메워 버렸습니다. 아비멜렉은 그에게 떠나라고 합니다. 그가 우물을 팔 때마다 그랄 사람들이 몰려와 빼앗아 버립니다. 세번째 우물을 파고서야 겨우 싸움은 그쳤지만, 그렇다고 모든 문제가 끝난 것은 아니었습니다. 언제 이 우물이 말라 버릴지, 또 언제 빼앗기게 될지 알 수 없는 일이었습니다.

이삭은 여기에서 살 자신이 없었습니다. 이제 어디로 가야 할지 모르겠습니다. 흉년이 끝나지 않은 가나안 땅으로 갈 수도 없고, 하나님이 막으시는 애굽으로 갈 수도 없습니다. 그렇다고 이대로 그랄 땅에 머물러 있을 수도 없습니다. 가족도 많아졌고 양과 소도 많아졌는데 졸지에 인생의 길을 잃어버리고 만 것입니다. 이삭은 마치 잘나가다가 하루 아침에 명예퇴직을 당한 부장처럼 되고 말았습니다.

그 때 이삭의 마음에 든 생각이 무엇이었습니까? 하나님의 말씀을 한번 시험해 보자는 것이었습니다. 하나님께서는 이삭에게 분명히 가나안 땅에서 살라고 하셨습니다. 그러면 가나안 땅에 무슨 살 길이 있을 것 아닙니까? 그러니 아비멜렉에게 사정해서 여기에 주저앉으려고 하거나 애굽에 내려가려고 할 것이 아니라, 가나안 땅 안에서 발걸음을 옮겨 보자는 것입니다. 그래서 첫걸음을 옮긴 곳이 브엘세바였습니다.

그런데 이삭이 걸음을 옮기자마자 놀라운 응답이 나타났습니다. 하나님께서 그에게 나타나셔서 다시 말씀하시기 시작한 것입니다. 그는 예배의 기쁨을 회복했습니다. 그리고 그랄 왕 아비멜렉과 화해함으로써 마음의 깨진 상처를 치유받았습니다. 그리고 거기에서 다시 우물을 파서 물을 발견했습니다. 하나님의 말씀을 붙들고 걸음을 옮겼을 때,

그 첫걸음에서 모든 것이 한꺼번에 해결되는 것을 이삭은 경험했습니다.

1. 브엘세바로 올라간 이삭

이삭은 자기가 길을 잃었다는 것을 알았습니다. 처음에는 그랄 땅에서 발을 붙이고 살게 될 줄 알았더니 블레셋 사람들이 자기를 좋아하지 않았습니다. 그들의 반대와 핍박이 너무 심해서 도저히 견딜 수가 없었습니다. 애굽에는 양식이 있었지만 하나님이 막고 계셨고, 가나안 땅에는 아직 흉년이 끝나지 않았습니다. 르호봇이라는 작은 우물이 하나 있긴 했지만, 이 우물도 그렇게 안전한 것은 못 되었습니다. 그랄 사람들의 마음이 변하기만 하면 얼마든지 빼앗길 수 있었고, 또 물도 언제 마를지 몰랐습니다.

그렇다면 이미 엄청난 식솔을 거느리고 있는 이삭의 처지에서 할 수 있는 일이 무엇이겠습니까? 여기에서 한 번만 결정을 잘못 내리면 영원한 나락으로, 영원한 멸망으로 떨어질 수밖에 없습니다. 여기에서 한 번만 걸음을 잘못 옮기면 이삭의 집안은 전멸하고 말 것입니다. 그렇다면 애굽으로 내려가는 일을 한 번 더 시도해 보아야 할까요? 그랄 왕 아비멜렉을 찾아가서 흉년 동안만이라도 잘 봐 달라고 애원해야 할까요? 아니면 겨우 확보하고 있는 이 르호봇이라는 우물만이라도 잘 지켜야 할까요? 이삭은 지금 이러지도 못하고 저러지도 못하는 지경에 처해 있습니다.

　　그 때 이삭은 어떤 결정을 내렸습니까? 그는 미련하게 애굽으로 내려갈 것을 고집하지 않았습니다. 아무리 물이 있고 양식이 있다 해도 하나님의 말씀이 금한다면 가지 않기로 했습니다. 그리고 자기를 싫어하는 아비멜렉에게 굳이 사정하고 애원해 가면서까지 그랄 땅에 머물지도 않기로 했습니다. 이삭은 하나님의 말씀을 붙들기로 했습니다. 하나님의 말씀을 시험해 보기로 했습니다. 폭풍이 밀려오고 있을 때, 정말 이 폭풍이 와야만 하는 것이라면 한번 더 깊이 들어가 보기로 했습니다. 이삭은 마지막으로 붙들고 있던 르호봇도 포기한 채, 물도 없고 아는 사람도 없는 브엘세바로 가기로 했습니다.

　브엘세바는 '맹세의 우물'이라는 뜻으로서, 옛날에는 우물이 있던 곳이었습니다. 또 아버지 아브라함이 아비멜렉과 상호 불가침 조약을 맺은 곳이기도 했습니다. 그러나 이삭이 브엘세바로 갈 무렵에는 흉년이 너무 심해서 그 우물들조차 다 말라 버렸던 것 같습니다. 만약 이것이 잘못된 결정이라면 그는 모든 것을 잃을 것이고 그와 가족들은 죽게 될 것입니다. 게다가 브엘세바에는 그를 도와 줄 수 있는 사람도 없고 거기에 가려면 그나마 가지고 있던 우물도 포기해야 합니다. 마침내 이삭은 어떻게 했습니까? 브엘세바로 떠났습니다. 하나님의 말씀을 붙들고 가나안 땅 더 안쪽으로, 흉년이 더 심한 곳으로 깊이 들어갔습니다. 이것은 완전한 모험이었습니다.

　물론 이삭이 처음부터 이렇게 할 수 있었던 것은 아닙니다. 이삭은 그랄에서 하나님의 능력을 체험했습니다. 하는 일마다 하나님이 함께하셔서 농사를 지으면 100배나 수확을 거두었고 우물을 팔 때마다 물이 나왔습니다. 이것은 기적이었습니다. 이런 작은 체험들을 통해서 그가 발견한 것은 '하나님께서 나와 함께하시는구나. 안전주의가 최고가 아니구나' 하는 것이었습니다. 그래서 그는 '우물을 붙들고 주저앉아 있을 것이 아니다. 하나님께서 나와 함께하신다면 한번 가 보자. 사람이 한 번 죽지 두 번 죽나' 하면서 가나안 땅으로 들어간 것입니다.

만약 우리가 이삭처럼 이러지도 저러지도 못하는 곤경에 빠지게 되었다면 어떻게 반응하겠습니까? 아마도 몇 가지 유형이 있을 것입니다. 첫번째는 컴퓨터형입니다. 즉 현재의 자기 처지에서 가능한 모든 방법을 다 생각해 보고, 거기에서 예상되는 결과들을 다 검토한 후, 최적이라고 생각되는 방법으로 결정하는 유형입니다. 이삭의 경우를 컴퓨터에 넣으면 어떤 답이 나오겠습니까? 애굽으로 가는 것이지요. 컴퓨터에서는 애굽이 답으로 나오게 되어 있습니다.

곤경에 대응하는
몇 가지 유형

두번째는 비굴형입니다. 비굴한 사람은 전에 모시던 상관이나 가까운 친척 중에 유력한 사람을 찾아가서 도움을 청합니다. 아마 이삭이 이런 모델을 선택했다면 틀림없이 아비멜렉을 찾아가서 흉년이 끝날 때까지만 봐 달라고 애원했을 것입니다.

세번째는 고지 고수형입니다. 내가 가지고 있는 것만큼은 절대로 다른 사람에게 빼앗길 수 없다는 주의입니다. 지금 가지고 있는 퇴직금만큼은, 하나 남은 집만큼은 어떤 일이 있어도 지켜야 한다는 것이지요. 이삭이 이런 입장이었다면 아마 르호봇 우물에 방어진을 구축하고 포대를 만들어서 블레셋 사람들의 공격에 대비했을 것입니다.

네번째는 요행형입니다. 어려운 일이 닥쳤을 때 자기 스스로 무슨 결정을 내리지 않은 채 무언가 요행이 생기기를 바라는 유형입니다.

그래서 매주 복권을 사서 숫자를 맞춰 봅니다. 이 유형은 자포자기형이기도 합니다. 이런 사람은 복권에 혹시 당첨된다 해도 재기하지 못합니다. 그 의식 자체가 굉장히 의타적이기 때문에 복권에 당첨되어도 일어나지 못합니다. 오히려 복권 당첨되었다고 이 사람 저 사람 다 몰려와서 돈을 뜯으려고 들면 더 손해지요. 사행주의는 자기 스스로 일어설 능력을 포기하는 것입니다. 제가 본 신문에는 갑자기 직장을 잃게 되었을 때, 평소에 할 수 없었던 공부를 실컷 하고 용돈을 함부로 지출하지 말라는 충고가 있었습니다. 다시 말해서 자포자기하지 말고 기회를 다시 노리라는 것입니다.

곤경 속으로
더 깊이 그러나 이삭은 그 어떤 것보다 하나님의 말씀을 붙들었습니다. 그 말씀을 붙들고 환난 속으로 더 깊숙히 들어갔습니다. 그나마 아직은 애굽이 가깝습니다. 아직은 아비멜렉에게 사정해 볼 기회도 있습니다. 또 르호봇이라는 우물도 하나 있습니다. 그러나 그는 하나님의 말씀을 시험해 보기 위해 가나안 땅 안으로 더 깊이 들어가기로 했습니다.

2. 말씀의 회복

이삭이 하나님의 말씀을 붙들고 가나안 땅 더 깊숙한 곳으로 첫걸음을 옮겼을 때 어떤 일이 일어났습니까? 하나님께서 그에게 나타나셔서 다시 말씀하시기 시작했습니다.

그 밤에 여호와께서 그에게 나타나 가라사대

"나는 네 아비 아브라함의 하나님이니 두려워 말라.
내 종 아브라함을 위하여 내가 너와 함께 있어
네게 복을 주어 네 자손으로 번성케 하리라" 하신지라.
이삭이 그 곳에 단을 쌓아 여호와의 이름을 부르고
거기 장막을 쳤더니 그 종들이 거기서도 우물을
팠더라(26:24, 25).

이삭이 흉년에서 살아남기 위하여 블레셋 사람들과 신경전을 벌일 때 하나님은 그에게 아무 말씀도 하지 않으셨습니다. 그런데 하나님의 말씀을 붙들고 가나안 땅으로 더 깊숙히 들어가자 비로소 말씀이 회복되기 시작했습니다. 자신에게 적용되는 말씀, 생생한 말씀, 감동이 있는 하나님의 말씀이 임하기 시작한 것입니다.

하나님께서 이삭에게 말씀하신 것은 세 가지입니다. 첫째는 두려워 말라는 것입니다. "나는 네 아비 아브라함의 하나님이니 두려워 말라." 지금 이삭에게 가장 문제가 되는 것은 무엇입니까? 두려움입니다. 특히 어떤 두려움입니까? 미래에 대한 두려움입니다. 지금까지는 어찌어찌 살아왔습니다. 그런데 앞으로는 대책이 없습니다. 물도 떨어지고 있고, 양식도 없어지고 있습니다. 이삭의 마음 속에는 '내가 말씀을 붙들고 결정을 내리긴 했지만 과연 이것이 하나님의 뜻일까? 과연 이렇게 결정해도 살 수 있을까?' 하는 두려움이 있었습니다. 그런데 하나님은 두려워 말라고 하십니다. 왜냐하면 하나님이 흉년보다 더 크시기 때문입니다.

미래를 생각하면 자꾸 두려움이 생깁니다. 오늘까지는 괜찮아요. 그

러나 내년 일을 생각하면, 10년 후를 생각하면, 마음이 갑자기 답답해
지면서 눈앞이 깜깜해집니다. 그 때 생각나는 말씀이 무엇입니까? 두
려워 말라는 것입니다. 하나님은 흉년보다 더 크십니다. 우리 생각에
는 흉년에 꼭 굶어 죽을 것 같습니다. 광대뼈는 툭 튀어나오고 눈은 쑥
들어가고 배는 불룩하게 나와 있는 자신의 모습이 그려집니다. 미래에
집세가 올라서 결국은 그 집에서 쫓겨나 여기저기 전전하다가 달동네
에 올라가서 달을 바라보며 개 짖는 소리를 듣고 서 있는 자신의 모습
을 떠올리면서 '결국 나는 그렇게 끝장나고 마는 것 아닌가' 하는 악
몽과 공상에 시달립니다. 그런데 하나님께서 무엇이라고 말씀하십니
까? 흉년은 하나님이 쓰시는 종이라는 것입니다. 전쟁이나 질병이나
천재지변도 하나님이 부리시는 하인이라는 것입니다. 그러므로 두려
워 말라는 것입니다.

말씀 있는 곳에
길이 있다 그렇다면 길을 잃었다고 생각될 때 우리가 취할 수 있는 최상의 선
택은 무엇일까요? 나의 신앙이 회복될 수 있는 방향으로 결정하는 것
입니다. 말씀이 있는 곳으로 방향을 돌리는 것입니다. "이 세상은 나
를 환영하지 않는구나. 그렇다면 어디로 갈까? 내가 그 동안 하나님의
말씀을 가까이하지 못했지. 성경도 등한시하고 기도도 등한시했어. 좋
아. 그렇다면 그 동안에 기도나 실컷 하고 성경이나 실컷 보자." 먹고
사는 문제야 하나님이 어떻게든 책임을 지실 것입니다.

많은 사람들은 어려움이 생길 때 염려하기 시작하고 생각하기 시작
합니다. 왜 나한테 이런 일이 일어났는지, 왜 하나님께서 신앙인인 나
에게 이런 일이 일어나도록 허용하시는지를 생각하면 막 화가 납니다.
그렇게 화를 낸 결과가 무엇입니까? 고생은 고생대로 실컷 하고 아무

 팥죽 한 그릇의 거래

유익도 얻지 못하는 것입니다. 야고보 사도는 "사람의 성내는 것이 하나님의 의를 이루지 못함이니라"(약 1:20)고 말씀했습니다. 우리가 성내는 동안에는 하나님께서 아무 일도 하지 않으십니다. 우리가 침체되어 있는 동안에는 손가락 하나 움직이지 않으십니다. 그러니까 고생만 실컷 하고 원점에 그대로 있는 것이나 다름없습니다.

이삭이 말씀에 따라 첫걸음을 옮겼을 때 하나님께서는 무엇보다 두려워 말라는 말씀을 주셨습니다. 이삭이 멀리까지 간 것도 아닙니다. 아주 조금 발걸음을 옮겼을 뿐입니다. 그랄과 브엘세바는 가까운 곳이에요. 그런데도 하나님께서는 이삭의 중심을 보시고 침묵을 깨셨습니다. 곧바로 그를 찾아와 "두려워 말거라. 나는 흉년보다 크다. 흉년은 우리 집에서 부리는 종 가운데 하나인데 성질이 나쁜 것이 탈이야. 이제부터는 모든 일을 내가 알아서 할 테니까 너는 아무 걱정 하지 말고 나만 의지하거라"고 말씀하셨습니다.

두번째로 주신 말씀은 하나님께서 이삭과 함께하셔서 아브라함과 같은 믿음의 삶을 이루게 하시겠다는 약속입니다. 훌륭한 신앙의 아버지를 둔 자식들이 느끼는 것이 무엇입니까? 아버지는 훌륭하지만 자기는 그렇지 못하다는 것입니다. 훌륭한 아버지를 둔 자식들 중에는 아버지처럼 뛰어난 사람이 있는가 하면 아버지에 대한 부담 때문에 영맥을 추지 못하는 사람도 있습니다. 그가 하는 일마다 주변 사람들이 아버지와 비교하면서 "너희 아버지는 이러이러했는데, 너는 왜 이런 것도 못하느냐?"고 책망하면, 속에서부터 '내가 아버지인가?' 하는 반발감이 들면서 주눅이 들고 자신감이 사라집니다. 그런데 하나님께서 하시는 말씀이 무엇입니까? 아브라함이 아브라함 될 수 있었던 것은 하나님께서 함께하셨기 때문이라는 것입니다. 그런데 이제 그 하나님이 이삭과도 함께해서 아버지 같은 믿음의 삶을 살 수 있게 해 주시겠다는 것입니다.

우리는 위대한 신앙의 인물들을 대할 때 격려나 힘을 얻기보다는 더 절망하고 좌절할 때가 많습니다. "아, 저 사람은 정말 훌륭하구나. 하나님께서 특별히 선택하신 사람이 틀림없어. 나는 도저히 저렇게 될 수 없어." 그러나 하나님은 무엇이라고 하십니까? "네가 작은 믿음으로 순종한다면 너 또한 그런 믿음의 사람이 되게 하겠다. 위대한 사람이 따로 있는 게 아니다. 내가 함께하기만 하면 어떤 사람도 다 위대한 믿음의 사람이 될 수 있다."

세번째로 주신 말씀은 이삭에게 복을 주어 그 자손을 번성케 하시겠다는 약속입니다. 하나님의 백성들이 이 세상에서 사는 이유가 무엇입니까? 내일이 있기 때문입니다. 미래의 비전이 있기 때문입니다. 오늘은 여기서 고생하면서 살지만 먼 미래에는 이 모든 것이 놀라운 열매로 나타날 줄 믿기 때문에 견디는 것입니다. 만일 하나님의 백성들에게 미래에 대한 꿈이나 소망이 없다면 이 곳에서 살 이유가 없어집니다. 하나님께서 이삭에게 약속하신 것은 여기서 굶고 방황하고 힘들어하는 것으로 끝나는 것이 아니라 후손들에 대한 큰 축복으로 열매 맺게 되리라는 것입니다.

이처럼 하나님의 말씀에 따라 결정을 내린 이삭에게는 풍성한 하나님의 말씀이 주어졌을 뿐 아니라 예배의 기쁨이 회복되었습니다. 본문은 이삭이 그 곳에 단을 쌓고 여호와의 이름을 불렀다고 말씀하고 있습니다. 이것은 그가 거기서 공식적인 예배를 하나님께 드렸다는 뜻입니다. 예배의 기쁨이 회복되었습니다. 예배의 감동이 되살아났습니다.
예배 가운데 기쁨과 감동을 체험하는 것은 성령의 역사입니다. 성령이
내 속에서 역사하실 때 새로운 삶이 열립니다. 왜냐하면 성령은 창조
자이시기 때문입니다. 어려움 가운데 예배의 기쁨이 회복되었습니까?
말씀이 능력있게 내 가슴에 와 닿습니까? 그렇다면 여러분은 살아난
것입니다. 분명히 거기에 길이 있습니다.

　그럴 때 주의해야 할 것이 무엇입니까? 갑자기 안심이 되고 마음이
평안해지면서 수그러져 있던 욕망이 다시 솟아오를 수 있습니다. ‘이
제는 살았다’는 안도감이 들면서 말씀은 제쳐둔 채 새로운 욕망을 향
하여 달려가게 될 수 있습니다. 그러나 그 때 내 욕망대로 그 동안 못
했던 것들을 다 하려 들면 안 됩니다. 무엇이든지 시도할 수 있지만,
말씀을 멀리하는 무언가를 하려는 것은 곧 유혹에 빠지는 것입니다.
말씀과 멀어지는 축복, 말씀과 멀어지는 장사, 말씀과 멀어지는 공부
는 다 유혹입니다. 얼마나 어렵게 말씀이 회복되고 예배의 기쁨이 회
복되었는데, 회복되자마자 욕심을 향해 달려가겠습니까? 그러나 말씀
과 멀어지는 것이 아니라면 무엇이든지 해 보십시오. 왜냐하면 하나님
이 함께하신다고 약속하셨기 때문입니다.

3. 아비멜렉의 사죄

　이렇게 하나님의 말씀이 있고 난 후, 더 놀라운 일이 일어났습니다.
이삭을 미워하여 고통 가운데 내쫓았던 그랄 왕이 신하와 군대장관을

대동하고 찾아와서 사죄하며 화해를 청한 것입니다.

> 아비멜렉이 그 친구 아훗삿과 군대장관 비골로 더불어
> 그랄에서부터 이삭에게로 온지라. 이삭이 그들에게 이르되
> "너희가 나를 미워하여 나로 너희를 떠나가게 하였거늘
> 어찌하여 내게 왔느냐?"
> 그들이 가로되 "여호와께서 너와 함께 계심을 우리가
> 분명히 보았으므로 우리의 사이, 곧 우리와 너의 사이에
> 맹세를 세워 너와 계약을 맺으리라 말하였노라"(26:26-28).

아비멜렉은 하나님께서 이삭과 함께하시는 것을 보았기 때문에 그를 찾아왔다고 말하고 있습니다. 29절 말씀을 계속 보십시오.

> "너는 우리를 해하지 말라. 이는 우리가 너를 범하지
> 아니하고 선한 일만 네게 행하며 너로 평안히 가게
> 하였음이니라. 이제 너는 여호와께 복을 받은 자니라."

아비멜렉의
두려움

여기에서 우리가 알 수 있는 것은 아비멜렉이 상당한 두려움을 가지고 이삭을 찾아왔다는 사실입니다. 아비멜렉은 아브라함 때에도 이런 식으로 찾아와서 화해를 청한 적이 있었습니다. 그러나 아브라함과 이삭의 경우는 다릅니다. 이삭은 그가 쫓아낸 사람이고 이미 그랄 땅을 떠난 사람입니다. 떠난 사람을 굳이 다시 찾아와서 화해를 청하고 용서를 빌며 사죄할 이유가 뭐가 있습니까? 쫓아낼 때는 언제고 이제 와

서 이렇게 다시 찾아와 화해하자고 하는 이유는 또 무엇입니까?

우리는 여기에서 몇 가지 가정을 해 볼 수 있습니다. 첫째로, 이 그랄 왕에게는 하나님의 사람을 해치면 큰 벌을 받는다는 인식이 있었습니다. 이것은 아브라함 때에 이미 경험한 것이었습니다. 그는 아브라함의 아내를 멋모르고 차지했다가 온 가족이 죽임을 당할 뻔했습니다. 아비멜렉은 하나님은 잘 몰랐지만 그래도 하나님의 사람을 건드리면 굉장한 재앙이 임한다는 아주 희미한 의식은 가지고 있었습니다. 그는 처음에 이삭은 하나님의 사람으로 생각하지 않았던 것 같습니다. 그런데 알고 보니 이 아들도 아버지와 똑같은 하나님의 선지자였습니다. 하나님이 이 아들과 함께하고 계셨어요. 그러니까 그는 선지자를 박대하고 선지자의 우물을 메워 버리고 선지자를 쫓아낸 것입니다. 그래서 이 선지자와 화해하지 않는 이상 자신은 평안할 수 없다는 생각을 하게 되었습니다.

둘째로, 이삭이 아무리 선지자라 하더라도 이미 그랄을 떠나고 없는 상태인데 왜 굳이 떠난 사람을 찾아왔을까요? 이 문제의 실마리는 아비멜렉의 친구이자 카운셀러였던 아훗삿이라는 사람에게 있습니다. 군대장관뿐 아니라 상담자인 아훗삿까지 대동하고 여기까지 온 것을 보면, 아비멜렉이 이삭을 박대해서 내쫓은 후 그랄 땅에 계속적인 어려움이 있었던 것 같습니다. 그래서 아비멜렉은 친구인 아훗삿에게 그 원인을 물었고, 아훗삿은 그가 하나님의 선지자 이삭을 내쫓았기 때문이라고 설명을 해 준 것 같습니다.

사실 지금 아비멜렉이 "이는 우리가 너를 범치 아니하고 선한 일만 네게 행하여 너로 평안히 가게 하였음이라"라고 하는 말은 거짓말입

니다. 그랄 사람들은 이삭에게 선한 일만 하지 않았습니다. 우물도 메
워 버렸고 고통중에 내쫓았습니다. 그런데 자기들이 선한 일만 한 것
처럼 억지로라도 인정해 달라는 것입니다. 그렇게 인정해 주지 않으면
자기들은 망한다는 것입니다.

　중요한 점이 바로 여기에 있습니다. 이삭이 하나님의 말씀에 순종했
을 때, 하나님께서는 그 주위에 있는 자들에게 두려움을 주셔서 그를
해치지 못하게 하셨고 오히려 그를 찾아와서 화해를 청하게 하셨습니
다. 보통 사람들은 고난중에 있는 하나님의 백성을 업신여깁니다. 왜
그렇습니까? 마음 속에 교만이 있기 때문입니다. 사람들은 최고의 권
위를 가지고 있는 자들을 꺾으면 자신이 최고가 된다는 생각을 가지고
있습니다. 그래서 고난중에 있는 하나님의 사람을 업신여기고 고통을
줌으로써 하나님보다 더 높아지려고 하는 것입니다. 믿지 않는 사람이
고난중에 있는 성도를 보면 속에서 경멸하는 마음이 올라옵니다. '평
소에 하나님 믿는다고 하더니 잘됐다!' 하는 마음으로 찾아와서 말로
학대하고 마음에 상처를 주고 업신여깁니다. 그럴 때 그는 '내가 하나
님을 이기고야 말았다' 는 생각을 가지고 있는 것이나 마찬가지입니
다. 그 결과는 무엇입니까? 멸망입니다.

　우리가 믿음으로 살려고 하는데도 불구하고 하나님이 나를 어렵게
하셔서 옆에 있는 사람들로부터 무시와 조롱을 받게 될 때, 하나님께
서 그들을 징계해서 나의 구겨진 자존심을 세워 주시기를 바랄 때가
있습니다. 그러나 절대로 그것을 원해서는 안 됩니다. 왜냐하면 지금
은 은혜의 시대이기 때문입니다. 하나님께서는 한 사람이라도 멸망치
않고 구원받기를 원하십니다. 따라서 아무리 나를 업신여기고 내 마음

에 아픔을 준 사람이라도 하나님이 징계하시고 멸망시키시기를 원해서는 안 됩니다.

그러나 하나님의 백성을 업신여긴 그 사람의 마음은 절대로 평안하지 않을 것입니다. 그가 마음의 평안을 회복할 수 있는 유일한 길은 자기가 무시하고 업신여겼던 성도들을 찾아가서 어떻게 해서든지 사죄하는 것입니다. 그러면 그의 눈을 가리고 있던 아주 두터운 천이 벗겨지면서 광명한 마음의 기쁨이 회복될 것입니다.

교만한 마음에는 절대로 평안이 없습니다. 고난당하는 성도들을 우습게 보고 업신여기는 생각을 가지고 있는 사람의 마음 속에는 절대로 평안이 있을 수가 없습니다. '고난당하는 성도들이 참 소중하구나. 어려움 가운데 있는 성도들이야말로 참 귀한 사람들이다. 저 사람은 나보다 수백 배 더 거룩함에도 불구하고 하나님께서 저렇게 힘들게 하시는데, 나는 도대체 얼마나 낮아져야 하나님의 은혜를 감당할 수 있을까' 하는 생각이 드는 사람이 복받은 사람입니다.

이삭을 박대하고 난 후 아비멜렉의 마음에 평강이 없어졌고 그 나라 안에도 크고 작은 언짢은 일들이 계속 터졌던 것이 분명합니다. 그래서 그는 이미 쫓아낸 선지자를 찾아와서 화해를 청하고 있습니다. 아비멜렉은 이삭을 하나님께 돌아오게 만드는 안내인이었습니다. 이삭은 자기 나름대로 신앙생활을 한다고 했지만 멋모르고 애굽으로 내려가려 했고, 그럴 땅에 주저앉으려고 했습니다. 그러자 하나님께서는 그럴 사람들의 마음을 강퍅하게 함으로써 이삭이 믿음의 결단을 내리게 하셨습니다.

누군가 나를 힘들게 합니까? 그 사람을 미워하지 마십시오. 아직 내

가 하나님이 원하시는 위치에 있지 않기 때문에, 나는 신앙생활 한다
고 하지만 하나님이 기뻐하시는 자리로부터는 엄청나게 멀리 떨어져
있기 때문에, 하나님께서 그런 악역들을 통하여 나를 정신차리게 하시
고 높아져 있는 교만한 마음을 낮추어 새로운 결단을 내리게 하시는
것입니다.

　　그러므로 나에게 악역을 하는 사람들을 싫어해서는 안 됩니다. 그런
사람들을 싫어하고 그런 사람들에게 재앙이 임하기를 원하면, 오히려
그 재앙이 나한테 돌아올 가능성이 많습니다. 나를 괴롭히던 사람에게
좋지 않은 일이 생겼을 때 기뻐하지 마십시오. 무슨 일이 있어도 기뻐
하지 마십시오. 그것을 기뻐하면 그 어려움이 당장 우리 집으로 옮겨
질 것입니다. 물론 하나님께서는 그가 행한 대로 다 갚으실 것입니다.
그러나 그분은 우리가 그들이 잘못되지 않도록 기도하기를 바라십니
다. 왜냐하면 모든 원수 갚는 것은 하나님께 있기 때문입니다. 하나님
의 백성들은 주위에 있는 사람들과 관계가 좋지 않을 때 그들과의 관
계를 회복하기 위하여 뛰어다니지 않습니다. 오직 하나님의 말씀을 붙
들면 하나님께서 직접 관계를 회복시켜 주십니다.

　　하나님께서 아비멜렉을 통하여 이삭에게 하신 일이 무엇입니까? 그
의 마음에 있는 상처를 치료해 주셨습니다. 이삭의 마음 속에는 그랄
에서 거부당했다는 악몽이 있었습니다. '나는 환영받지 못하는 보잘
것없는 사람이다. 나는 이 세상에서 거부당한 사람이다. 그랄 땅에서
적응하지 못하고 쫓겨난 사람이다' 라는 마음의 아픔이 있었습니다.
그러나 하나님께서는 아비멜렉의 입을 통하여 "너는 그런 사람이 아
니다"라는 말을 듣게 하심으로써 그의 마음의 상처를 치료해 주셨습

니다.

4. 우물에서 물이 나오다

우리가 가장 두려워하는 것은 신앙은 어디까지나 이론이지 현실이
아니지 않느냐 하는 의문입니다. 우리는 삶의 방향을 돌이켜 말씀을
붙듬으로써 예배의 기쁨이 회복되었을 때, 그것으로 만족하지 못합니
다. 왜 그렇습니까? 아직 현실적인 문제들이 해결되지 않았기 때문입
니다. 예배에는 기쁨이 있습니다. 말씀은 좋아요. 그러나 직장 문제는
아직 해결되지 않았고 집안 문제도 해결되지 않았으며 아픈 아이는 여
전히 앓고 있습니다. 이삭에게 현실적인 문제는 물이었습니다. 아무리
말씀이 임하고 예배의 기쁨이 회복되고 묵은 감정이 청산되었다 하더
라도 물이 없으면 아무 소용 없는 것 아닙니까? 그러나 절대로 그렇지
않습니다. 32절을 보십시오.

그 날에 이삭의 종들이 자기들의 판 우물에 대하여
이삭에게 와서 고하여 가로되 "우리가 물을
얻었나이다" 하매

이 물은 그냥 물이 아닙니다. 기도의 응답입니다. '내가 내린 신앙
의 결단이 옳구나. 하나님의 말씀만 붙들고도 살 수가 있구나. 하나님
이 나와 함께하시는구나' 라는 최종적인 확인의 표시였습니다.

신앙은 절대로 이론이 아닙니다. 실제입니다. 우리는 마음의 위로나 얻으려고 하나님을 찾는 것이 아닙니다. 이삭은 가나안 땅으로 들어와서 예배의 기쁨을 되찾았습니다. 그리고 아비멜렉이 찾아옴으로써 마음에 남아 있던 마음의 상처도 치료가 되었습니다. 남은 문제는 물이었습니다. 물이 없다면 이 모든 것이 수포로 돌아갈 것입니다. 그러나 하나님은 신실한 분이십니다. 하나님은 자기를 의뢰하는 자들을 절대로 공수로 돌려보내지 않으십니다.

이삭이 판 우물에서는 그렇게 기다리던 물이 나왔습니다. 신앙은 마음의 상처만 치료하고 끝나는 것이 아닙니다. 물도 나오는 것입니다. 이 우물은 아버지가 팠던 우물이 아니었습니다. 이삭이 독자적으로 판 우물이었습니다. 지금까지는 아버지의 신앙을 흉내냈습니다. 자기 것으로 소화된 신앙이 아니었습니다. 그런데 브엘세바에서 자기 혼자 힘으로 우물을 팠는데 물이 나왔습니다. 이제부터는 홀로 서는 신앙생활이 시작된 것입니다.

현실보다 중요한 것 우리는 여기에서 그 순서에 대해 생각해 볼 수 있습니다. 하나님께서는 절대 물부터 먼저 주시지 않았습니다. 현실적으로 이삭에게 가장 필요한 것은 물이었지만, 하나님이 보시기에는 말씀과 예배의 기쁨을 회복하는 것이 가장 중요했습니다. 그래서 그것부터 회복시켜 주신 후에, 적과의 화해를 통해서 이삭의 자존감을 높여 주시고 그 마음의 상처를 치료해 주셨습니다. 먹는 것보다 더 중요한 것은 자신이 하나님과 다른 사람 앞에서 얼마나 존귀한 존재인가를 깨닫는 것입니다. 우리는 자꾸 먹고 사는 문제에 매이게 되지만, 이것은 맨 나중에 오는 것입니다. 가장 중요한 것은 하나님의 말씀을 듣는 것이며, 하나님과의

 팔죽 한 그릇의 거래

바른 관계가 회복되는 것이고, 내 속에 깨진 자아상이 치료되는 것입니다. 만약 이것이 치료되지 않고 회복되지 않는다면 항상 똑같은 문제에 걸려 넘어질 것입니다.

하나님께서는 내 속 깊은 곳에 있는 패배감과 분노를 생각지도 못한 방법을 통해서 치료해 주십니다. 다른 사람은 그냥 한마디 했을 뿐인데, 내 속에는 백 가지 천 가지 분노가 일어나는 이유가 무엇입니까? 아픈 부분이 건드려졌기 때문입니다. 결국은 내 문제입니다. 이 상처가 치료되지 않으면 앞으로도 몇 번씩 넘어지게 되어 있습니다. 학벌에 대한 열등감이 치료되지 않은 사람은 학벌 좋은 사람을 만날 때마다 백 번 천 번 좌절하고 절망할 것입니다. 돈에 마음이 매여 있는 사람은 부자를 만날 때마다 수없이 넘어지고 또 넘어질 것입니다.

우리가 알아야 할 것은 이삭은 하나님을 만나기 위하여 아무 일도 하지 않은 것이 아니라는 사실입니다. 그는 예배드리면서도, 그랄 왕과 화해하면서도 계속 우물을 팠습니다. 그는 자기가 할 수 있는 일을 다 했습니다. 애굽으로 가지 않는 이상, 그랄로 돌아가지 않는 이상, 가나안 땅에서 자기가 해야 할 일, 할 수 있는 일은 전부 했습니다. 우리는 하나님의 뜻이 무엇인지 모르고 어느 길로 가야 할지 모를 때, 아무 일도 하지 않고 드러누워 있는 것이 좋은 신앙인 것처럼 생각하기 쉽습니다. 그러나 그것은 신앙이 아니라 패배주의입니다.

여러분, 신앙은 패배주의가 아닙니다. 하나님의 말씀에서 멀어지는 것이 아닌 이상, 할 수 있는 것은 무엇이든지 하십시오. 하나님의 은혜에서 떠나는 것만 아니라면 공부도 하고 아르바이트도 하고 여기저기 이력서도 내고 선도 보십시오. 그러는 가운데 샘이 터질 것입니다.

　우리가 걸어가는 이 길 주위에는 엄청난 사망의 구렁텅이들이 몰려 있습니다. 자칫 잘못하면 이 구렁텅이에 빠져서 살아남지 못하게 됩니다. 길을 잃은 것 같습니까? 어느 쪽으로 가야 할지 모를 갈림길이 눈앞에 있습니까? 신앙이 더 좋아지는 길을 선택하십시오. 흉년 한 가운데로 더 깊이 들어가십시오. 폭풍우 속으로 들어가십시오. 말씀을 붙들고 그 세계 안으로 들어가십시오. 그러면 그 폭풍과 전쟁과 지진이 하나님께서 부리는 여러 종들 중에 하나라는 것을 알게 될 것입니다.

　사랑하는 여러분, 말씀의 능력을 믿으십시오. 여러분이 젊기 때문에 많은 가능성이 있는 것 같습니까? 그렇게 컴퓨터형으로 추론하면 반드시 애굽으로 가게 되어 있습니다. 그 컴퓨터의 상표를 보십시오. 전부 '메이드 인 이집트'입니다. 애굽에서 나온 것은 애굽으로 가게 되어 있고 그랄에서 나온 것은 그랄로 가게 되어 있습니다. 말씀을 듣는 가운데 할 수 있는 일들을 하십시오. 그러면 어느 날 갑자기 샘물이 터지는 것을 경험하게 될 것입니다.

6 이삭의 축복

이삭이 나이 많아 눈이 어두워 잘 보지 못하더니
맏아들 에서를 불러 가로되 "내 아들아" 하매
그가 가로되 "내가 여기 있나이다" 하니
이삭이 가로되 "내가 이제 늙어 어느 날 죽을는지
알지 못하노니 그런즉 네 기구, 곧 전통과 활을
가지고 들에 가서 나를 위하여 사냥하여 나의
즐기는 별미를 만들어 내게로 가져다가 먹게 하여
나로 죽기 전에 내 마음껏 네게 축복하게 하라."
이삭이 그 아들 에서에게 말할 때에 리브가가
들었더니 에서가 사냥하여 오려고 들로 나가매
리브가가 그 아들 야곱에게 일러 가로되
"네 부친이 네 형 에서에게 말씀하시는 것을
내가 들으니 이르시기를 '나를 위하여 사냥하여
가져다가 별미를 만들어 나로 먹게 하여 죽기 전에
여호와 앞에서 네게 축복하게 하라' 하셨으니,
그런즉 내 아들아, 내 말을 좇아 내가 네게 명하는
대로 염소 떼에 가서 거기서 염소의 좋은 새끼를
내게로 가져오면 내가 그것으로 네 부친을 위하여
그 즐기시는 별미를 만들리니, 네가 그것을 가져
네 부친께 드려서 그로 죽으시기 전에 네게
축복하기 위하여 잡수시게 하라."
야곱이 그 모친 리브가에게 이르되

“내 형 에서는 털사람이요 나는 매끈매끈한
사람인즉 아버지께서 나를 만지실진대
내가 아버지께 속이는 자로 뵈일지라.
복은 고사하고 저주를 받을까 하나이다.”
어미가 그에게 이르되 “내 아들아, 너의 저주는
내게로 돌리리니 내 말만 좇고 가서 가져오라.”

창 27:1-13

요즘 대학을 졸업하고 사회에 진출하는 젊은이들의 취업 관문은 그 어느 때보다 좁고 경쟁이 치열합니다. 예를 들어서 어떤 한 청년이 회사의 구인 광고를 보고 채용 시험에 응시했다고 합시다. 그 회사가 발표한 채용 인원을 그 때 함께 시험 본 사람들 중에서만 뽑는다고 생각해서는 안 됩니다. 전체 채용 인원을 발표는 했지만, 그 회사가 필요로 하는 사람 중의 일부는 이미 뽑아 놓은 상태에서 시험을 치르는 경우가 많기 때문입니다. 그럴 경우, 아무리 시험을 잘 친다 해도 결과는 낙방입니다. 채용될 사람이 이미 다 뽑혀 있기 때문에 그가 비집고 들어갈 여지가 없는 것입니다. 우리는 이런 기업의 관행에 대하여 불공평하다거나 횡포라고 비난할 수 없습니다. 어차피 기업은 자기들에게 필요한 사람들을 그 나름대로 뽑을 권리가 있기 때문입니다.

우리는 오늘 본문을 통해서 우리의 상식으로는 도무지 이해가 되지 않는 여러 가지 행동들을 보게 됩니다. 그것은 이삭의 축복을 둘러싼 두 쌍둥이 아들 사이의 암투입니다. 사실 암투라기보다는 형 에서가 어머니와 동생의 일방적인 농간에 속아서 아버지의 축복을 빼앗기는 내용입니다.

오늘 우리가 생각해 보아야 할 것은 이삭의 축복이라는 것이 도대체 무엇이길래 아내가 남편을 속이고 동생이 형을 속여 가면서까지 얻으려 했느냐 하는 점입니다. 에서가 야곱에게 팥죽 한 그릇을 받고 팔아 버린 장자권과 이삭의 축복 사이에 어떤 관계가 있느냐 하는 점도 문제입니다. 장자권과 축복권은 별개의 것입니까, 같은 것입니까? 또 이런 식으로 속여서 받는 축복도 유효한 것입니까?

그리고 무엇보다 중요한 것은 성경이 이 사건을 왜 이토록 자세히 기록해서 이스라엘 자손들에게 남기고 있는가 하는 점입니다. 하나님의 축복은 귀중한 것이니까 수단과 방법을 가리지 않고 쟁취해야 한다고 말하려는 것입니까? 아니면 원래 이 축복은 에서나 그의 후손에게 가야 하는 것인데 어떻게 하다가 이스라엘에게 오게 되었으니 에돔 자손들에게 미안한 마음을 가져야 한다는 것입니까?

1. 이삭의 축복권

상속이
문제되는 이유

아브라함의 가정은 보통 집안이 아니라 어떤 약속을 가지고 있는 집안이었습니다. 그 약속은 하나님께서 그들의 후손을 축복해서 아주 큰 민족이 되게 하시며 가나안 땅을 주어서 하나님의 나라를 세우게 하신다는 것입니다. 하나님께서는 이 약속을 가지고 아브라함을 먼 하란 땅에서부터 불러내셨습니다. 그러나 이 약속은 아브라함 때에 성취되지 않았습니다. 따라서 그 아들 이삭에게 상속될 수밖에 없었습니다.

아브라함에게는 첩이 낳은 이스마엘이라는 아들과 본부인이 낳은 이삭이라는 아들이 있었습니다. 그런데 원래 본부인이 아들을 낳으면 첩의 아들에게는 아무런 상속권이 없었습니다. 아브라함의 상속권 문제는 이스마엘을 내보냄으로써 끝이 났습니다. 물론 이스마엘은 아버지 집에서 쫓겨나기 전에 이삭을 많이 괴롭혔습니다. 또 나중에 그두라라고 하는 첩이 또 아들들을 낳았지만 그들 역시 첩의 자식들이었기 때문에 상속권 문제는 생기지 않았습니다.

그러나 야곱과 에서의 문제는 그렇게 간단한 것이 아니었습니다. 이들은 둘 다 본부인의 아들이요 쌍둥이였기 때문입니다. 물론 법적으로 보면 아무리 쌍둥이라 하더라도 먼저 태어난 에서에게 우선권이 있었습니다. 그러나 에서는 하나님의 약속에 관심이 없었습니다. 앞으로 자기 후손이 많아지고 가나안 땅을 차지하며 하나님의 나라를 세우리라는 약속에는 아예 관심이 없었어요. 그의 관심은 오직 지금 당장 먹고 사는 일에 있었습니다. 그래서 사냥에서 돌아와 몹시 배가 고프자 야곱에게 팥죽 한 그릇을 받고 이 장자권을 팔아 버렸습니다. 에서는 원래 생각이 깊은 사람이 아니었습니다. 무엇이든지 즉흥적으로 생각나는 대로 말하고 행동하는 사람이었습니다. 그는 이미 이 장자권을 포기했습니다. 그리고 이런 자신의 행동을 별로 중요하게 생각하지 않았습니다.

이삭의 축복이 문제를 어렵게 만드는 이유는 하나님의 약속과 세상 풍습과의 혼동 때문입니다. 이삭이 살던 그 시대에도 사회적인 풍속이 있었고 사회법, 즉 고대 근동 아시아 민법이 있었습니다. 이 법은 자식들이 어떤 방식으로 부모의 재산을 상속받는지에 대해 규정하고 있었

사회법과
말씀의 충돌

습니다. 이삭이 아버지의 재산과 축복을 상속받았을 때에는 사회법과 하나님의 원리가 일치했습니다. 이스마엘은 첩의 자식이었고 이삭은 본부인의 아들이었기 때문에 별 문제 없이 아버지의 재산과 축복을 물려받을 수 있었던 것입니다.

그러나 야곱과 에서의 경우는 달랐습니다. 그 당시 사회법에 의하면 에서가 상속자가 되어야 했습니다. 그러나 하나님께서는 동생이 상속자가 되어야 한다고 말씀하셨습니다. 즉 사회법과 하나님의 말씀 사이에, 그리고 재산의 상속과 하나님의 말씀의 상속 사이에 갈등과 혼동이 생긴 것입니다.

이번에 이삭이 행하려고 하는 축복은 장자권을 아들에게 실제적으로 넘겨 주는 의식입니다. 마치 대통령으로 선출된 사람이 취임식을 하는 것과 같습니다. 이삭이 아들을 축복하면 그 순간부터 그 아들은 아버지의 모든 권한을 행사하게 됩니다. 그렇다면 에서가 야곱에게 팔아 버린 장자권은 어떻게 되는 것입니까? 그 장자권과 이 축복은 같은 것입니다. 그런데 이 축복은 그 장자권을 확인하고 인쳐 주며 장자로서 취임시키는 것과 같습니다. 이삭은 이 두 사람 사이에 있었던 거래를 인정하지 않았던 것 같습니다. 그는 자기 생각대로 큰아들을 장자로 지명하고자 했습니다.

에서의 욕심 사실 에서는 아주 나쁜 사람입니다. 그는 이미 상속권을 포기했습니다. 평소에 관심도 별로 없었던데다가 동생한테 '너 좋을 대로 하라'고 포기하는 각서까지 쓴 것이나 마찬가지였습니다. 그런데 막상 아버지가 굉장히 중요한 것이니 받으라고 하니까 은근히 욕심이 생겨서 다시 장자권을 챙기려고 하고 있습니다. 에서는 몸에만 털이 많은 사람이 아니라, 생각이나 행동도 아주 짐승 같은 사람이었습니다. 말로 할 때에는 별로 관심이 없다가 막상 그 일이 눈앞에 닥쳤을 때에는 내가 언제 그런 말을 했느냐는 식으로 우격다짐을 해서 남의 것까지 빼앗는 기질을 가지고 있었습니다.

2. 이삭이 에서를 축복하려고 하다

오늘 본문을 보면 이삭이 에서를 자기 상속인으로 세우는 문제에서 대단히 완고하고 고집스러운 것을 볼 수 있습니다. 원래 이 쌍둥이가 태어났을 때 하나님께서는 리브가에게 두 민족이 뱃속에서부터 나뉠 것이며 큰 자가 작은 자를 섬길 것이라고 말씀하셨습니다. 두 아들은 한 민족이 될 수 없습니다. 핏줄이 같은데 왜 한 민족이 될 수 없습니까?

우리는 여기서 핏줄 외에 다른 조건으로 민족이 나뉘는 것을 볼 수 있습니다. 그 조건은 바로 신앙입니다. 같은 형제나 친구라 하더라도 신앙의 이유로 물과 기름처럼 완전히 나뉘는 것을 볼 수 있습니다. 이 것이 바로 민족이 달라지는 것입니다. 저희 어머니는 일곱 남매를 낳으셨습니다. 우리 형제들은 얼굴은 조금씩 다르지만 기질이나 혈액형은 비슷합니다. 그러나 신앙적으로는 완전한 하나의 민족이 되지 못하고 있습니다. 하나님께서는 이 두 쌍둥이가 신앙적으로 도저히 하나가 될 수 없다는 것과, 하나님이 복 주기로 택하신 자는 동생이라는 점을 분명히 말씀하셨습니다.

이삭은 이 사실을 알았습니다. 그러나 그는 이 하나님의 말씀을 무시하려고 하고 있습니다. 또 그가 두 아들 사이에 장자권에 대한 은밀한 거래가 있었다는 것을 과연 몰랐겠습니까? 아마도 알았을 가능성이 큽니다. 식구들이 몇 명이나 된다고 그것을 모르겠습니까? 그는 이 일을 통해 다시 한 번 하나님의 뜻을 상기해 볼 필요가 있었습니다.

이삭의 고집 그러나 이삭은 에서를 장자로 삼는 것에 확고한 고집을 갖고 있었습니다. 그 이유가 무엇입니까? 에서에 대한 편애와 인간적인 호의 때문입니다. 특히 에서가 사냥해서 만들어 주는 요리는 이삭을 아주 기쁘게 했습니다. 나이가 늙으면 다른 가능은 퇴화해도 혀는 더 예민해지고 발달하는 것 같습니다. 저는 젊었을 때 소시지에 계란을 씌워서 부친 것을 최고의 음식으로 알았습니다. 그리고 불고기를 능가하는 요리는 없는 줄 알았습니다. 그런데 나이가 드니까 입맛이 달라졌습니다. 회맛을 알게 되고, 생선 요리가 얼마나 맛있는지도 점점 알아가고 있습니다. 앞으로 더 늙으면 또 입맛이 어떻게 변할지 장담할 수가 없습니다. 문제는 이것입니다. 이삭은 하나님의 말씀을 알면서도, 두 아들 사이에 장자권에 대한 어떤 거래가 있었다는 것을 알고 있었으면서도, 그것을 무시한 채 큰아들 에서의 장자 취임식을 거행하려고 했습니다. 27장 1절부터 4절까지 보십시오.

이삭이 나이 많아 눈이 어두워 잘 보지 못하더니

맏아들 에서를 불러 가로되 "내 아들아" 하매

그가 가로되 "내가 여기 있나이다" 하니

이삭이 가로되 "내가 이제 늙어 어느 날 죽을는지 알지 못하노니, 그런즉 네 기구, 곧 전통과 활을 가지고 들에 가서 나를 위하여 사냥하여 나의 즐기는 별미를 만들어 내게로 가져다가 먹게 하여 나로 죽기 전에 내 마음껏 네게 축복하게 하라."

우리는 여기에서 이삭이 세 가지 부분에서 잘못하고 있는 것을 알 수 있습니다. 첫째로 축복의 시기가 잘못되었습니다. 이삭이 에서를 축복해야겠다고 생각한 이유가 무엇입니까? 갑자기 시력이 약해졌다는 것입니다. 1절에는 "이삭이 나이 많아 눈이 어두워 보지 못하더니"라고 되어 있고, 2절에는 이삭 자신도 "내가 이제 늙어 어느 날 죽을는지 알지 못하노니"라고 말하고 있습니다. 그러나 실제로 이삭은 이 축복이 있고 난 후에도 40년 이상을 더 살았습니다.

하나님의 선지자가 축복을 할 때는 정말 자신의 사역을 마칠 때입니다. 인생의 무대에서 내려와야 할 때, 자신이 싸워야 할 싸움을 다 싸우고 은퇴해야 할 그 때, 그 동안 가지고 있던 모든 능력과 영광과 축복을 하나님께서 정하신 후계자에게 넘겨 주면서 무대에서 내려와야 하는 것입니다. 그런데 이삭은 자기 시력이 약해진 것을 보고 이제는 죽을 때가 되었다고 생각하면서 축복하려고 했습니다.

그러나 사실 시력은 약해지고 있었지만 식욕은 더 왕성해지고 있었습니다. 이것은 그가 아직 죽을 때가 아니며 무대에서 더 활동해야 한다는 뜻입니다. 정말 죽을 때가 되면 먹을 의욕도 없어지며 기력이 없어서 움직일 수도 없고 정상적인 사고도 할 수 없습니다. 따라서 이삭이 시력이 약해진 것만으로 죽을 때가 되었다고 판단한 것은 너무 엄

살이 심했던 것이 아닌가 하는 생각이 듭니다. "노인이 '어서 죽어야
지' 하는 말은 믿으면 안 된다"는 말이 있습니다. 이삭은 노년에 믿음
으로 굳게 서지 못하고, 자신이 노쇠해지는 것에 대해 대단히 큰 자기
연민에 빠져 있었던 것 같습니다. 이것이 정상적인 판단을 흐리게 만
들었습니다.

하나님의 백성은 자기 연민에 빠지거나 엄살을 부리면 안 됩니다.
그것은 자신한테만 좋지 않은 것이 아니라 다른 사람들도 죄짓게 만들
며 하나님도 아주 이상한 분으로 보이게 만드는 일입니다. 이삭이 이
렇게 자기 중심적으로 행동하니 하나님 또한 아주 이상하고 혼란스러
운 분으로 비추어지지 않습니까?

둘째로 이삭은 축복의 대상을 잘못 선택했습니다. 이 부분에 대해서
는 이미 우리가 살펴본 바와 같습니다. 하나님께서 축복의 대상으로
정한 사람은 야곱이었고, 그 점을 분명히 밝히셨습니다. 두 민족이 뱃
속에서 나뉠 것이라는 말은 이 두 형제가 한 성도로서 하나님의 축복
을 공유할 수 없다는 말입니다. 그러나 이삭은 에서를 고집하고 있습
니다. 아마도 그가 하나님의 말씀을 분명히 깨닫지 못하고 자기 생각
에만 빠져 있었기 때문인 것 같습니다.

셋째로 축복의 방식이 잘못되었습니다. 이삭은 에서가 나가서 자기
가 좋아하는 사냥물을 잡아서 요리해 바치면 그것을 실컷 먹고 기분이
아주 좋은 상태에서 마음껏 축복하겠다고 말했습니다. 그러나 축복이
란 자신의 모든 영감과 영적인 능력을 다음 주자에게 넘겨 주는 것입
니다. 내가 가지고 있던 영감과 지혜와 능력의 갑절을 이 다음 사람에
게 주시기를 하나님 앞에 간구하며 기도하는 것입니다. 모세는 여호수

아에게 그런 축복을 했습니다. 엘리야는 엘리사에게 그런 축복을 했습니다. 그러나 어느 누구도 실컷 요리를 먹고 기분이 좋은 상태에서 축복하지는 않았습니다. 그들은 이 일이 얼마나 엄숙하며 중요한 일인지 알았기 때문에 마치 사령관의 이취임식을 하듯이 하나님 앞에서 가장 엄숙하고 진지하게 이 일을 했습니다. 그런데 이삭은 완전히 세상적인 방식으로 축복을 하려 들고 있습니다.

그 이유가 무엇입니까? 이삭의 신앙 안에 이미 세상적인 요소가 많이 들어와 있었기 때문입니다. 이삭은 자기도 모르는 사이에 가나안의 축복의 원리가 자기 신앙 속에 파고 들어왔다는 것을 몰랐습니다. 그래서 가장 중요한 일을 자기 멋대로 하려고 했습니다. 이삭은 육체의 눈만 어두워진 것이 아니라 영적인 눈도 어두워져 있습니다. 그는 이 축복을 마치 자식에게 재산이나 물려주는 세상적인 성인식(成人式) 정도로 생각하고 있었던 것 같습니다.

하나님의 축복이란, 지금까지 믿음의 선한 싸움을 싸운 사람이 그 후계자에게 깃발을 물려주면서 선전(善戰)을 당부하는 것과 같습니다. "나는 나의 달려갈 길을 다 달려왔다. 이제는 나를 위해 의의 면류관이 준비되어 있다. 나는 천국에 가서 너를 위하여 기도하겠으며 너의 영적인 싸움을 지지하며 응원하겠다. 하늘에 있는 모든 천사와 함께 너를 위해 기도하겠다. 그러니 끝까지 싸워라" 하고 당부하는 것입니다. 그런데 이삭은 세상 사람들이 하는 방식대로 그냥 실컷 먹고 기분 좋은 상태에서 마음껏 축복하겠다는 것입니다.

이 거룩한 사람도 잠시 정신을 차리지 못하니까 세상의 누룩이 얼마나 무섭게 그 사고방식에 파고 들어와 있는지 모릅니다. 한순간 잘못 생각하면 세상의 가치관이 머리 속으로 흘러들어와 신앙이 불투명해지고 혼탁해집니다. 이삭은 에서의 잘못된 신앙을 바로잡아야 할 선지자였습니다. 그러나 그는 에서와 의기투합했고, 에서와 다른 점이 무엇인지 전혀 구별할 수 없게 되었습니다. 같이 웃고 같이 음식을 먹으면서 기분 좋아하는 것을 보면, 도대체 이삭이 무엇 때문에 믿음의 사람인지, 무엇 때문에 선지자로 부름을 받았는지 알 길이 없습니다.

3. 리브가의 반발

이삭과 에서의 착각

이삭은 모든 일이 자기 뜻대로 잘 될 줄 알았습니다. 그 점에서는 에서도 마찬가지였습니다. 에서는 '야곱이라는 놈이 정말 똑똑한 것 같지만 사실은 어리석다'고 생각했습니다. 팥죽으로 장자권을 사면 뭐 합니까? 지금 아버지는 자기한테 장자권을 주려 하고 있는데 말입니다. 이삭은 에서가 사냥을 해 와서 맛있게 요리할 음식을 생각하며 기분 좋게 기다리고 있습니다. 눈이 어두우니까 생각이 더 먹는 데에만 집중되고 있습니다. 그리고 에서는 너무나도 신이 나서 활과 전통을 메고 들판을 뛰어다니고 있습니다.

그러나 이 세상 일은 사람의 마음대로 되는 것이 아닙니다. 문제는 가장 가까운 곳에서 터지고 있었습니다. 5절부터 10절까지 보십시오.

이삭이 그 아들 에서에게 말할 때에 리브가가 들었더니

에서가 사냥하여 오려고 들로 나가매

리브가가 그 아들 야곱에게 일러 가로되

"네 부친이 네 형 에서에게 말씀하시는 것을 내가 들으니

이르시기를 '나를 위하여 사냥하여 가져다가 별미를

만들어 나로 먹게 하여 죽기 전에 여호와 앞에서 네게

축복하게 하라' 하셨으니, 그런즉 내 아들아,

내 말을 좇아 내가 네게 명하는 대로 염소 떼에 가서

거기서 염소의 좋은 새끼를 내게로 가져오면 내가

그것으로 네 부친을 위하여 그 즐기시는 별미를 만들리니

네가 그것을 가져 네 부친께 드려서 그로 죽으시기 전에

네게 축복하기 위하여 잡수시게 하라."

지금 리브가가 하고 있는 일이 무엇입니까? 남편 이삭에 대한 완전한 반역입니다. 지금 리브가의 행동에서는 이삭에 대한 존경심이라고는 조금도 찾아볼 수가 없습니다. 그는 철저하게 이삭을 무시하고 있으며 업신여기고 있습니다. 리브가가 이처럼 이삭을 속이기로 결정한 이유가 어디에 있겠습니까?

우리는 그 이유를 몇 가지로 생각해 볼 수 있습니다. 첫째는 리브가가 믿음으로 이렇게 했다는 것입니다. 리브가는 두 쌍둥이를 낳기 전부터 하나님께서 동생을 축복하시기로 했다는 것을 알았습니다. 그런데 이 남편이라는 사람은 하나님의 말씀을 어기고 억지로 형을 축복하려고 하고 있습니다. 그래서 하나님의 예언을 성취시키기 위해 비록 좋지 않은 방법이지만 믿음으로 음모를 꾸몄다고 생각할 수 있습니다.

그러나 저는 이 해석이 틀렸다고 생각합니다. 믿음으로 일을 시작하

면 끝까지 믿음으로 해야 하기 때문입니다. 목적이 선하면 방법도 선해야 합니다. 만일 리브가가 하나님의 말씀을 붙들고 이 일을 시작했다면 굳이 이런 속임수를 쓰지 않아도 하나님께서 이삭의 마음을 바꾸시리라는 것을 믿었어야 합니다. 리브가는 믿음으로 이 일을 한 것이 아닙니다.

둘째로 리브가가 인간적인 편애 때문에 이 일을 했다고 생각할 수 있습니다. 우리는 이 믿음의 부부가 두 자식만큼은 믿음으로 대하지 못하고 개인적인 편견이나 기질에 따라 사랑한 것을 볼 수 있습니다. 성경은 이삭이 사냥한 고기 때문에 에서를 사랑했으며, 리브가는 야곱을 사랑했다고 말씀하고 있습니다. 그러니까 사냥한 고기에 대한 이삭의 집착은 단순한 기호나 취미 정도가 아니었던 것입니다. 그는 거의 신앙에 가까울 정도로 사냥한 고기를 좋아하고 거기에 집착했습니다. 아마 그는 야곱을 볼 때마다 '사냥 하나도 제대로 못 하는 멍청한 자식 같으니라구' 라고 생각했을 것입니다.

그에 비해 리브가는 사냥한 고기 같은 데는 전혀 관심이 없었습니다. 오직 자기 가까이 있으면서 늘 함께 일하는 야곱을 사랑하지 않을 수 없었습니다. 특히나 야곱은 머리가 보통 좋은 아들이 아닙니다. 에서는 열을 이야기해도 하나를 못 알아듣는데, 야곱은 하나를 말하면 열을 알아듣습니다. 어머니가 나이가 들면 같은 자식이라도 마음 편한 자식이 있는가 하면 '어쩌면 저렇게 저밖에 모를까' 싶은 자식도 있습니다. 그러니 이왕이면 사랑하는 자식이 더 잘되기를 바라게 되고 사랑하는 자식과 함께 살고 싶어지지요.

성경은 특히 에서의 가나안 아내들이 얼마나 형편없이 굴었던지 리브가와 이삭의 큰 근심거리였다고 말하고 있습니다. 게다가 남편이 한 아들만 좋아하고 다른 아들을 구박하면 어머니는 약한 아들을 더 감싸 주고 그 아들한테 더 애정을 쏟게 되어 있습니다. 리브가는 모든 축복이 인정머리 없는 에서에게 다 돌아가 버릴 경우 자신의 노후가 걱정되기도 했을 것입니다. 그래서 야곱에 대한 사랑과 자신의 이익을 위해 남편을 속이기로 했다고 생각할 수 있습니다.

이것도 가능성이 있는 이유이지만, 그렇게 유력한 해석은 아닙니다. 이런 식으로 축복을 빼앗았을 때 그 후유증이 얼마나 클 텐데, 그런 고려도 없이 축복을 빼앗을 수 있었겠습니까? 성경을 보면 리브가가 일사각오의 정신으로 이 일을 하고 있는 것을 볼 수 있습니다. 13절을 보십시오.

> 어미가 그에게 이르되 "내 아들아, 너의 저주는 내게로
> 돌리리니 내 말만 좇고 가서 가져오라."

이 말은 리브가가 얼마나 비장한 각오로 이 일을 하고 있는지를 잘 보여 주고 있습니다. 그는 정말 죽음을 각오하고 이 일을 하고 있는 것입니다. 그래서 저는 리브가가 이런 일을 꾸민 것은 제 정신이 아니었기 때문이라고 생각합니다. 약간 이성을 잃었기 때문에 이런 일을 꾸몄다고 생각하는 것입니다.

이삭의 집에서 이런 반발이 일어난 것은 정상적인 일이 아닙니다. 아브라함의 집과 이삭의 집은 하나님의 교회입니다. 교회에는 성령의 역사가 있습니다. 아브라함과 이삭의 집에는 성령의 역사가 있고 성령

언제 성령을
거두시는가?

의 감동이 있습니다. 어떤 권위로 억누르지 않아도 스스로 피차 복종하는 것이 교회의 특징입니다. 아버지는 아들을 사랑하고 아들은 아버지를 존경하며, 남편은 아내를 아끼고 아내는 남편에게 자발적으로 순종하는 이 모든 것이 성령이 충만한 곳의 특징입니다. 그러나 하나님의 종이 전적으로 하나님의 말씀에 헌신하지 않을 때, 하나님의 말씀을 믿는다고 하면서 사실은 말씀을 능멸할 때, 하나님께서는 일시적으로 그들에게서 성령을 거두어 가십니다. 그러면 갑자기 무지와 혼란이 그 집을 뒤덮으면서, 평소에 정상적인 사고방식으로는 도저히 일어날 수 없는 일들이 일어나는 것입니다. 그 일들이 무엇입니까? 바른 권위의 상실과 바른 질서의 파괴입니다.

우리가 살고 있는 이 세상이 그나마 평온할 수 있는 것은 하나님께서 그 신을 항상 보내 주셔서 사람들의 마음을 지켜 주시기 때문입니다. 만일 하나님께서 그 신을 거두시면 이 사회는 한순간에 혼란과 파괴의 도가니에 빠지고 말 것이며, 사람들은 한순간에 짐승으로 변하고 말 것입니다. 얼마 전 미국에서 흑인들이 폭동을 일으킨 일이 있었습니다. 그 때 느낀 것이 무엇입니까? 모두 제 정신이 아니라는 것입니다. 모두 무엇에 홀린 것처럼 미쳐서 소리지르고 날뛰는데, 사람의 눈빛이 아닙니다. 이런 일이 일어나는 이유가 무엇입니까? 하나님께서 그들로부터 성신을 거두셨기 때문입니다.

말씀을
무시할 때

하나님의 집에서 말씀을 섬기는 종이 그 말씀에 헌신하지 않을 때, 자기 이익 때문에 그 말씀을 무시할 때 하나님께서는 그 집에서 거룩한 영을 일시적으로 거두어 가십니다. 그러면 어떤 일이 일어납니까? 거기에 있는 사람들의 눈에 보이는 것이 없어집니다. 자기가 무슨 짓

을 하는지도 모르고 무슨 말을 하는지도 모릅니다. 그냥 미쳐서 날뛰
는 것입니다.

이런 일은 아브라함 때에도 있었습니다. 하나님께서는 아브라함에
게 분명히 아들을 주겠다고 말씀하셨습니다. 그런데 아브라함이 그 말
씀을 능멸하고 아내 사라의 말대로 첩을 취하자, 하나님께서는 그 집
에서 일시적으로 성신을 거두셨고 그의 집에는 혼란이 찾아왔습니다.
하갈은 신분으로나 인격으로나 나이로나 비교가 안 되는 사라를 업신
여겼고, 사라는 아브람에게 대들었습니다. 결국 하갈은 임신한 채 집
에서 뛰쳐 나갔습니다.

어떻게 아브라함의 집에 이런 무질서와 혼돈이 일어날 수 있습니
까? 이것은 아브라함에 대한 하나님의 징계입니다. 하나님께서 분명
히 아들을 준다고 하셨으면 말씀의 종으로서 끝까지 그 말씀을 붙들어
야 했습니다. 사라가 뭐하고 하든 중심을 지켜야 했습니다. 그런데 그
렇게 하지 못하고 그 말을 들었기 때문에 사라한테 욕을 얻어먹고 하
갈한테 업신여김을 받는 일이 일어난 것입니다.

이번에도 마찬가지입니다. 하나님께서는 두 민족이 나뉠 것이며 큰
자가 작은 자를 섬길 것이라고 분명히 말씀하셨습니다. 이 축복은 둘
이 공유할 수 없다는 것입니다. 야곱의 열두 아들처럼 축복을 공유할
수 없습니다. 이들은 물과 기름입니다. 하나가 복을 받으면 하나는 저
주를 받아야 합니다. 그런데 누가 복을 받습니까? 동생 야곱입니다.
큰 자가 작은 자를 섬겨야 합니다. 이것을 분명히 밝히셨음에도 불구
하고 이삭이 자기의 개인적인 취향과 편견 때문에 억지로 에서를 장자
로 세우려고 하자, 하나님께서는 그 집안의 평화를 거두어 가셨습니

다. 그래서 그의 집에서는 평소에는 상상도 할 수 없는 일이 일어나게 되었습니다. 그들은 서로를 멸시하고 우습게 알고 있습니다. 리브가가 이삭을 얼마나 우습게 알았으면 이런 일을 했겠습니까?

　하나님의 교회나 믿는 사람의 가정에 이런 혼란과 무질서가 일어날 때 그 일차적인 책임은 목회자와 가장에게 있습니다. 물론 악한 방향으로 사용된 개인에게 책임이 없는 것은 아닙니다. 실제로 하나님께서는 리브가를 벌주셨습니다. 그 벌이 무엇입니까? 살아 있는 동안 다시는 야곱을 보지 못하게 된 것입니다. "너의 저주는 내게로 돌리리니" 같은 말은 함부로 하는 것이 아닙니다. 비록 정신을 차리지 못하고 한 일이긴 했지만, 리브가는 굉장히 가슴아픈 대가를 치러야 했습니다. 그럼에도 불구하고 이 일의 일차적인 책임은 리브가가 아니라 이삭에게 있습니다.

　교회 안에서 교인들이 서로 존경하지 않고 우습게 알며 자기 기질대로 행한다면 그 일차적인 책임은 목회자에게 있습니다. 그러므로 교인들이 목회자를 존경하지 않고 업신여기고 함부로 대들 때, '저 사람이 나를 얼마나 우습게 알길래 이러는 거야' 라고 생각해서는 안 됩니다. 분명히 자기 안에 하나님의 말씀에 끝까지 헌신하지 못한 죄가 있기 때문에 하나님이 나를 낮추시는 것입니다.

　가정에서도 마찬가지입니다. 아내가 남편에게 삿대질을 하면서 덤벼들 때, "이 여자 뭘 잘못 먹고 미친 거 아냐?" 하면서 몰아세울 필요가 없습니다. 사람들의 눈에는 남편의 잘못이 없는 것 같아도 하나님의 눈 앞에서는 분명히 말씀에 헌신하지 않았고 죄를 지었으며 의도적으로 말씀을 능멸했기 때문에, 아내에게 업신여김 받게 하시는 것입니다. 아내가 "여보" 라고 부르는 대신 "이 인간아!" 하고 부르면 '하나님이 지금 나를 밟고 계시는구나' 라고 생각하십시오. 아내가 그런다고 복수의 칼을 가는 것은 한 번 더 잘못을 저지르는 것입니다. 세상 사람들은 모를 수도 있어요. 사회적으로는 아무 문제가 없을 수도 있습니다. 그러나 하나님이 보시기에는 남편이 분명히 어떤 부분에서 말씀에 끝까지 헌신하지 못한 것입니다.

다윗은 자기 아들 압살롬에게 쫓겨나서 도망쳤습니다. 압살롬은 사람들이 보는 앞에서 아버지의 후궁들을 겁탈했습니다. 이것이 제 정신으로 하는 짓입니까? 어떻게 거룩한 나라, 거룩한 도성에서 이런 일이 일어날 수 있습니까? 그러나 주의 종이 말씀을 어기고 남의 아내를 빼앗았을 때, 하나님께서는 그 나라에서 성신을 거두셨고, 다윗을 그 아들에게 능멸당하게 하셨습니다. 다윗이 쫓겨갈 때 시므이라는 사람이 뒤따라 오면서 돌을 던지고 흙을 날리면서 다윗을 욕하고 저주했습니다. 그 때 군사들이 "저놈을 죽일까요?" 하고 묻자 다윗은 그러지 말라고 합니다. '지금 하나님께서 나를 밟고 계시며 능멸하고 계신다. 시므이는 자기 죄를 스스로 감당하게 되겠지만, 지금 저 사람을 날뛰게 만드는 분은 여호와 하나님이시다' 는 것을 알고 있었기 때문입니다.

이방 선지자 발람이 하나님의 말씀을 능멸하고 돈을 받기 위해 모압 땅에 갈 때 나귀가 말을 했습니다. 발람은 너무나 화가 난 나머지 나귀를 죽이려고 했습니다. 그러나 그것은 하나님께서 시키신 일이었습니다. 아마 나귀에게 손이 있었다면 발람의 따귀라도 한 대 때렸을지 모릅니다.

갑자기 교회가 혼란스러워지며 사람들이 자신의 위치를 지키지 않고 서로 욕하고 흥분하며 날뛴다면, 분명히 그 안에 하나님의 말씀에 불순종한 일이 있는 것입니다. 특히 그 책임은 지도자에게 있습니다. '내가 하나님 앞에 책망받을 것이 있구나' 하면서 그 욕을 감수해야 문제가 끝나지, "감히 날 뭘로 보고 이러는 거야?" 하면서 자기도 덤벼들면 상황은 2회전으로 넘어가게 되어 있습니다. 아내가 나를 존경하지 않을 때, 회사에서 돌아왔는데 왔느냐는 인사도 안 하고 물 달라고 해도 "당신이 떠 먹어" 할 때, '사실 나는 물그릇으로 맞아야 할 사람'이라는 것을 인정해야 문제가 해결됩니다. 갑자기 자식들이 말을 안 듣고 대들 때, 심지어는 집에서 키우는 바둑이마저 통제되지 않고 짖으면서 덤벼들 때, '하나님께서 이런 일들을 통해 나의 불순종을 지적하시는구나' 생각하면서 스스로를 낮추어야 해결이 됩니다. 물론 대든 사람이나 욕한 사람에게 책임이 없다는 말이 아닙니다. 그들도 자기 죄에 책임을 져야 합니다. 그래서 지도자가 끝까지 말씀에 헌신하지 않으면 피차가 불행합니다. 전부 상처를 받습니다.

오늘 우리가 평안할 수 있는 이유가 어디에 있습니까? 하나님께서 은혜로 우리를 지켜 주시며, 성령으로 우리의 감정과 생각을 붙들어 주시기 때문입니다. 그가 성령을 거두시면 이 세상은 0.1초 만에 지옥으로 변할 수 있습니다. 교회도 금방 사탄의 소굴로 변할 수 있고, 저마다 질투와 원한으로 서로 상처를 주고 물어뜯게 될 수 있습니다.

4. 악을 이용하시는 하나님

결국 하나님께서 리브가를 통하여 하신 일이 무엇입니까? 하나님 자신의 계획을 이루신 것입니다. 이삭이 고집스럽게 에서를 축복하려고 하는 것을 막으시고 결국 야곱을 축복하게 하셨습니다. 하나님께서는 리브가의 악을 이용하셔서 자신의 선한 뜻을 이루셨습니다.

우리에게 참으로 이해되지 않는 것은 하나님께서 이처럼 악도 사용하신다는 사실입니다. 이 세상에는 악한 자들이 있습니다. 그들은 자기 머리를 굴려서 여러 가지 악한 계획을 세우고 실천합니다. 그런데 일이 끝난 후에 보면 하나님의 뜻만 성취되어 있습니다. 그 이유가 무엇입니까? 하나님께서 이 모든 것을 창조하셨고 이 모든 것을 주장하고 계시기 때문입니다.

마니교의 특징은, 하나님과 악의 세력을 대등하게 놓고 이 두 세력이 갈등하며 싸우는 가운데 역사가 진행된다고 보는 것입니다. 즉 이 세상을 빛과 어두움의 파워 게임으로 보는 것입니다. 물론 그런 식으로 봄으로써 이해되는 부분도 많이 있을 것입니다. 그러나 하나님과 악은 결코 동일 선상에 놓고 볼 수 없습니다. 왜냐하면 하나님은 악을 이용하셔서 자신의 선한 뜻을 이루시는 분이기 때문입니다. 악한 자는 자기 나름대로 계획을 세우고 나서, 돈도 모으고 사람도 모아 가며 열심히 그 계획을 추진하여 자기 욕심을 채웁니다. 그러나 끝에 가서 보면 하나님의 뜻만 성취되어 있습니다.

하나님께서는 아담과 하와의 타락을 허용하셨습니다. 물론 하나님은 아담과 하와가 죄짓도록 충동질하거나 자극하시지 않았습니다. 아담과 하와는 자기들의 욕심과 교만 때문에 죄를 지은 것입니다. 그러나 나타난 결과는 무엇입니까? 하나님의 엄청난 구원 계획과 놀라운 성품이 드러나게 되었습니다. 만약 인간이 범죄하지 않았더라면 이 놀라운 구원 계획과 성품들은 태반이나 드러나지 않았을 것입니다. 물론 그렇다고 해서 범죄한 아담과 하와에게 상을 줄 수는 없습니다.

바로가 그렇게 악을 쓰면서 모세와 하나님을 대항했지만, 결국은 하나님의 능력만 나타났습니다. 바로가 그런 독종이 아니었더라면 열 가지 재앙이 나타날 수가 없었을 것입니다. 웬만한 사람 같았으면 두번째 재앙이나 세번째 재앙에서 항복했을 거예요. 그런데 바로가 그렇게 악하게 구니까 열 가지 재앙이 다 나타났을 뿐 아니라, 끝에 가서는 장렬하게 죽음을 맞이함으로써 하나님께 영광을 돌리게 된 것입니다. 이것은 바로 아니면 할 수 없는 일입니다. 평범한 죄인들은 흉내도 못 내요. 선택받은 독종만 할 수 있는 일입니다.

하나님께서는 가룟 유다가 예수님을 배신하도록 내버려두셨습니다. 그는 자기 욕심 때문에 은 삼십을 받고 예수님을 팔아 먹었습니다. 그러나 나타난 결과는 십자가 위에서 놀라운 구원이 이루어진 것이었습니다. 그렇다고 해서 예수님이 십자가에 달리는 데 큰 공헌을 했다고 유다에게 상을 줄 수는 없습니다. 이 모든 것이 말하는 것이 무엇입니까? 인간이 아무리 몸부림을 쳐도 하나님께서는 자기가 원하는 자들에게 축복을 주신다는 것입니다.

오늘 본문에 나타나는 악이 무엇입니까? 이삭이 에서를 좋아하는 것입니다. 리브가가 속임수로 이삭의 축복을 빼앗으려는 것입니다. 오늘 본문을 보면 대단한 혼란과 어지러움이 있습니다. 그러나 모든 것이 다 끝난 후에 확인되는 것은 하나님께서 원하신 자에게 제대로 축복이 돌아갔다는 것입니다. 그렇다고 해서 리브가를 축복해야 합니까? 아닙니다. 리브가는 자기 죄에 책임을 져야 합니다.

그렇다면 하나님은 악과 한편이십니까? 하나님은 악과 한편이 아닙니다. 하나님은 악을 반드시 심판하십니다. 그러나 악한 자의 욕심과 교만과 기질을 사용하셔서 자신의 선한 뜻을 이루어 나가는 것이 하나님의 경륜 속에 포함되어 있는 또 하나의 놀라운 사실입니다. 우리는 파리를 이용할 수 없습니다. 우리에게 파리는 전혀 쓸모없는 곤충입니다. 그러나 하나님이 사용하시니까 하나님의 공군이 되어 바로를 폭격했습니다. 또 이는 우리한테 정말 백해무익한 해충입니다. 그러나 하나님께서 돌격명령을 내리시니까 정확히 바로를 향해 돌격했습니다.

그런데 하나님의 집에서 이런 악한 방법 외에 하나님의 뜻을 이룰 길은 없었을까요? 분명히 있었습니다. 하나님의 말씀이 더 분명히 밝혀졌더라면, 더 명확히 해석되었더라면, 더 구체적으로 적용되었더라면 이런 갈등과 혼란과 미움 없이 모든 것이 아름답게 끝날 수 있었을 것입니다. 만약 이삭이 하나님의 말씀만 더 분명히 깨닫고 그 말씀을 붙들었더라면 이런 혼란은 일어나지 않았을 것입니다. 물론 이삭의 불순종 가운데서도 하나님의 뜻은 이루어졌습니다. 그러나 전부 다 상처를 입었습니다. 모두가 기쁨 가운데 축복을 누릴 수 있었는데, 그렇게 못 하고 서로 미워하며 물고 뜯는 가운데 모두가 상처 받은 채로 하나님의 뜻만 이루어졌습니다.

이런 것을 볼 때 하나님의 말씀이 우리 가운데 밝혀지는 것이 얼마나 큰 축복이며 혼란과 미움과 갈등 없이 축복 받을 수 있는 길인가를 생각하지 않을 수 없습니다. 빛이 있는 곳에는 어두움이 파고 들어올 수가 없습니다. 사랑하는 여러분, 환한 말씀의 빛이 있는데 왜 또 시행착오를 거듭하려 합니까? 말씀이 없을 때와 똑같이 욕심대로 방황하면서 왜 또 뻔한 일을 반복하며 지내려 합니까? 말씀은 우리의 세월을 20년, 30년씩 단축시켜 줍니다. 주님 앞에 나아와서 듣는 이 말씀이 헛된 돈과 헛된 노력을 쓰지 않도록 지켜 주는데, 왜 아직도 자기 욕심대로 시행착오를 하려 듭니까? 왜 또 미신과 환멸 가운데 빠져서 어두움 속에서 헤매려 합니까? 환한 아침이 오는데 왜 또 방황하면서 어둡고 미련한 짓을 하려 합니까?

오늘 이 세상 사람들이 사는 모습을 보면 마치 자기가 이긴 것처럼 사냥감을 찾기 위해 뛰어다니는 에서 같습니다. 그러나 아무리 뛰어봐야 하나님의 뜻은 이미 정해져 있습니다. 하나님이 원하는 사람에게 모든 축복이 돌아가게 되어 있습니다. 대세는 기울어져 있고, 하나님께서 복 주시기 원하는 자들은 이미 결정되어 있습니다.

오늘 본문을 통해 봅시다. 거룩한 이삭도 어느 한순간 마음을 놓자 이 세상의 가치관이 그의 마음 속에 파고 들어옴으로써 얼마나 망령되고 어지러운 방법으로 축복을 사용하려고 했습니까? 금식하고 무릎꿇고 축복해야 하는 엄숙한 순간이 마치 이방인들의 망년회 파티처럼 변해 버렸습니다. 우리는 이 모습을 보면서, 우리 안에 어떤 세상적인 가치관이 들어와 있는지 주의해 보고 깨끗함을 받아야 합니다. 나도 모르는 사이에 드라마에 빠져 있고, 나도 모르는 사이에 소설책에 빠져 있고, 나도 모르는 사이에 세상적인 교제와 취미에 빠져 있지 않습니까? 나 자신은 하나님의 뜻대로 살고 있다고 생각하지만, 내 안에 얼마나 세상적인 요소가 들어와 있으며 얼마나 더럽고 추한 방법으로 하나님의 축복을 남용하고 있는지 깨달아야 합니다. 거룩한 사람 이삭의 망령된 행동, 이것은 노망이 아닙니다. 정신을 차리고 하나님의 말씀에 주의하지 않았기 때문에 세상이 그의 마음 속에 밀고 들어온 것입니다.

말씀에 순종하지 않으면 혼동이 옵니다. 교회 안에 혼동이 오고 집안이 무질서해집니다. 실컷 노력한 후에 정신을 차리고 보면 단 한 걸음도 나가지 못한 것을 보게 됩니다. 이렇게 한 번 방황하면 10년이 지나가 버립니다. 두 번 방황하면 20년이 지나가요. 그 다음에는 죽을 준비를 해야 합니다. 지금은 오래 살 것 같아도 인생이 굉장히 짧습니다. 두 번만 방황하고 나면 석양을 맞이해야 합니다.

사랑하는 여러분, 가정에 혼동이 있는 이유가 무엇입니까? 다른 사람 때문이 아닙니다. 나 때문입니다. 교회 안에 무질서와 혼동이 있고 서로 존중하지 않으며 피차 복종하지 않는 이유가 어디에 있습니까? 목회자가 말씀에 헌신하지 않기 때문입니다. 그럴 때는 욕을 얻어먹어야 합니다. 나귀한테 채여야 정신을 차립니다. 가정 안에 순종이 없고 혼동과 무질서가 생기는 것은 말씀을 맡은 자가 하나님의 말씀을 뻔히 알면서도 순종하지 않기 때문입니다. 그러니까 업신여김을 당하고 능멸을 당하고 심지어는 아이들이나 개한테까지 우습게 여겨지는 것입니다. 다시 말씀으로 돌아와야 합니다. 그렇지 않으면 고생만 실컷 하고 상처만 실컷 받고 결과는 아무것도 남지 않습니다.

하나님께서는 악 가운데서도 자신의 선한 뜻을 이루십니다. 그러므로 세상을 보면서 두려워하지 마십시오. 세상 사람들이 그렇게 뛰어다녀도 결국은 하나님이 복 주기 기뻐하시는 자에게 모든 축복이 돌아가게 되어 있습니다. 시행착오와 혼란을 겪고 나타나는 결과는 하나님의 말씀대로 모든 것이 이루어지는 것입니다.

사랑하는 성도 여러분, 하나님께서 분명히 말씀하셨는데도 불구하고, 그 말씀을 분명히 들었는데도 불구하고 이삭처럼 사냥한 고기의 맛을 잊지 못해서 말씀에 불순종할 때 얼마나 많은 무리와 부작용이 일어나는지 기억하시기 바랍니다. 말씀을 붙드십시오. 이것만이 모든 것이 아름답게, 하나님의 뜻대로 이루어지는 길입니다.

7 야곱이 아버지 이삭을 속이다

그가 가서 취하여 어미에게로 가져왔더니 그
어미가 그 아비의 즐기는 별미를 만들었더라.
리브가가 집안 자기 처소에 있는 맏아들 에서의
좋은 의복을 취하여 작은아들 야곱에게 입히고
또 염소 새끼의 가죽으로 그 손과 목의 매끈매끈한
곳에 꾸미고 그 만든 별미와 떡을 자기 아들 야곱의
손에 주매 야곱이 아버지에게 나아가서
"내 아버지여" 하고 부른대 가로되
"내가 여기 있노라. 내 아들아, 네가 누구냐?"
야곱이 아비에게 대답하되
"나는 아버지의 맏아들 에서로소이다.
아버지께서 내게 명하신 대로 내가 하였사오니
청컨대 일어나 앉아서 내 사냥한 고기를 잡수시고
아버지의 마음껏 내게 축복하소서."
이삭이 그 아들에게 이르되
"내 아들아, 네가 어떻게 이같이 속히 잡았느냐?"
그가 가로되 "아버지의 하나님 여호와께서
나로 순적히 만나게 하셨음이니이다."
이삭이 야곱에게 이르되
"내 아들아, 가까이 오라. 네가 과연 내 아들
에서인지 아닌지 내가 너를 만지려 하노라."
야곱이 그 아비 이삭에게 가까이 가니 이삭이

만지며 가로되 "음성은 야곱의 음성이나 손은
에서의 손이로다" 하며 그 손이 형 에서의 손과
같이 털이 있으므로 능히 분별치 못하고
축복하였더라. 이삭이 가로되
"네가 참 내 아들 에서냐?"
그가 대답하되 "그러하니이다."
이삭이 가로되 "내게로 가져오라. 내 아들의
사냥한 고기를 먹고 내 마음껏 네게 축복하리라."
야곱이 그에게로 가져가매 그가 먹고
또 포도주를 가져가매 그가 마시고
그 아비 이삭이 그에게 이르되
"내 아들아, 가까이 와서 내게 입맞추라."
그가 가까이 가서 그에게 입맞추니 아비가
그 옷의 향취를 맡고 그에게 축복하여 가로되
"내 아들의 향취는 여호와의 복 주신 밭의
향취로다. 하나님은 하늘의 이슬과 땅의
기름짐이며 풍성한 곡식과 포도주로
네게 주시기를 원하노라.
만민이 너를 섬기고 열국이 네게 굴복하리니
네가 형제들의 주가 되고 네 어미의 아들들이
네게 굴복하며 네게 저주하는 자는 저주를 받고
네게 축복하는 자는 복을 받기를 원하노라."

창 27:14-29

떤 일로든지 간에 자식이 부모를 속여야 한다는 것은 대단히 가슴아픈 일이 아닐 수 없습니다. 자식이 부모를 속여야만 하는 경우, 둘 중 하나는 크게 잘못하고 있는 것이 분명합니다. 예를 들어 어떤 자매는 자기가 교회에 다닌다는 사실을 오랫동안 부모님께 감추었습니다. 자기가 기독교를 믿게 되었으며 교회에 나가게 되었다고 말씀드리면 다시는 교회에 나갈 수 없을 것 같았기 때문입니다. 아무리 생각해도 교회는 나가야 했습니다. 그래서 부모님께는 학교 도서관에 간다고 하면서 실제로는 교회에 가는 길을 택했습니다. 하지만 부모님을 속였다는 것 때문에 몸은 교회에 와 있어도 마음은 편치 않을 때가 많았습니다. 이것은 우리가 얼마든지 이해할 수 있는 일로서, 어떤 의미에서는 지혜로운 행동이라고도 말할 수 있습니다.

그런데 또 다른 경우가 있습니다. 어떤 여학생이 남자 친구와 여행을 가려고 합니다. 그러나 그런 여행을 부모님이 허락해 주실 리가 없습니다. 그래서 학교에서 여자 친구들과 함께 여행을 간다고 거짓말을 했습니다. 또 혹시라도 들통나면 안 되니까 친구들과 입을 맞추어서 집에 전화까지 하게 했습니다. 이것은 자기 욕심을 위해 부모님을 속이는 경우입니다.

오늘 본문에서 우리는 야곱이 아버지 이삭을 완전하게 속임으로써 축복을 가로채는 모습을 볼 수 있습니다. 물론 나쁜 의도로 속인 것은 아닙니다. 그럼에도 불구하고 우리가 본문에서 보듯이, 그는 자신의 연약함 때문에 어쩔 수 없이 엉겁결에 거짓말을 한 것이 아니었습니다. 여러 가지 소품을 준비하고 변장까지 해서 아주 적극적으로 속였습니다. 그럴 때 우리는 아무리 축복이 중요하다지만 앞 못 보는 아버지를 이런 식으로 완전히 속여 가면서까지 차지해야 하는가 하는 생각이 듭니다.

해석의 난제
세 가지오늘 본문은 일단 이야기로서는 아주 재미가 있습니다. 아슬아슬한 스릴을 느낄 수 있는 말씀입니다. 그러나 이것을 신앙적으로 이해하고자 할 경우, 우리는 해석하기 어려운 많은 문제에 부딪치게 됩니다. 첫째로, 이삭은 분명히 야곱의 속임수에서 어떤 수상한 느낌을 받았습니다. 이것은 그가 곧바로 축복하지 않고 자기 앞에 있는 아들이 진짜 에서인지 몇 번씩이나 확인하는 과정에서 드러나고 있습니다. 그러나 그는 끝내 야곱의 속임수를 확인해 내지 못했습니다. 어떻게 이럴 수가 있습니까? 이삭은 선지자인데 선지자가 에서와 야곱도 구별하지 못할 수 있습니까? 아무리 앞을 보지 못한다고 하더라도 분명히 이상한 낌새를 느꼈으면서 왜 이 속임수를 밝혀내지 못했을까요?

또 다른 하나는 야곱이 믿음으로 하나님의 때를 기다렸다면 어떻게 되었을까 하는 점입니다. 자신은 아버지의 축복을 너무나 받고 싶은데 아버지는 억지로 형에게 축복을 주려고 하고 있습니다. 만약 이럴 때 야곱이 인간적인 방법을 쓰지 않고 하나님의 때를 기다렸다면 어떻게 되었겠습니까?

셋째로 우리가 생각하게 되는 것은, 성경이 야곱의 속임수에 대해 이렇게 자세히 설명하고 있는 이유가 무엇인가 하는 점입니다. 재미있으라고 이렇게 했겠습니까? 아니면 좋은 신앙이란 거짓말을 하고 사기를 쳐서라도 하나님의 축복을 받아내는 것임을 말하고 싶은 것일까요? 그것도 아니면 야곱의 이런 모습이 믿음에서 얼마나 멀리 떨어져 있는 것인지 보여 주고자 하는 것일까요?

오늘 설교를 통해 이 문제들을 해결해 나가는 가운데, 우리 마음 속에 새로운 각오와 결단이 생기리라 믿습니다.

1. 야곱이 이삭을 속이다

오늘 본문에서 우리는 야곱이 정말 대담하게 아버지를 속이는 모습을 볼 수 있습니다. 먼저 어머니 리브가가 에서의 사냥물 대신 염소 새끼 한 마리를 요리해서 야곱에게 줍니다. 그리고 에서의 옷을 꺼내 야곱에게 입히고, 털이 없이 매끈매끈한 피부를 가리기 위해 목과 손에 염소 털을 붙여 위장을 시킵니다. 27장 14절부터 17절까지 보십시오.

위장(僞裝)

그가 가서 취하여 어미에게로 가져왔더니

그 어미가 그 아비의 즐기는 별미를 만들었더라.

리브가가 집안 자기 처소에 있는 맏아들 에서의 좋은

의복을 취하여 작은아들 야곱에게 입히고 또 염소 새끼의
가죽으로 그 손과 목의 매끈매끈한 곳에 꾸미고 그 만든
별미와 떡을 자기 아들 야곱의 손에 주매

오늘 본문을 한 편의 드라마로 표현한다면 연출은 리브가, 주연은 야곱, 제목은 '눈 먼 아버지를 속이다'가 될 것입니다. 처음에 이 모든 일을 연출한 사람은 리브가였습니다. 그런데 이제부터는 놀랍게도 야곱이 주연의 역할을 감당하기 시작합니다. 연출자가 드라마를 만들기 위해 배역을 정하다 보면 '정말 저 친구가 이 역을 잘 소화해 낼 수 있을까' 걱정되던 배우가, 막상 뚜껑을 열었을 때 그런 걱정과는 딴판으로 거의 천부적인 재능을 발휘하는 경우가 있습니다.

리브가는 처음에 야곱이 과연 자기 의사대로 이 연기를 잘 해낼 수 있을지 걱정이 되었습니다. 그래서 야곱에게 믿음과 확신을 주려고 애를 씁니다. "너는 잘할 수 있을 거야. 네가 누구니? 이 엄마의 아들 아니니? 만일 아버지한테 들통나서 저주를 받게 된다면 내가 전부 뒤집어쓸 테니 너는 염려 말고 내가 시키는 대로만 해. 넌 잘할 수 있어." 그런데 막상 뚜껑을 열고 보니 엄마가 깜짝 놀랄 정도로 잘하는 것입니다. 야곱은 천부적인 기질을 발휘해서 완벽하게 아버지를 속이고 있습니다.

문제는 어디에 있습니까? 이삭이 이 사건에서 무언가 수상한 기미를 눈치챘음에도 불구하고 그것을 확인하지 못했다는 데 있습니다.

야곱이 아버지에게 나아가서 "내 아버지여" 하고 부른대

가로되 "내가 여기 있노라. 내 아들아, 네가 누구냐?"

야곱이 아비에게 대답하되

"나는 아버지의 맏아들 에서로소이다.

아버지께서 내게 명하신 대로 내가 하였사오니

청컨대 일어나 앉아서 내 사냥한 고기를 잡수시고

아버지의 마음껏 내게 축복하소서."

이삭이 그 아들에게 이르되

"내 아들아, 네가 어떻게 이같이 속히 잡았느냐?"

그가 가로되 "아버지의 하나님 여호와께서 나로 순적히

만나게 하셨음이니이다"(27:18-20).

야곱이 음식을 가지고 아버지 방에 들어왔을 때 이삭은 무언가 이상하다는 생각이 들었습니다. 우선 음성이 이상했습니다. 아무리 옷을 바꿔 입고 손에 염소 털을 붙였어도 음성만은 바꿀 수가 없었습니다. 그뿐 아니라 짐승 한 마리를 잡으려면 며칠씩 쫓아다녀야 하는데 이번에는 너무나 빨리 잡아 왔습니다. 무언가 이상합니다. 그래서 이삭은 "네가 누구냐?"고 물었습니다. 그러자 야곱은 자기가 에서라고 대답했고, 아무래도 이상한 생각이 든 이삭은 그를 가까이 오게 해서 한번 만져 봅니다.

이삭이 야곱에게 이르되

"내 아들아, 가까이 오라. 네가 과연 내 아들 에서인지

아닌지 내가 너를 만지려 하노라."

야곱이 그 아비 이삭에게 가까이 가니 이삭이 만지며
가로되 "음성은 야곱의 음성이나 손은 에서의 손이로다"
하며 그 손이 에서의 손과 같이 털이 있으므로
능히 분별치 못하고 축복하였더라(27:21-23).

이삭은 무언가 이상하다는 생각 때문에 이 아들을 직접 만져 보았습니다. 그러나 이 정도는 리브가와 야곱이 이미 충분히 예측하고 대비한 바였습니다. 이삭이 아들을 만져 보니 분명히 털이 있었습니다. 그래서 이삭은 여기에서 아주 유명한 말을 남기게 됩니다. "음성은 야곱의 음성이나 손은 에서의 손이로다." 어떻게 음성은 야곱의 음성인데 손은 에서의 손이 될 수 있습니까? 이삭은 지금 큰 혼동을 일으키고 있습니다. 그는 자기 앞에 있는 이 아들이 야곱인지 에서인지 몇 번씩 확인해 보았습니다. 그런데도 그 때마다 야곱이 워낙 대담하게 거짓말을 하니까 분별하지 못하고 축복을 해 버렸습니다.

이삭은 하나님의 선지자입니다. 선지자는 하나님의 영이 있는 사람으로서, 그 영이 모든 것을 말씀해 주시기 때문에 사람에게 속지 않습니다. 이것은 여러 선지자들의 예를 보면 알 수 있습니다. 사무엘은 사울이라는 청년이 자기를 찾아올 것을 알고 있었을 뿐 아니라 하나님께서 왕으로 기름 부으실 것도 알고 있었으며, 그 집에서 잃어버렸던 나귀가 이미 집으로 돌아갔다는 사실도 알고 있었습니다. 이렇게 사무엘이 보지 않아도 알 수 있었던 것은 하나님의 영이 그에게 말씀해 주셨기 때문입니다. 또 선지자 아히야는 여로보암의 아내가 변장하고 찾아왔을 때, 그 여자를 보지도 않은 채 "여로보암의 처여, 들어오라. 네가

 팥죽 한 그릇의 거래

어찌하여 다른 사람인 체하느뇨?"(왕상 14:6)라고 말합니다. 어떻게 보지도 않고 알 수 있습니까? 하나님의 영이 그 선지자 안에서 말씀해 주셨기 때문입니다.

물론 지금은 하나님께서 그리스도인들에게 직접 말씀하시지 않습니다. 오늘날 하나님께서는 우리가 스스로 그 말씀을 듣고 깨달아 분별력 있게 행동하게 하십니다. 이것은 구약 시대에 하나님의 영이 직접 말씀하셨던 것보다 더 나은 방법입니다. 일일이 물어 보지 않고서도 스스로 지각을 사용하여 하나님의 뜻을 훨씬 더 구체적이고 풍성하게 알아 갈 수 있기 때문입니다. 구약 시대에는 사람들이 하나님의 뜻을 아는 데 한계가 있었습니다. 그래서 선지자 안에 있는 하나님의 영이 어떤 구렁텅이가 있는지, 그 구렁텅이를 피하려면 어떻게 해야 하는지 직접 말씀해 주셨습니다. 이 세상에는 수많은 구렁텅이와 사망의 음침한 골짜기가 있습니다. 발을 한 번만 잘못 디뎌도 끝없는 낭떠러지로 떨어집니다. 그런데 하나님의 말씀이 우리의 걸음을 인도하며 하나님의 말씀이 우리로 하여금 생각하게 하시기 때문에 안전할 수 있는 것입니다.

그런데 이삭은 지금 바로 자기 눈앞에 있는 구렁텅이를 보지 못하고 있습니다. 그 이유가 무엇입니까? 하나님의 영이 이삭 안에서 말씀하시지 않았기 때문입니다. 사람이 어떻게 감히 하나님의 선지자를 속일 수 있겠습니까? 그러나 리브가와 야곱은 이삭을 속일 수 있다고 생각했습니다. 그들은 최근에 이삭의 삶에서 하나님의 말씀이 중단되었다는 것을 알고 있었기 때문입니다. 최근에 이삭의 입에서는 하나님의 말씀을 들을 수가 없었습니다. 그들이 보기에 이삭은 단지 눈먼 노인에 불과했습니다.

왜 이렇게 되었습니까? 하나님께서 이삭의 고집을 기뻐하지 않으셨기 때문입니다. 이삭은 하나님께서 분명히 큰 자가 작은 자를 섬기리라고 말씀하셨음에도 불구하고 고집스럽게 큰아들에게 축복을 주겠다고 우기고 있습니다. 그래서 하나님께서는 일시적으로 그에게서 성령의 감동을 거두어 가셨습니다. 이삭이 하나님의 말씀에 유의하고 늘 하나님의 뜻을 밝히 깨달아 사람들을 가르쳤더라면 식구들이 감히 이삭을 속일 생각을 하지 못했을 것입니다. 눈을 감는다고 안 보이는 것이 아닙니다. 어떤 때는 눈을 감았을 때 훨씬 더 잘 보입니다. 앞이 안 보인다고 해서 분별력까지 흐려지는 것은 아닙니다.

하나님의 백성들에게 가장 중요한 것은 성령께서 그 안에서 깨닫게 하시며 감정과 의지를 늘 새롭게 하시는 것입니다. 그러나 오늘날 사람들은 예수를 믿는다고 하면서도 이 감동을 중요하게 생각하지 않습니다. 이 감동이 없다고 당장 지옥가는 것도 아니고, 이 감동이 없어도 먹고 사는 데에는 지장이 없기 때문입니다. 그러나 성령의 감동이 없으면 혼동이 오기 시작하며 힘을 쓰지 못하게 됩니다. 부인들이 집안에서 날이면 날마다 일을 잘하는 것이 아닙니다. 부인들이 무엇인가를 하려면 감동이 있어야 합니다. 무언가 마음에 기쁨이 있어야 일을 하는 것입니다. 이 기쁨과 감동이 어디에서 옵니까? '내가 하는 일은 소중한 것이다. 누군가 이것을 알아주고 있다. 누군가 나를 사랑하고 있다' 는 생각이 마음 속에 감동을 불러일으키고 열심히 일하게 하는 것입니다. 이삭에게서 하나님의 감동이 떠났을 때 그는 앞을 보지 못하는 평범한 노인에 불과해졌고 아내와 아들의 발에 짓밟히는 처지가 되었습니다. 감동이 없는 그리스도인은 이방인들의 발에 밟히게 되어 있습니다. 감동이 없는 목회자는 교인들에게 밟히게 되어 있습니다.

오늘날 신약 시대에는 선지자가 따로 없습니다. 모든 그리스도인들 안에 하나님의 영이 계시기 때문입니다. 물론 설교자는 말씀을 통해 사람들의 마음 속에 있는 깨달음에 자극을 주어서 그 깨달음이 더 분명해지고 풍성해지게 만드는 역할을 합니다. 그러나 그렇다고 해서 설교자만 선지자인 것은 아닙니다. 중요한 사실은 모든 그리스도인들에게 하나님의 영이 계시며 그 깨달음이 있다는 것입니다.

그리스도인들은 모든 일이 다 끝나고 나서야 결과를 아는 사람들이 아닙니다. 그리스도인들은 어떤 일을 시작할 때부터 이미 그 결과를 내다봅니다. 설교자는 설교가 다 끝나고 사람들이 다 흩어지고 난 후 누군가의 이야기를 들어 봐야만 설교의 결과를 아는 것이 아닙니다. 설교를 시작할 때 이미 '하나님이 이들을 긍휼히 여기시는구나. 하나님께서 이들을 축복하시는구나' 하는 것을 느낍니다. 또 그리스도인들은 기도를 시작할 때 이미 '내 기도가 응답되었구나. 이것은 끝난 문제구나. 이젠 눈물을 씻고 기쁨으로 돌아가야겠구나' 하는 것을 압니다. 설교를 수천 번 해도 하나님이 과연 축복하실 것인가 축복하지 않으실 것인가를 계속 의심하는 것은 미련한 짓입니다. 기도를 수천 번 해도 마음에 아무 깨달음 없이 끝장을 봐야 직성이 풀리는 사람은 미련한 사람입니다. 그 안에 성령의 감동이 없는 사람입니다.

물론 하나님의 백성도 실수할 수 있습니다. 그러나 한 번 했던 실수는 다시 반복하지 않습니다. 그런데 하나님의 백성이 몇 번씩이나 같은 문제에 빠진다면, 끝장이 나도 깨닫지 못한다면, 그것은 하나님께서 이미 그를 낮추시기로 결정하셨기 때문입니다. 그의 불순종을 기뻐하지 않으셔서 그를 비참하게 하기로 결정하셨기 때문입니다.

어떻게 하는 것이 하나님을 업신여기는 것입니까? 그분의 말씀을 존중하지 않는 것입니다. 큰 자가 작은 자를 섬기리라고 말씀하셨는데도 불구하고 고집스럽게 에서를 축복하려 들 때, 이삭은 하나님을 업신여기고 있는 것이며 능멸하고 있는 것입니다. 그러니까 하나님께서도 성령의 감동을 거두어 가셔서 아내와 자식에게서 짓밟히게 하셨습니다. 물론 이삭은 지금도 족장입니다. 그러나 실질적으로는 아내가 그를 존경하지 않고, 아들이 아버지를 속일 수 있다고 생각합니다.

오늘 우리는 성령의 감동을 중요하게 생각하지 않습니다. 성령의 감동이 없다고 해서 밥 먹고 사는 데 지장이 있는 것이 아니니까요. 그러나 성령의 감동이 없으면 분별력이 없어집니다. 혼동이 옵니다. 뭐가 뭔지 모릅니다. 망했는데도 망했는 줄 모릅니다. 무언가 문제가 있는 것 같긴 한데, 모든 것이 끝장날 때까지도 그 문제가 도대체 무엇인지 깨닫지 못합니다. 왜냐하면 하나님께서 그를 낮추시고 짓밟히게 하려고 작정하셨기 때문입니다. 그리스도인들에게 성령의 감동이 없으면 하나님을 모르는 사람들보다 훨씬 더 미련해지고 훨씬 더 강퍅해집니다. 그러면서도 자기 자신은 잘하고 있는 줄 압니다.

무언가
이상할 때 하나님의 백성 앞에 무언가 정직하지 못한 것이 나타나면 그 안에 계신 성령께서 먼저 긴장하십니다. 겉으로 보기에는 아무 문제 없이 평온한 것 같아요. 그런데 속에 계신 하나님의 성령이 굉장히 긴장하면서 적신호를 보내십니다. "무언가 이상해. 목소리는 야곱의 목소리인데 손은 에서의 손이라니." 또 나는 어떤 여자를 사랑한다고 생각해

서 그 여자를 찾아가 "사랑합니다" 하고 말했는데, 내 안에 계신 성령
이 굉장히 긴장하십니다. 마음이 불편해요. 그럴 때 어떻게 해야 합니
까? 하나님께 여쭈어 보아야 합니다.

　이삭이 하나님께 질문만 했어도 이렇게 비참하게 속지는 않았을 것
입니다. "하나님, 지금 내 아들이라고 하면서 한 명이 들어왔습니다.
그런데 저는 눈이 어두워서 도저히 분별을 못 하겠습니다. 음성은 야
곱의 음성인데 손은 에서의 손이네요. 둘 중에 누구입니까? 하나님께
서 분별해 주십시오." 이렇게만 하면 성령이 안에서 뛰기 시작하시며
감동하기 시작하십니다. 이 한마디 질문으로 상황이 뒤집혀 버립니다.
이삭이 이 질문만 했더라면 안에 계신 성령이 기뻐하시면서 "지금 네
앞에 있는 아들은 에서가 아니라 야곱이다. 그러나 잘못은 야곱에게
있는 것이 아니라 너에게 있으니, 너는 야곱을 저주해서는 안 된다. 오
히려 그를 축복하라"고 분명히 말씀하셨을 것입니다.

　그런데 사람들이 왜 질문하지 않습니까? 자기의 판단이 옳다고 확
신하기 때문입니다. 자기 감정이 옳다고 생각하기 때문입니다. 그러니
까 당하는 것입니다. 끝장을 봐도 정신을 못 차립니다. 하나님은 지금
이삭을 완전히 떠나신 것이 아닙니다. 만일 그가 이 혼란 가운데서 하
나님께 "하나님, 누굽니까? 저는 모르겠습니다. 저의 길을 인도해 주
십시오"라고 한 번만 질문했더라면 얼마나 존귀해졌겠습니까?

　우리 신앙에 항상 문제가 되는 것은 큰 것이 아닙니다. 야곱이 이삭
앞에 섰을 때 음성이 조금 이상했을 뿐입니다. 그러나 이 이상한 음성
뒤에는 굉장한 음모와 모략이 있었습니다. 아버지의 말을 엿듣고 축복
을 가로채기 위해서 요리를 하고 위장을 하는 굉장한 음모가 있었어

요. 모든 문제가 다 드러난 후에는 이미 늦습니다. 아주 작지만 명쾌하지 않은 혼동이 있을 때, 바로 그 부분을 가지고 하나님께 나아가야 합니다. 무언가 굉장히 미묘한 부분이 분명치 않을 때, "오, 주여, 이것이 무엇입니까? 주님의 뜻이 어디에 있습니까? 왜 이렇게 명쾌하지 않습니까?" 하고 질문해야 합니다.

하나님은 빛이시며 어두움이 조금도 없으십니다. 그분은 회전하는 그림자도 없으십니다. 왜 이런 하나님께 질문하지 않습니까? 질문하지 않고 자기 생각으로 끝까지 밀어붙이니까 짓밟히는 것입니다.

2. 아버지를 속이는 야곱의 태도

그러면 이렇게 속여서라도 아버지의 축복을 받으려고 하는 야곱의 태도는 옳은 것입니까? 그렇게 생각하는 사람들이 많지만, 사실은 그렇지 않습니다. 이삭이나 야곱은 분명히 하나님의 뜻을 알고 있었습니다. 하나님께서 큰 자가 작은 자를 섬기리라고 하셨기 때문에 하나님의 축복은 분명히 야곱에게 와야 합니다. 그런데 아버지는 지금 형을 축복하려고 하고 있습니다. 결국 아버지는 지금 하나님의 말씀을 거역하려고 하고 있는 것인데, 그렇다면 아버지를 속여도 좋습니까?

바로 이것이 문제입니다. 지금 야곱과 하나님 중간에 이삭이 있는데 이삭은 하나님의 말씀을 거역하고 있습니다. 그럴 때 이삭을 완전히 무시하고 하나님께로 직행해야 합니까? 아니면 아버지를 바꾸려고 노력해야 합니까? 그것도 아니면 하나님의 때를 기다려야 합니까?

이것은 문제의 중요성에 따라 차이가 있습니다. 만일 아버지가 이방 신앙을 강요하거나 살인할 것을 요구한다면 절대로 용납해서는 안 됩니다. 하나님 앞에서 범죄 행위를 요구한다면 그는 하나님의 영광을 나누어 가지고 있는 아버지가 아니라 범죄자이기 때문에, 그럴 때는 아버지의 뜻에 순종하면 안 됩니다. 그러나 그런 범죄를 요구하는 것이 아니라 아직 하나님의 뜻을 깨닫지 못하고 있고 자기 고집을 포기하지 못하고 있는 것이라면, 아버지를 이런 식으로 속이는 것은 죄가 됩니다.

예를 들어 이삭이 완전히 하나님을 떠나서 범죄하자고 한다면 그 때는 반드시 불순종해야 합니다. 그 때는 아버지를 가두어 놓아야 해요. 남편과 아내 사이에서도 마찬가지입니다. 남편이 아내에게 불법을 요구한다면, 그 때 그는 남편이 아니라 범죄자입니다. 군대에서도 상관이 부하에게 불법을 요구할 경우 불복종할 의무와 권리와 책임이 있습니다. 그러나 지금 이삭은 범죄 행위를 하려는 것이 아닙니다. 단지 두 자식 중 어느 자식을 축복하느냐 하는 문제에서 아직 자기 고집을 포기하지 못하고 있을 뿐입니다. 따라서 이럴 때 아버지를 속이는 것은 정당화될 수가 없습니다.

만일 야곱이 하나님을 믿고 그냥 기다렸다면 어떻게 되었을까요? 에서가 축복을 받았을지도 모릅니다. 그러나 에서가 축복을 받았다고 해서, 그 축복에 따라야 할 절대적인 의무가 하나님께 있는 것은 아닙니다. 인간의 행위가 하나님의 뜻에 일치해야 하나님께 책임이 돌아가는 것이지, 자기 마음대로 한 행위까지 다 책임을 지시는 것이 아닙니다. 예를 들어 목사가 세례를 주었다고 해서 세례 받은 모든 사람을 하

속이지 않고
기다렸다면

나님이 꼭 구원하셔야 하는 것은 아닙니다. 목사는 분명한 신앙을 확인하고 세례를 주어야 하지만, 때로는 앞으로 그런 신앙이 생겨날 것을 기대하고 세례를 주는 경우도 있습니다. 그런데 그렇게 세례 받은 사람이 말씀을 떠나 타락해 버릴 때, 하나님은 그 세례에 대해 책임을 지시지 않습니다. 그러나 참된 믿음으로 세례 받은 사람이 나중에 연약해져서 넘어지려고 할 때에는 책임을 지시게 되어 있습니다.

만약 야곱이 하나님을 믿고 가만히 기다렸다면, 둘 중에 하나의 결과가 나타났을 것입니다. 에서가 사냥을 하다가 부상을 입든지 어떻게 되든지 간에 어쨌든 축복을 받지 못하도록 하나님께서 막으셨거나, 그가 축복을 받기는 하지만 결국 적임자가 아니라는 것이 드러나서 다시 야곱에게 축복하게 만들거나 하셨을 것입니다.

다윗의 믿음 우리는 이런 경우를 사울 왕과 다윗의 관계에서 찾아볼 수 있습니다. 하나님께서는 사울에게 기름을 부어서 이스라엘의 왕으로 삼으셨습니다. 그러나 그는 적임자가 아니었습니다. 그는 다윗이 장차 왕으로 기름 부음 받았다는 것을 알고 그를 죽이기 위해 집요하게 추격했습니다. 결국 사울 왕은 기브아 산에서 전사했고, 다윗이 이스라엘의 왕이 되었습니다.

우리는 다윗의 태도와 야곱의 태도가 너무나도 다르다는 것을 알 수 있습니다. 다윗이 사울에 대해 일관되게 가졌던 태도가 무엇입니까? 그는 하나님의 기름 부음을 받은 사람이므로 자기가 감히 해칠 수 없다는 것입니다. 그래서 그는 사울을 죽일 기회가 여러 번 있었음에도 불구하고 직접 공격하지 않고 선대했습니다. 왜 그렇게 했습니까? 하나님을 믿었기 때문입니다.

그러나 야곱에게는 그런 믿음이 보이지 않습니다. 지금 야곱에게 보이는 것이 믿음 같지만, 사실 이것은 믿음이 아니라 에서에게 질 수 없다는 강한 기질이며, 한번 마음먹은 것은 무슨 일이 있어도 해내고야 말겠다는 집념입니다. 이런 기질은 외삼촌 집에 가서 아내를 구할 때에도 나타났습니다. 그는 라헬을 사랑했습니다. 그런데 혹시라도 삼촌이 라헬을 다른 사람에게 줄까 봐 그 집에서 죽치고 종 노릇 하면서 라헬을 붙들었습니다. 이것이 야곱의 기질이었습니다. 야곱은 하나님을 믿고 그분의 때를 기다리는 것이 아니라 한번 마음먹은 일은 반드시 해내고야 마는 강한 집착을 가진 사람이었습니다.

사실 오늘 본문이 야곱의 속임수를 이토록 자세하게 기록하고 있는 것은 그를 칭찬하기 위해서가 아닙니다. '야곱이 얼마나 집요하게 하나님의 축복을 받고야 말았는가, 우리도 이런 식으로 끈질기게 물고 늘어져서 복을 받고야 말자' 가 아니에요. 오히려 그가 얼마나 믿음이 없었으며 믿음의 조상이 되기에 부적합한 인물인가를 보여 주려는 것이 이 말씀의 목적입니다.

우리가 야곱의 생애를 읽으면서 공감을 느끼는 것은 그가 우리와 비슷하기 때문입니다. 아브라함의 생애에 대해 설교를 들을 때에는 '나하고는 거리가 너무 멀다' 는 생각이 듭니다. 이삭이 모리아 산에서 죽으려고 누워 있는 걸 보면 '나는 절대로 저럴 수 없다' 싶지요. 그런데 야곱을 보면 '아멘' 이 절로 나옵니다. 나와 너무나 비슷하기 때문입니다. 나는 하나님의 말씀을 믿습니다. 그러나 상황은 말씀과 정반대로 흘러가고 있습니다. 하나님의 말씀으로는 나에게 복이 오게 되어 있는데 실제로는 형에게로 복이 가고 있어요. 그럴 때 위장을 하고 거짓말

을 하고 속임수를 써서라도 하나님의 축복을 나에게로 돌려놓으려 드
는 것이 야곱의 태도이며 우리의 태도입니다.

　야곱이 보기에 하나님은 너무나도 늦게 일하시는 것 같습니다. 답답
해 죽을 지경입니다. 도대체 이렇게 급한 상황에서 하나님은 뭘 하고
계시는 것입니까? 그래서 하나님의 영광을 위해 거짓말을 합니다. 하
나님의 놀라운 뜻을 성취해 드리기 위해 사기를 칩니다. 그러나 여러
분, 이것은 믿음이 아니라 기질입니다. 집요한 본성입니다. 이 기질과
본성은 이제부터 갈고 닦여서 없어져야 합니다. 눈에서 피눈물이 흐를
때까지, 이 못된 기질이 완전히 없어질 때까지 야곱은 시련을 받을 것
입니다.

　저는 야곱의 생애를 묵상할 때마다 '나는 야곱 그 자체구나' 하는
생각이 들 때가 많았습니다. 저는 하나님의 말씀을 들었고 믿었습니
다. 그러나 구체적인 상황이 하나님의 말씀과 정반대 되는 쪽으로 흘
러갈 때 너무나도 인간적인 생각과 인간적인 방법을 붙들려고 할 때가
많았습니다. 그런데 그나마 믿음으로 살 수 있었던 것은 제가 원했기
때문이 아니라 하나님께서 강권적인 손으로 붙들어 주셨기 때문입니
다. 따라서 제 믿음은 사실 제 속에서 우러나온 믿음이 아니라 엎드려
절 받기 식의 믿음입니다. 하나님께서 억지로 믿음으로 살게 하셨으면
서도 제게 무슨 믿음이 있는 것처럼 상을 주신 것입니다.

　야곱의 이 완벽한 속임수와 환상적인 연극은 앞으로 수없는 환난을
통해 갈고 닦여서 없어져야 할 부분입니다. 자기 자신을 철저하게 혐
오해 보지 않은 사람은 절대로 믿음대로 살지 못합니다. 자기 안에 있
는 거짓말하는 기질, 진실하지 못한 기질을 철저하게 혐오해 보지 못

한 사람은 진실해질 수가 없습니다. 자기 안에 있는 음란한 요소에 철저하게 질려 보지 않은 사람, '나야말로 정말 썩어 문드러진 죄인이구나' 하는 것을 철저하게 깨닫지 못한 사람은 거룩한 삶을 시작조차 할수 없습니다.

3. 이삭의 잘못된 축복

오늘 본문에서 이삭이 축복하는 모습을 볼 때 무언가 이상하다는 느낌이 들지 않습니까? 축복하는 과정이 무언가 복잡합니다. 만약 여기에서 이상한 느낌을 받지 못했다면 아직 핵심을 잘 파악하지 못한 것입니다.

축복의 과정에
문제가 있다

이삭은 아들을 축복하기 위해 먼저 음식을 먹고 포도주를 마십니다. 그는 대단히 기분이 좋습니다. 그러나 아직 축복을 할 만한 기분은 아닙니다. 그래서 아들을 가까이 오게 해서 자신에게 입맞추게 했더니 조금 축복할 마음이 생겼습니다. 그 다음으로 그는 아들의 옷 냄새를 맡습니다. 그러자 감동이 일어나면서 비로소 아들을 축복하기 시작합니다. 26절과 27절을 보십시오.

그 아비 이삭이 그에게 이르되
"내 아들아, 가까이 와서 내게 입맞추라."
그가 가까이 가서 그에게 입맞추니
아비가 그 옷의 향취를 맡고 그에게 축복하여 가로되

"내 아들의 향취는 여호와의 복 주신 밭의 향취로다."

축복은 그냥 대화와는 다른 것입니다. 대화는 그냥 평범한 마음으로 주고받는 것이지만, 축복 안에는 반드시 기쁨과 감사가 있어야 합니다. 이것은 저주 안에 분노와 미움이 있는 것과 똑같습니다. 축복이나 저주는 마침표로 끝나지 않습니다. 전부 느낌표로 끝나게 되어 있습니다. 즉 축복이나 저주의 말 속에는 감정적인 흥분이 들어 있다는 말입니다. 감정적인 흥분이 없으면 축복도 나오지 않고 저주도 나오지 않습니다. 화가 나지 않았는데 다른 사람을 저주할 수 없습니다. 미움이 없는데 다른 사람한테 욕이 나올 수가 없어요. 축복의 말도 마찬가지입니다. 자다가 일어나서 멍한 상태에서는 제대로 된 축복이 나올 수 없습니다. 그냥 횡설수설하는 것이지요. 진짜 축복을 하려면 마음이 흥분되어야 합니다. 감사의 조건들이 생각나면서 영혼이 흥분되고 마음 속에 기쁨이 가득 차야 축복의 말이 나오는 것입니다.

억지 감동 그런데 오늘 야곱을 축복하는 이삭에게 나타나는 모습은 어떤 것입니까? 그는 축복을 짜내고 있습니다. 감사의 마음을 불러일으키려고 안간힘을 쓰고 있습니다. 마음 속에 감동을 일으켜서 축복의 말을 하려고 몸부림을 치고 있습니다. 처음에 야곱이 가져다 주는 음식을 먹었는데 감동이 생기지 않았습니다. 포도주를 마셨는데도 감동이 안 생겼습니다. 그래서 아들에게 입맞추어 달라고 했습니다. 그래도 감동이 안 올라오니까 옷에 얼굴을 파묻고 냄새를 맡았습니다. 그랬더니 그제서야 감정이 올라오기 시작했습니다. 에서의 옷에서 나는 냄새라고 해봐야 땀 냄새였을 것입니다. 에서가 향수를 뿌리고 다닐 리가 없지요.

이삭이 에서의 옷에서 맡은 냄새는 매캐한 땀 냄새입니다. 그러나 그 땀 냄새를 맡는 순간 '내 아들이 나에게 사냥 요리를 가져다주기 위해서 이렇게 많은 땀을 흘렸구나. 고맙다, 아들아!' 하는 생각에 눈물이 핑 돌면서 축복하고 싶은 생각이 올라오기 시작합니다. 무슨 뜻입니까? 이삭은 지금 억지로 감동을 짜내려고 몸부림을 치고 있는 것입니다. 왜 이렇게 합니까? 그의 마음 속에 하나님의 감동이 사라졌기 때문입니다.

우리가 하나님께 찬송을 드리는 것은 하나님을 축복하는 것입니다. 그러나 아무 감동 없이 노래만 부르는 것이지 진심으로 하나님의 은혜에 감사해서 그분을 높여 드리는 축복이 되지 못하는 경우가 많습니다. 그 때 우리는 찬송을 부르면서도 '이것은 축복이 아니야. 그냥 노래만 부르는 거야' 라는 것을 느낍니다. 왜 그렇습니까? 마음 속에 감동이 없기 때문입니다. 반면에 찬송의 내용을 가만히 생각해 보면 정말 그 가사의 내용이 나의 심정과 같다는 생각이 들 때가 있습니다. '하나님은 정말 살아 계시구나. 그분이 이 놀라운 구원을 이루셨고 지금도 나를 축복하고 계시는구나' 하는 생각과 함께 마음이 흐뭇해지기 시작하면서 그분을 높여 드리고 싶어집니다. 그러면 진심으로 하나님을 축복하는 노래를 부르게 되지요. 이것이 하나님을 송축하는 것입니다.

설교도 마찬가지입니다. 설교는 양면성을 가지고 있습니다. 한편으로는 말씀을 가지고 하나님을 높여 드리고, 다른 한편으로는 성도들에게 은혜를 끼칩니다. 그래서 설교에는 두 배의 감동이 필요합니다. 설교자는 설교하기 전에 하나님의 신이 감동하시지 않을까 봐 굉장히 긴장합니다. 그래서 아주 사소한 일에도 민감해집니다. 사람이 들락거린다든지 된장찌개 냄새가 난다든지 에어컨이 꺼진다든지 누군가 코를 자주 푼다든지 하는 모든 것이 신경에 거슬립니다. 혹시 성령이 감동하지 않으시면 어떻게 하나 하는 두려움 때문에 신경이 아주 예민해져 있기 때문입니다. 겉으로는 근엄하게 앉아 있는 것 같지만 속은 그렇지 않습니다.

그럴 때 설교자에게 필요한 것은 좋은 음식이 아닙니다. 향수를 뿌린 손수건이 아닙니다. 이삭처럼 향수 냄새를 맡고 감동해서 설교한다면 그야말로 재앙이지요. 설교하기 전에 맛있는 음식을 배터지게 먹고 누군가 향수를 쏟아부은 손수건으로 입을 닦은 후에 감동을 받고 설교한다면 그것은 설교가 아니라 횡설수설입니다.

그렇다면 설교자의 영은 무엇으로 감동합니까? 설교를 듣는 교인들의 준비된 마음으로 감동합니다. '아, 이들의 마음이 정말 준비되었구나. 정말 말씀 듣기를 갈망하고 있구나' 하는 생각이 들 때, 그리고 그들이 부르는 찬양 속에 하나님을 향한 감사와 기쁨이 나타날 때, 대표 기도하는 사람이 아주 정직하고 겸손하게 하나님의 은혜를 간구할 때, 하나님의 영이 설교자 안에서 흥분하기 시작합니다. 특히 그 날 준비한 말씀이 정말 지금 앉아 있는 이들에게 주시는 새로운 말씀이며 하나님께서 오늘 이 말씀을 통해 이들을 축복하려 하신다는 뜨거운 확신이 들 때, 그의 영혼은 감동되기 시작합니다. 그래서 축복의 말씀이 나오는 것입니다. 교인들은 그냥 앉아서 설교를 듣는 게 아닙니다. 설교자를 돕고 있는 것입니다. 좋은 음식이나 향수로 돕는 것이 아니라, 하나님께서 사람을 통해 말씀하시도록 겸손한 자세를 가짐으로써 설교

 팥죽 한 그릇의 거래

자의 영을 흥분시키는 것입니다.

지금 이삭은 아들에게 많은 요구를 하고 있습니다. 음식을 가져오라, 포도주를 달라, 키스를 해 달라, 냄새 한번 맡아 보자, 이렇게 요구가 많아진 이유가 무엇입니까? 하나님의 감동이 그를 떠났기 때문입니다. 감동이 안 되는데 억지로 감동하려고 하니까 별별 수단을 다 쓸 수밖에 없는 것이고, 인간적인 방법으로 자기를 흥분시키려고 안타까울 정도로 애를 쓸 수밖에 없는 것입니다. 하나님의 성령이 충만하셨다면 아들이 들어오는 소리만 들어도 그의 영혼이 흥분했을 것입니다. 세례 요한의 어머니 엘리사벳의 경우, 마리아가 들어오는 조그마한 문 소리에도 흥분이 되어서 찬양과 축복이 터져 나왔습니다. 태중에 있는 아기까지 뛰었어요. 그런데 지금 이삭은 아무리 해도 감동이 안 되어서 아주 몸부림을 치고 있습니다. 설교 준비가 전혀 안 된 상태에서 감동적인 설교를 하려고 애를 쓰는 것과 똑같습니다.

그래서 이삭이 야곱을 축복한 내용을 보면 표현은 아름답지만 핵심을 전혀 찌르지 못하고 있습니다. 하나님의 말씀은 이렇지 않습니다. 하나님의 말씀은 좌우에 날 선 검이에요. 머뭇거리지 않습니다. 가슴 한복판을 바로 파고 들어갑니다. 지금 야곱은 헛된 노력을 하고 있는 것입니다. 영감이 전혀 없는 축복을 받기 위해 형의 옷을 입고 손에 염소 털까지 붙여 가면서 헛된 수고를 하고 있는 것입니다.

하나님의 축복에는 반드시 두 가지 내용이 들어갑니다. 하나는 많은 자손이고, 하나는 가나안 땅입니다. 이 두 가지가 빠지면 하나님의 축복이 아닙니다. 이 두 가지는 하나님의 나라를 가리키는 구약식 표현입니다. 다시 말하면 '하나님의 나라가 너를 통하여 이루어질 것이며 너는 그 나라를 이루는 데 중요한 역할을 하리라' 는 것입니다. 이것은 조상이 줄 수 있는 최고의 축복입니다. 어떤 목회자가 다음 목회자를 축복할 때 "하나님의 나라가 너를 통해 이루어질 것이며 너는 그 일에 중요한 역할을 할 것이다"라고 했다면 그 이상의 축복이 없습니다. 다시 말하면 그에게 하나님의 말씀이 임하며 성령의 감동이 떠나지 않으리라는 것이야말로 최고의 축복인 것입니다. 다른 엉뚱한 소리는 할 필요가 없습니다. 다른 축복은 저절로 따라오는 것입니다. 하나님의 성령이 임하면 이슬은 따라서 내리게 되어 있어요. 하나님의 말씀만 있으면 포도는 저절로 걷히게 되어 있습니다.

하나님 나라 주인공의 특징이 무엇입니까? 그에게 하나님의 말씀이 있고 성령의 감동과 역사가 있다는 것입니다. 그러면 이 세상의 모든 이목은 그 사람에게 집중되게 되어 있습니다. 소아시아를 보십시오. 누가 그런 곳에 관심을 두겠습니까? 그러나 그 곳에 말씀의 역사가 있고 성령의 역사가 있었을 때 요한은 계시록을 거기에서 썼고, 그 곳은 세계에서 가장 주목받는 곳이 되었습니다. 그러나 말씀과 성령의 역사가 떠나고 말씀의 촛대가 옮겨진 지금, 누가 그 회교 국가들을 찾아가고 있습니까? 터키에 서머나나 에베소, 사데 같은 교회가 있었다고 누가 생각이나 하겠습니까? 단지 옛 교회의 흔적을 찾아서 오는 관광객들만 있을 뿐입니다.

말씀이 있고 성령의 감동이 있는 곳이 역사의 중심지입니다. 지난번에 농촌에 갔을 때 저는 이렇게 설교했습니다. "여러분, 젊은이들이 농촌을 떠났다고 해서 실망하거나 낙심하지 마십시오. 만일 여러분 가운데 진정한 말씀의 역사가 있고 성령의 감동이 있으면 젊은이들이 다

시 농촌으로 돌아올 것입니다. 이 곳이 바로 역사의 무대가 될 것입니
다." 그러자 노인분들이 울면서 "아멘!" 했습니다. 여기저기 쫓아다닐
필요가 없습니다. 말씀과 성령의 역사가 있는 바로 그 곳이 역사의 중
심지입니다.

이런 축복이 제대로 된 축복입니다. 이 축복을 요즘 말로 표현하면
"너에게서 하나님의 풍성한 예언의 말씀이 그치지 아니하며 성령의
역사가 중단되지 않기를 축원한다"가 됩니다. 이 소리 저 소리 할 필
요가 없습니다. "들어가도 복을 받고 나가도 복을 받고 압력밥솥도 복
을 받고 냄비도 복을 받고……." 이런 소리 할 필요가 없어요. 그런데
이삭은 지금 무엇이라고 축복하고 있습니까?

"하나님은 하늘의 이슬과 땅의 기름짐이며
풍성한 곡식과 포도주로 네게 주시기를 원하노라.
만민이 너를 섬기고 열국이 네게 굴복하리니
네가 형제들의 주가 되고
네 어미의 아들들이 네게 굴복하며
네게 저주하는 자는 저주를 받고
네게 축복하는 자는 복을 받기를 원하노라"
(27:28, 29).

앞뒤가 완전히 다릅니다. 그가 진정으로 축복하려고 했던 내용은 앞
에 나오는 것들입니다. 그런데 뒤로 가면서 자기도 모를 소리를 하고
있습니다. 이삭이 처음에 아들에게 주려고 한 것은 하늘의 이슬과 땅

의 기름짐과 풍성한 곡식과 포도주였습니다. 왜 그는 이렇게 먹는 것이나 마시는 것으로 자식들을 축복하고 있습니까? 지금 이삭의 뱃속에 들어간 것들이 이런 것들이기 때문입니다. 축복이 별게 아니에요. 자기 뱃속에 들어간 것이 나오는 것입니다. 하나님의 은혜가 들어가면 은혜가 나오게 되어 있고, 포도주가 들어가면 포도주가 나오게 되어 있고, 욕이 들어가면 욕이 나오게 되어 있고, 텔레비전을 많이 보면 설교에서 드라마 이야기가 나오게 되어 있습니다. 지금 야곱의 뱃속에 들어간 것이 무엇입니까? 포도주와 요리입니다. 그러니까 그것이 나오는 겁니다.

그러나 뒤에 나오는 축복은 정말 하나님의 축복입니다. 이 때부터 하나님께서 이삭의 입을 주장하셔서 비록 잘못된 의도로 시작한 축복이기는 했지만, 강권적으로 악을 선으로 바꾸어 진짜 중요한 축복을 하게 하셨습니다. 그래서 처음에는 억지로 감동해서 축복했던 이삭이 나중에는 진짜 성령의 감동으로 자기도 알지 못하는 예언을 쏟아놓게 된 것입니다.

오늘 말씀이 우리들에게 깨우치는 일관된 교훈이 무엇입니까? 하나님의 감동이 우리를 떠나면 혼동이 온다는 것입니다. 눈뜬 장님처럼 다른 사람에게 속게 되고, 다른 사람의 발에 밟히게 된다는 것입니다. 그리스도인들은 끝장을 봐야만 그만두는 사람들이 아닙니다. 시작만 보아도 끝을 아는 사람들입니다. 그러나 하나님의 감동이 떠나면 끝장을 볼 때까지 깨닫지 못하고 엄청난 시행착오를 거듭할 것이며, 마침내 하나님의 은혜가 자기를 떠났다는 것을 깨달았을 때에는 감당할 수 없는 두려움과 공허함을 맛보게 될 것입니다.

또한 하나님의 말씀을 듣고 아는 것과 실제로 어려움 가운데서 하나님의 말씀을 믿는 것은 완전히 다른 것입니다. 야곱처럼 하나님의 말씀을 알기는 하지만 실제 상황에서 그 말씀을 주장하지 못하고 인간적인 방법과 속임수를 통해서 성취하려고 하면, 그 때부터 연단이 시작됩니다.

사랑하는 성도 여러분, 하나님의 영이 언제나 우리 안에서 충만하여 늘 진심으로 하나님의 은혜를 송축하도록 합시다. 메마른 심령으로 물건을 사고 팔면서 다른 사람과 싸우는 심정으로 찬송하지 말고, 정말 내 영혼이 흥분되어서 하나님을 찬양하도록 합시다. 억지로 감동을 짜내서 은혜를 끼치려 들면 입에서 세상적인 이야기만 나올 수밖에 없습니다.

야곱처럼 의미 없는 축복을 받기 위하여 온갖 속임수와 노력을 다하지 맙시다. 그것은 참으로 허탈한 짓에 불과한 것입니다. 우리 자신을 다시 한 번 하나님 앞에 낮추어 하나님께서 우리의 영혼을 흥분시키시도록, 말씀과 성령의 역사가 우리 삶에 충분히 나타나서 우리의 삶이 역사의 주무대가 되며 하나님의 나라를 온전히 성취하는 수단이 되도록, 우리의 마음을 열어 이 축복을 받아들입시다.

이삭이 야곱에게 축복하기를 마치매
야곱이 그 아비 이삭 앞에서 나가자
곧 그 형 에서가 사냥하여 돌아온지라.
그가 별미를 만들어 아비에게로 가지고 가서
가로되 "아버지여, 일어나서 아들의 사냥한
고기를 잡수시고 마음껏 내게 축복하소서."
그 아비 이삭이 그에게 이르되 "너는 누구냐?"
그가 대답하되 "나는 아버지의 아들,
곧 아버지의 맏아들 에서로소이다."
이삭이 심히 크게 떨며 가로되
"그런즉 사냥한 고기를 내게 가져온 자가 누구냐?
너 오기 전에 내가 다 먹고 그를 위하여
축복하였은즉 그가 정녕 복을 받을 것이니라!"
에서가 그 아비의 말을 듣고 방성대곡하며
아비에게 이르되 "내 아버지여, 내게 축복하소서,
내게도 그리하소서!" 이삭이 가로되
"네 아우가 간교하게 와서 네 복을 빼앗았도다."
에서가 가로되 "그의 이름을 야곱이라 함이 합당치
아니하니이까? 그가 나를 속임이 이것이
두번째니이다. 전에는 나의 장자의 명분을 빼앗고
이제는 내 복을 빼앗았나이다!" 또 가로되
"아버지께서 나를 위하여 빌 복을 남기지

아니하셨나이까?”
이삭이 에서에게 대답하여 가로되
“내가 그를 너의 주로 세우고 그 모든 형제를 내가
그에게 종으로 주었으며 곡식과 포도주를 그에게
공급하였으니, 내 아들아, 내가 네게 무엇을 할 수
있으랴?” 에서가 아비에게 이르되
“내 아버지여, 아버지의 빌 복이 이
하나뿐이리이까? 내 아버지여, 내게 축복하소서,
내게도 그리하소서!” 하고 소리를 높여 우니
그 아비 이삭이 그에게 대답하여 가로되
“너의 주소는 땅의 기름짐에서 뜨고 내리는 하늘
이슬에서 뜰 것이며 너는 칼을 믿고 생활하겠고
네 아우를 섬길 것이며 네가 매임을 벗을 때에는
그 멍에를 네 목에서 떨쳐 버리리라” 하였더라.

창 27:30-40

입시철만 되면 나라 전체가 진동을 하는 것 같습니다. 대학입학시험은 어느 정도 자격이 되기만 하면 누구나 다 치를 수 있는 것입니다. 그러나 정작 합격자 발표가 난 후에 대학에 입학할 수 있는 사람은 그렇게 많지 못합니다. 대학시험에서 떨어진 학생들의 가슴을 아프게 하는 것은 한 해를 기다려서 다시 시험을 쳐야 한다는 사실 그 자체보다, 이 세상에 태어나서 처음으로 다른 사람으로부터 거절당했다는 느낌일 것입니다. 지금까지는 자기가 하고 싶으면 하고 하기 싫으면 그만이었습니다. 모든 것을 내가 결정했습니다. 그러나 이제는 다른 사람이 나의 문제를 결정하기 시작합니다. 특히 내가 원하는 학과에 들어가기 위해 일 년 내내 모든 것을 포기하고 오직 입시 하나에만 매달렸는데 결국 거절당했을 때, 그 마음이 얼마나 허망하고 고통스러운지 모릅니다.

이러한 거절은 하나님 앞에서도 일어나고 있습니다. 우리가 예배드리러 올 때 우리의 앞길을 막고서 "당신은 예배드릴 수 없습니다"라고 막는 사람은 아무도 없습니다. 누구든지 다 와서 예배드릴 수 있습니

다. 그러나 교회에 와서 예배드린다고 해서 그 예배가 하나님 앞에서
도 그대로 받아들여지는 것은 아닙니다. 자기 나름대로 이 정도 봉사
하고 이 정도 예배를 드렸으면 충분히 하나님 앞에서 인정받을 수 있
을 것이라고 생각했는데, 막상 심판대 앞에 섰을 때 "너는 아니야" 하
면서 거절하신다면, 그 때의 허망함이란 말로 다 표현할 수가 없을 것
입니다. 나보다 신앙이 훨씬 못한 사람이나 나보다 봉사를 훨씬 안 한
사람도 하나님 앞에서 믿음을 인정받고 영생을 얻는데, 그보다 훨씬
더 뛰어나다고 생각해 온 내가 하나님 앞에서 거절당한다면 얼마나 놀
라고 분이 나겠습니까?

오늘 말씀에는 에서가 하나님의 축복으로부터 거절당하는 모습이
나오고 있습니다. 그가 이렇게 거절당한 것은 단순히 동생 야곱이 사
기를 쳐서 축복을 빼앗았기 때문이 아닙니다. 우리 앞에는 언제든지
하나님의 축복이 열려 있습니다. 그러나 누구나 그 축복을 받을 수 있
는 것은 아닙니다. 오늘 본문은 축복을 받으리라고 생각했던 수많은
사람들이 하나님의 심판대 앞에서 거부당하여 에서처럼 울며 이를 갈
면서 돌아가게 될 것을 보여 주고 있습니다.

이것은 에서뿐 아니라 유대인들에게도 성취된 말씀입니다. 유대인
들은 자신들이 당연히 하나님의 나라에 들어갈 수 있으며 아브라함의
품에 안길 수 있다고 믿었습니다. 그러나 예수님은 그들이 거절당할
것이고, 오히려 수많은 이방인들이 그 나라를 차지하는 것을 보면서
슬피 울며 이를 갈리라고 말씀하셨습니다. 오늘 우리들도 마찬가지입
니다. 교회 안에서 신앙이 좋다고 생각하던 수많은 사람들이 하나님의
심판대 앞에서 거절당한 채 지옥에 빠질 것입니다. 그리고 자기보다

 팥죽 한 그릇의 거래

훨씬 신앙이 못하다고 생각했던 사람들이 하나님께 영접받고 영생을 얻는 것을 보면서, 오늘 에서처럼 울면서 몸부림치며 고통받을 것입니다.

1. 이삭에게 임한 두려움

이삭은 지금까지 모든 일이 잘 진행되는 줄 알고 기분좋아했습니다. 그런데 어느 한순간, 그의 마음 속에 엄청난 두려움이 엄습해 오기 시작했습니다. 자기는 분명히 에서를 축복하고 돌려보냈는데 또 다른 에서가 아버지의 축복을 받겠다고 들어온 것입니다. 이삭은 분명히 몇 번씩 확인을 했습니다. 손도 만져 보았고 옷 냄새도 맡아 보았고 누구냐고 물어도 보았습니다. 그리고 나서 축복을 했는데, 또 다른 에서가 들어와서 음식을 먹고 축복해 달라는 것입니다.

아마도 야곱이 복을 받고 나간 시간과 에서가 사냥물을 잡아 가지고 돌아온 시간이 거의 일치했던 것 같습니다. 27장 30절을 보십시오.

> 이삭이 야곱에게 축복하기를 마치매 야곱이 그 아비 이삭
> 앞에서 나가자 곧 그 형 에서가 사냥하여 돌아온지라.

에서가 집에 돌아온 시간은 야곱이 복을 가로채고 나간 지 오랜 시간이 지난 후가 아니었습니다. 야곱이 복을 받고 나가자마자 돌아왔습니다. 이것을 보면 에서가 아버지의 축복을 받기 위해 얼마나 최선을

다했는지 알 수 있습니다. 그는 지금까지 사냥하던 것과는 달리 사력을 다하여 사냥을 했고 그 잡은 것을 가지고 급히 집으로 돌아왔습니다. 어쩌면 뛰어왔을지도 모르겠습니다. 그가 조금만 더 빨리 왔더라면 자기 옷을 입고 아버지 방에 있는 야곱을 볼 수도 있었을 것입니다. 그러나 아주 짧은 한순간의 차이로 그의 모든 축복은 날아가 버리고 말았습니다.

또 다른 에서가 복을 받겠다고 들어왔을 때 이삭이 그토록 심하게 떨면서 놀란 이유는 어디에 있습니까?

이삭이 심히 크게 떨며 가로되
"그런즉 사냥한 고기를 내게 가져온 자가 누구냐?
너 오기 전에 내가 다 먹고 그를 위하여 축복하였은즉
그가 정녕 복을 받을 것이니라!"(27:33)

이삭은 왜
떨었는가?

이삭은 그냥 보통으로 놀란 것이 아닙니다. "심히 크게 떨며"라는 것은 모든 정신이나 감정이 무너져 내릴 정도로 크게 놀라는 것을 가리킵니다. 그런 것을 '공황'이라고 합니다. 이삭은 너무 놀라서 감정과 의지가 완전히 무너져 내렸습니다.

그는 왜 이렇게 놀란 것입니까? 단지 야곱에게 속았기 때문이 아닙니다. 아들이 너무나 교묘하게 속이는 바람에 깜빡 속아넘어가 축복했다는 것 때문에 이렇게 놀라는 것이 아니에요. 아들을 축복하는 것은 이삭의 마지막 중요한 사명이었고, 하나님 앞에서 그가 할 수 있는 최고의 일이었습니다. 그런데 바로 이 일에 속임수가 끼어들었고, 하나님 앞에서 아들이 자기를 버젓이 속일 수 있었으며, 그런데도 하나님께서 아무 말씀도 하지 않으신 것입니다. 이삭은 지금까지 하나님께서 자기와 함께하시는 줄 알았습니다. 그런데 정신을 차리고 보니 그렇지가 않았습니다. 그는 하나님께서 자기를 버리고 떠나셨다는 것을 깨달았습니다. 그러자 엄청난 두려움이 몰려오기 시작했습니다.

예를 들어 봅시다. 어떤 여자가 처음으로 자전거 타는 것을 배우고 있습니다. 뒤에서 친구가 "꽉 잡아 줄 테니 걱정하지 말고 가" 해서 열심히 페달을 밟다가 뒤를 돌아보니 친구가 없습니다. 자전거는 내리막 길로 내려가고 있는데 뒤에서 잡고 있을 줄 알았던 친구가 없는 것입니다. 그럴 때 심정이 "심히 크게 떨며"입니다. 또 아빠가 옆에 있는 줄 알고 버스에서 잠이 든 아이가 잠을 깨 보니 아빠가 없습니다. 밖은 깜깜하고 여기가 어디인지 알 수가 없습니다. 그럴 때 아이들은 "심히 크게 떨며" 두려워합니다.

이삭은 지금까지 하나님이 자신과 함께하신다고 생각했습니다. 모든 일이 하나님의 뜻대로 잘되고 있다고 생각했어요. 그런데 갑자기 하나님이 자신과 함께하시지 않으며 자신을 버리고 떠나셨다는 깨달음이 오면서, 엄청난 두려움이 마음을 엄습해 왔습니다. 신앙이 있는 사람들은 모든 것을 신앙적으로 해결하려고 합니다. 그리고 자기 나름대로는 하나님의 축복으로 일이 잘되고 있다고 생각합니다. 그래서 누가 "요즘 어떻게 지내십니까?" 하고 물어 보면, "주님의 축복으로 잘 지내고 있습니다"라고 대답합니다. 그런데 어느 한순간 이것이 주님의 축복이 아니라는 것, 지금 자기는 브레이크가 고장난 차를 타고 있다는 것을 알게 된다면, 그 순간 얼마나 큰 두려움이 찾아오겠습니까?

그리스도인들이 이 세상에서 두려움을 느끼는 경우가 여러 가지 있습니다. 그 중에 하나는 자신의 힘으로 도저히 감당할 수 없는 어려움에 부딪쳤을 때입니다. 예를 들어 아브라함이 아내 사라를 바로에게 빼앗겼던 경우가 여기에 해당합니다. 자신이 가지고 있는 믿음이 이 세상의 악한 자들과 힘을 가진 권력자들 앞에서 철저하게 무력해 보일 때, 그리스도인들은 두려워하고 절망하지 않을 수 없습니다. 그럴 때 우리가 할 수 있는 일은 기도밖에 없습니다. 특히 금식기도는 굉장한 힘을 발휘합니다. 악의 세력이 너무나도 강해서 나의 작은 믿음으로 도저히 감당할 수 없을 때, 우리는 금식하면서 주님의 이름을 부릅니다. 그러면 주님께서 반드시 함께해 주십니다.

가장 두려운 것 그런데 이보다 더 두려운 경우가 바로 이삭의 경우입니다. 이제 모든 영적 싸움은 끝났다고 생각했습니다. 모든 일이 하나님의 뜻대로 다 잘 진행되고 있다고 믿었습니다. 그런데 실제로는 하나님이 함께하시지 않으며 자기를 떠나셨다는 것을 알게 될 때, 엄청난 두려움이 몰려오게 되어 있습니다. 이삭은 분명히 에서를 축복했는데 또 에서가 들어왔습니다. 이것이 어떻게 된 일입니까? 무엇이 잘못되어도 아주 크게 잘못된 것입니다. 하나님께서는 분명히 보고 계셨고 알고 계셨습니다. 그런데도 한마디도 하지 않으셨다는 것은 무엇을 의미합니까? 한번 당해 보라는 것입니다. 한번 짓밟혀 보라는 것입니다. 이삭은 그것을 알았습니다. '하나님께서 나를 짓밟고 계시는구나. 하나님께서 나를 버리셨구나. 그래서 내가 이토록 조롱당하고 있는 것을 알고 계시면서도 아무 말씀 하지 않으셨구나' 하는 것을 알았습니다. 그 순간 이삭에게는 굉장한 두려움이 몰려왔습니다. 그는 아주 넓은 광야에 혼자 버림받은 것 같았습니다.

그러나 이삭은 역시 이삭입니다. 다른 사람들 같았으면 즉시 야곱을 불러서 야단을 치면서 그에게 주었던 축복을 취소하고 에서를 축복하려 들었을지도 모릅니다. 또 야곱이 호락호락 잡히지 않고 어딘가 숨어 있다면 그를 저주하면서 모든 책임을 뒤집어씌우려 들었을지도 모릅니다. 그러나 이삭은 그렇게 하는 대신 하나님의 말씀을 붙들었습니다. 이 곤경에서 빠져 나갈 수 있는 유일한 길은 하나님의 말씀을 붙잡는 것밖에 없었습니다.

이삭은 야곱의 축복을 무효화하지 않고 하나님의 뜻대로 야곱을 축복하고 에서를 저주함으로써 마지막 순간에 말씀을 붙들었습니다. 그는 에서에게 "너 오기 전에 내가 다 먹고 그를 위하여 축복하였은즉 그가 정녕 복을 받을 것이니라!"고 말했습니다. 자기가 비록 속아서 축복했다 하더라도 하나님의 축복은 취소될 수 없으며 야곱은 복을 받을 수밖에 없다고 선언한 것입니다. 이것이 이삭의 믿음입니다.

때로 우리의 삶에 무언가 크게 잘못되었다고 생각될 때가 있습니다. 그 때 어떻게 해야 합니까? 마치 브레이크가 고장난 차처럼 돌진하고 있을 때 어떻게 해야 합니까? 다른 방법이 없습니다. 지금까지 알면서 순종하지 않고 있던 그 말씀에 빨리 순종하는 수밖에 없습니다. 다른 사람은 몰라도 자기는 압니다. 내가 버려야 하는데 버리지 않고 아직까지 움켜쥐고 있는 것이 무엇인지 알아요. 그것을 빨리 포기하고 저주하고 물리쳐야 합니다. 이삭의 경우에는 에서에 대한 애착을 포기하고 그를 저주하며 야곱을 축복함으로써 하나님의 말씀이 성취되게 하는 것만이 이 위기에서 벗어날 수 있는 유일한 길이었습니다.

하나님께서 모세를 불러서 다시 애굽으로 가게 하셨을 때, 중간에 있는 숙소에서 그를 죽이려고 하셨습니다. 아마도 갑자기 고열이 났거나 심장마비 증세가 나타난 것 같습니다. 그 때 모세의 부인 십보라가 어떻게 했습니까? 그 때까지 미루고 있던 할례를 자식들에게 행한 다음, 할례한 것을 남편에게 던지면서 "당신은 참으로 내게 피 남편이로다!"(출 4:25)라고 소리를 질렀습니다. 그리고 모세는 살아났습니다. 무슨 뜻입니까? 십보라는 모세가 자식에게 할례 행하는 것을 반대했습니다. 십보라는 목청이 큰 여자입니다. "당신이 우리 집에 와서 한 것이 뭐가 있다고 애한테 피를 흘리게 해요? 절대 안 돼요"라고 반대했습니다. 그런데 남편이 갑자기 죽게 되자 '내가 할례를 반대했기 때문에 남편이 죽어가고 있구나' 하는 생각이 든 것입니다. 그래서 재빨리 차돌을 취해서 아들에게 할례를 행하고 그 할례 행한 것을 남편에게 집어던졌습니다. 십보라는 피를 보기 싫어했습니다. 그런데 이 남편은 결국은 피를 보게 하는 남편이라는 뜻에서 '피 남편'이라고 부른 것입니다.

　　하나님을 믿는다고 하면서도 실제로는 자신의 꾀를 믿고 자기 계산을 가지고 살아갈 때, 하나님이 갑자기 찾아오시는 순간이 있습니다. 집에 도둑이 들 수도 있고 아이가 갑자기 고열이 날 수도 있습니다. 물론 사람이 살다 보면 도둑이 들 수도 있지요. 그런데 그 때 정도 이상으로 두려움이 몰려온다면, 그 도둑은 그냥 도둑이 아니라 하나님의 중요한 사인(sign)입니다. 또 아이를 키우다 보면 열이 날 수도 있습니다. 그런데 아이가 열이 나는 걸 볼 때 갑자기 어떤 죄가 생각나면서 굉장히 두려워지고 마치 하나님이 치시는 것처럼 느껴진다면, 그 고열은 하나님의 사인입니다. 또한 갑자기 위통이 일어나 땅바닥에 마구 뒹굴게 되거나 큰 착오가 생겨서 지금까지 세워 놓은 모든 계획이 수포로 돌아갈 때, 하나님이 나를 짓밟고 계시다는 것을 알아야 합니다. "네가 어디 감히 나를 함부로 이용하고 있느냐? 정신 차려!" 하시는 그 소리를 들어야 합니다. 그럴 때 우리가 할 수 있는 일은 빨리 결단을 내리고 하나님의 말씀으로 돌아오는 것입니다.

이삭은 자기에게서 복을 받고 간 아들 야곱이 그냥 야곱이 아니라는 것을 알았습니다. 그는 하나님의 사자였습니다. 물론 조금 전에 축복을 받고 간 사람은 분명히 작은아들입니다. 그런데 이삭에게는 그렇게 느껴지지 않았습니다. 야곱이 들어왔다가 나간 그 순간, 그는 완전히 무방비 상태에 있었습니다. 누군가 자기를 해치려면 얼마든지 해칠 수 있는 위기의 순간이었습니다. '이건 야곱이 아니다. 죽음의 사자가 들어왔다가 나간 것이다!' 이삭은 두려워 떨며 빨리 결단을 내립니다. 즉 자기가 여태껏 고집스럽게 붙들고 있던 에서를 저주하고 야곱의 축복을 인정함으로써 이 위기에서 벗어나고 있는 것입니다.

사울 왕에게도 그런 때가 있었습니다. 사울 왕은 다윗을 죽여야 자기의 왕위가 안전하다는 생각에 계속 다윗을 추격했습니다. 그런데 그 와중에 완전히 무방비 상태에 있었던 순간이 있었습니다. 주위에 있는 용사들이 전부 다 잠에 곯아떨어진 사이에 다윗이 들어와 아무도 모르게 물병과 창을 가져갔던 것입니다. 경호에 구멍이 뚫린 순간이었습니다. 이것이 무엇입니까? 하나님께서 "사울, 너 까불면 죽는다. 네가 아무리 다윗을 죽이려고 쫓아다녀도 이렇게 경호가 뚫리는 순간이 있잖아" 하시는 것입니다. 그러나 사울은 그것을 깨닫지 못했습니다. "재

빨리 말씀으로
돌아오라

수가 좋구나. 다행이다. 식은땀이 다 나네” 하면서 또 추격을 했어요. 그 결과가 무엇입니까? 하나님의 은혜가 그를 완전히 떠나서 정신병자가 된 것입니다.

우리 자신의 삶을 살펴봅시다. 사실 우리는 하나님을 의지하기보다는 자신의 계산을 가지고 살아갑니다. 그런데 어느 한순간 갑자기 예기치 못한 돌발 사태가 일어납니다. 그것은 내가 지금 잘못된 길을 가고 있으며 전적으로 무방비 상태에 있다는 것을 깨닫게 하시는 사인입니다. 그럴 때는 자존심이나 돈 계산 같은 것이 필요 없습니다. 곧바로 기도해야 합니다. “내가 이걸 포기하면 얼마나 손해를 보는데……” 하면서 미적거리면 죽는 것입니다. 포기하지 않고 계속 다윗을 쫓아가다가 미쳐 버린 사울을 기억하십시오.

인생의 계획이 내 뜻대로 되지 않습니까? ‘내가 하나님과 동행하는 줄 알았더니, 사실은 나와 함께하지 않으시는구나. 내가 이대로 계속 가면 죽겠구나’ 하고 생각하십시오. 그리고 빨리 정신을 차려서 돈 손해 보는 것이나 자존심을 다 버리고 말씀으로 돌아와야 합니다. 내가 붙들고 있던 것을 저주하고 하나님의 말씀으로 돌아와야 합니다.

2. 에서의 태도

에서의 통곡　　아버지 이삭은 야곱이 축복을 받고 나간 후에 그 축복은 돌이킬 수 없는 것이라고 단정지어서 말했습니다. 그러자 에서는 어린아이처럼 방성대곡하면서 자기도 축복해 달라고 떼를 썼습니다. 34절을 보십시오.

에서가 그 아비의 말을 듣고 방성대곡하며
아비에게 이르되 "내 아버지여, 내게 축복하소서,
내게도 그리하소서!"

인간적으로 생각하면 에서가 참 이해가 됩니다. '야곱 나쁜 놈, 에
서가 한때는 장자권의 소중함을 몰랐지만 이제는 은혜를 받으려고 이
렇게 애를 쓰는데 속임수로 빼앗다니!' 하는 생각이 들지도 모르겠습
니다. 그러나 좀더 깊이 들어가 보면 에서가 얼마나 교만한 자인지가
드러납니다.
　이삭은 야곱에 대해 이렇게 말하고 있습니다.

이삭이 가로되 "네 아우가 간교하게 와서
네 복을 빼앗았도다"(27:35).

이 말 속에는 두 가지 의미가 있습니다. 첫째는 야곱이 정말 기가 막
힐 정도로 머리가 좋다는 뜻입니다. 그리고 다른 한편으로는 '그래도
그 축복은 원래는 너의 것이었다' 는 위로의 뜻이 들어 있습니다. 우리
는 이 말을 들을 때 이삭이 하나님의 말씀으로 돌아오기는 했지만 하
나님의 진리를 아직 완전히 깨닫지 못하고 있으며 여전히 모호한 가운
데 순종하고 있다는 것을 알게 됩니다. 이런 모호한 태도가 에서가 회
개할 수 있는 마지막 기회를 놓치게 만들고 있습니다.

이삭의
모호한 순종

그렇다면 이삭은 어떻게 말했어야 합니까? "참으로 모든 것이 묘하구나. 나는 하나님의 말씀에 불순종하고 억지로 너에게 축복을 주려고 했는데, 일이 어찌 되었는지 모르겠지만 그 축복은 마땅히 가야 할 자에게 가고 말았다. 아들아, 원래 그 축복은 너의 것이 아니었다. 너와 나는 잘못 생각하고 있었어. 이제 모든 것이 제대로 되었으니, 더 이상 울고불고하지 말고 동생을 축복해 주자. 그리고 우리가 그 마음에 고통을 준 것을 사과하자." 이렇게 말했다면 두 아들을 다 살렸을 것입니다.

그러나 이삭은 여전히 야곱에 대하여 서운한 감정이 있었습니다. "그놈 참 교활한 놈이야. 하나님의 축복을 바꿀 수는 없지만 그건 원래 에서 네 것이다. 나쁜 놈 같으니라구." 이 말을 들은 에서는 더 기고만장해서 매달렸습니다. 36절을 보십시오.

> 에서가 가로되 "그의 이름을 야곱이라 함이 합당치
> 아니하니이까? 그가 나를 속임이 이것이 두번째니이다.
> 전에는 나의 장자의 명분을 빼앗고 이제는 내 복을
> 빼앗았나이다!" 또 가로되 "아버지께서 나를 위하여
> 빌 복을 남기지 아니하셨나이까?"

이삭과 에서가
몰랐던 것

성경에서 야곱에 대한 부분을 다루기가 어려운 이유는 이렇게 인간적인 요소와 하나님의 뜻이 섞여 있기 때문에 도대체 어디까지가 하나님의 뜻이고 어디까지가 인간의 계략인지 구분하기가 굉장히 어렵다는 데 있습니다. 지금 이삭과 에서가 다 함께 잘못하고 있는 것이 무엇

 팥죽 한 그릇의 거래

입니까?

　사람은 외모를 보지만 하나님은 중심을 보십니다. 이삭이 에서와 야곱의 외모를 볼 때에는 에서가 야곱보다 훨씬 더 뛰어났습니다. 털만 많은 게 아닙니다. 좀 미련해서 그렇지, 야곱보다 인간성이 좋습니다. 이삭이 보기에는 에서가 당연히 하나님의 복을 받아야 합니다. 그러나 하나님 앞에서는 그렇지가 않았습니다. 하나님 앞에서는 둘 다 복을 받기에 합당치 않았습니다. 그럼에도 불구하고 하나님은 야곱을 택하셨습니다.

　야곱이 하나님을 노래하고 기뻐하는 이유가 무엇입니까? 전혀 하나님의 축복을 받을 자격이 없는 자기에게 그 복이 돌아왔기 때문입니다. 하나님 앞에서 스스로 복을 받기에 합당하다고 여기는 사람은 복을 받을 자격이 전혀 없는 사람입니다. 하나님께서는 그런 식으로 축복을 주시지 않습니다. 하나님은 똑똑한 사람을 더 똑똑하게 만드시는 분이 아닙니다. 정말 이 세상에서 버림받은 자를 변화시켜서 하나님 자신을 나타내시는 분입니다.

　이삭은 사람을 보는 데에서 실수하고 있습니다. 사무엘도 그런 적이 있었습니다. 기름을 붓기 위해 이새의 집을 방문했을 때, 그는 다윗의 형들을 보고 완전히 반해 버렸습니다. 그래서 기름병을 꺼내려고 만지작거리는데 하나님께서 뭐라고 하셨습니까? "너는 사람의 겉모습을 보지만 나는 그들의 중심을 본다. 나는 이미 그들을 버렸다"는 것입니다. 그리고 들에서 양을 치고 있는 막내에게 기름을 부어 이스라엘의 왕을 삼게 하셨습니다.

　우리가 아마 오늘 이 시대에 교회에서 에서와 야곱이 함께 예배드리는 모습을 보게 되었다면 당연히 에서가 하나님의 택함받은 자라고 생각했을 것입니다. 그러나 하나님의 뜻은 다른 데 있었습니다. 사람들은 에서의 남성다움에 점수를 주고 있었지만 하나님께서는 이미 에서를 버리셨습니다. 에서는 자기 열심으로 축복을 받을 수 있다고 생각했습니다. 자기가 이렇게 뛰어다니며 사냥을 했고 이렇게 아버지에게 복을 간구하고 있으니 복을 받는 게 당연하다는 것입니다. 그러나 하나님의 축복은 노력으로 얻는 것이 아닙니다. 오직 은혜로 얻는 것입니다.

유대인들의
오해 우리는 에서에게서 유대인들의 모습을 볼 수 있습니다. 그들은 자기들이 가지고 있는 율법의 열심으로 당연히 구원받을 수 있다고 생각했습니다. 그들은 열심히 금식을 하고 열심히 헌금을 바치면서 아침부터 저녁까지 종교적인 분위기에서 살았습니다. 그들은 스스로 '하나님께서 나를 구원하시지 않으면 도대체 누구를 구원하시겠는가? 이렇게 열심도 많고 재주도 많고 똑똑하고 열심히 봉사하는 나를 구원하시는 게 당연하지' 라고 생각했습니다. 그러나 하나님께서는 유대인들을 버리셨습니다. 그리고 그들보다 재주도 없고 성경적인 지식도 없고 금식도 하지 않았지만 하나님의 은혜에 감격해하며 기쁨으로 나오는 이방인들을 축복하기를 기뻐하셨습니다.

이것은 오늘 우리들에게도 그대로 적용됩니다. 하나님께서 우리에게 원하시는 것은 종교적인 열심이 아닙니다. 하나님은 집에 모셔 놓은 채 혼자 오만 군데 다 쫓아다니면서 봉사하는 것이 아닙니다. 하나님께서는 나의 삶 속에 들어오셔서 일하기 원하십니다. 하나님께서는 자기 멋대로 뛰어다니는 똑똑한 에서를 버리셨습니다. 이삭은 이 아들을 그토록 훌륭하게 생각했지만 하나님은 전혀 쓸모없는 자로 생각하셨습니다. 그의 마음에는 하나님이 들어갈 여지가 없었기 때문입니다.

우리는 하나님 앞에서 나의 믿음이 거절당할 수 있다는 것을 생각해야 합니다. 하나님 앞에서 거절당하지 않는 사람은 어떤 사람입니까? 자기에게는 자랑할 것이 하나도 없다는 것을 깨닫는 사람입니다. 자기가 잘나서 하는 것은 하나도 없으며 모든 것이 하나님께로부터 왔다는 것을 인정하면서 전적으로 감사하는 마음으로 나오는 그 사람을 하나님은 받아 주십니다. 그렇지 않고 자기는 당연히 축복을 받을 자격이 있으며 자기가 하는 일은 무조건 잘되어야 한다고 생각하는 사람은 심한 자기 도취에 빠져 있는 것입니다.

오늘날 사람들은 머리만 좀 좋으면 그렇게 다른 사람들을 업신여길 수가 없어요. 수학 문제 하나 풀어 놓고 자기도 깜짝 놀라면서 '어떻게 이런 머리가 다 있을까?' 하고 감탄합니다. 또 어떤 사람들은 자기에게 예술적인 재능이 있는 것을 보면서 '어떻게 이렇게 재주 좋은 사람이 다 있을까? 하나님은 정말 행복하시겠네' 하고 놀랍니다. 에서는 지금 아버지에게 축복해 달라고 조르면서 자기 자신에게 놀라고 있습니다. '나도 이럴 때가 다 있네. 울고 데굴데굴 뒹굴면서 이렇게 복을 구하다니 나도 굉장해. 정말 굉장한 열정이야.' 그러나 하나님은 비웃으십니다.

하나님은 눈에 보이지 않기 때문에 사람들은 종교를 통해 자기 도취에 빠질 가능성이 가장 큽니다. 기도를 하다가 세시간째가 되면서부터는 자기도 놀라기 시작합니다. '드디어 세시간을 넘겼어! 정말이지 대단한 열정이야. 이렇게 기도하는 사람을 두고 계시다니, 하나님은 복

도 좋으셔.’ 그러나 하나님은 비웃으십니다. 기독교에서 가장 못된 사
람은 자기는 다른 사람들과 질이 다른데 ‘어울려 준다’고 생각하는 사
람입니다. 예배를 드리고 나오면서 자기가 놀라요. ‘내가 지금 몇 주
째 안 빠지고 나와 주고 있잖아. 아무래도 나는 신앙이 너무 좋은 것
같아. 하나님도 나한테 고맙다고 해야 해.’ 그러나 하나님은 비웃으십
니다.

　에서의 특징이 무엇입니까? 철저한 자기 도취입니다. 에서가 보기
에는 모든 것이 자기 것입니다. 야곱의 축복도 원래 자기 것입니다. 반
면에 하나님의 은혜를 받는 사람의 특징은 이런 자기 도취의 영역이
철저하게 깨졌다는 데 있습니다. 가장 구역질나는 것이 신앙 안에서
자기 자신이 도취해 버리는 것입니다. 왕자병이니 공주병이니 하는 것
이 다 이 에서에게서 나온 것입니다. 이렇게 자기 도취에 빠진 사람들
은 다른 사람들이 잘되는 것이 이해가 안 됩니다. 자기가 잘못되는 것
도 이해가 안 됩니다. 다른 사람들은 얼마든지 잘못되어도 되고 자기
는 무조건 잘되어야 한다고 생각하는 것이 인간의 교만이요 에서의 본
성입니다. 자기는 잘못되고 남은 복받을 때 방성대곡하면서 자기도 거
기에 끼워달라고 떼를 쓰는 것, 이것이 에서의 기질입니다.

　하나님의 은혜를 받을 수 있는 유일한 조건은 열심이 아니라 겸손입
니다. 야곱이 축복을 받았다고 해도 앞으로 겸손하게 만들어지기까지
는 단지 약속으로 남아 있을 뿐입니다. 기독교는 굉장히 위험한 요소
를 가지고 있습니다. 공산주의자들이 “종교는 마약”이라고 한 것은 바
로 이 부분을 보았기 때문입니다. 오늘날 얼마나 많은 사람들이 신앙
안에서 자기 기분을 내고 자기 도취에 빠져 있습니까? 얼마나 많은 사

람들이 하나님의 사랑을 도용하여 자기 자신을 축복받기에 합당한 사람으로 여기고 있습니까? 그러나 하나님 앞에 자신을 겸손히 낮추지 않는 자는 교회에서는 용납될지 몰라도 하나님의 존전에서는 거절당할 것입니다.

저도 한동안 그런 도취에 빠진 적이 있었습니다. 특히 현실과 이상이 잘 일치되지 않을 때 자기 도취에 빠지기 쉽습니다. 그런데 하나님께서 저의 눈을 밝혀 주셨을 때 정말 이 세상에서 가장 형편없는 사람이 바로 나 자신이라는 것을 알게 되었습니다. 하나님께서 우리를 더 낮추어 주시기를 바랍니다. 그래서 우리 모두가 교회 안에서 다른 사람들에게 인정받는 것이 하나님 앞에서 인정받는 것과 다를 수 있다는 것, 사람은 외모를 보지만 하나님은 중심을 보신다는 것을 깨닫게 되기를 바랍니다. 나의 삶이 정말 하나님의 것이라는 사실을 인정하며 어떤 처지에 처해 있든지 하나님을 높이고 싶은 것, 그것이 하나님의 은혜 안에 있다는 증거입니다.

교회는 이삭과 같습니다. 얼마든지 사람을 잘못 볼 수 있습니다. 마치 이삭이 에서를 위로하려고 애쓴 것처럼, 교회도 하나님께서 축복하기 기뻐하시지 않는 사람을 붙들고 위로함으로써 마지막으로 회개할 기회를 놓치게 할 때가 있습니다. 그러나 하나님은 그렇게 하시지 않습니다. 하나님은 실수하시는 법이 없습니다. 나중에 가장 정확하게 사람들을 나누실 것입니다.

여러분, 하나님이 우리를 더 낮추시게 합시다. 내 안에 선한 것이 하나도 없으며 지금 내가 즐기고 있는 종교적인 자기 도취, 내가 다른 사람보다 낫다고 생각하는 이 교만이 하나님 앞에서 얼마나 역겨운 것인지, 하나님이 나를 구원으로 부르셨음에도 불구하고 아직도 머뭇거리면서 욕심을 내고 있는 이것이 얼마나 추악한 함정인지 깨닫기를 바랍니다.

3. 하나밖에 없는 축복

오늘 성경을 보면 이삭이 하나님의 모든 뜻을 명확하게 깨닫고 있었던 것은 아니지만, 그래도 한번 축복한 것은 어떤 일이 있어도 취소될 수 없다는 것만큼은 믿고 있었던 것을 알 수 있습니다. 이삭은 37절에서 에서에게 이렇게 말하고 있습니다.

이삭이 에서에게 대답하여 가로되
"내가 그를 너의 주로 세우고
그 모든 형제를 내가 그에게 종으로 주었으며
곡식과 포도주를 그에게 공급하였으니,
내 아들아, 내게 네게 무엇을 할 수 있으랴?"

이삭은 야곱에게 모든 축복을 다 주었기 때문에 더 이상 에서에게 줄 축복이 없다고 대답하고 있습니다. 그 자신도 어떻게 해서든지 에서를 축복하고 싶지만 주인이 되는 축복과 곡식과 포도주의 축복까지 이삭에게 이미 다 주었으니 무엇을 줄 수 있겠느냐고 반문합니다. 우리는 축복이 꼭 이런 것밖에 없겠느냐는 생각을 할 수 있습니다. 에서도 바로 그 점을 지적하고 있습니다.

에서가 아비에게 이르되
"내 아버지여, 아버지의 빌 복이 이 하나뿐이리이까?
내 아버지여, 내게 축복하소서, 내게도 그리하소서!"
하고 소리를 높여 우니(27:38).

그러나 이삭은 에서의 요구를 완강하게 거부합니다. 비록 그 표현
방식은 이 세상의 복의 형식을 취했다 해도, 실상은 하나님 앞에서 머
리가 되는 축복이었기 때문입니다. 머리는 여러 개가 될 수 없습니다.
이삭의 축복은 수많은 축복 중에 몇 가지를 주는 것이 아니라 누구를
통하여 하나님의 구원이 이루어지고 누구를 통하여 성령의 역사가 이
루어지며 누구를 통하여 하나님의 나라가 임하느냐 하는 것이었습니
다. 머리가 되는 이 축복은 나누어 줄 수가 없는 것입니다.

이 축복의 내용을 보면 하늘에서 내리는 이슬과 땅의 풍성한 곡식과
포도주의 축복에 대한 이야기가 나옵니다. 이것은 하나님께서 우리에
게 구원을 주실 때 단지 영혼만 구원해 주시는 것이 아니라 그 뒤에 반
드시 풍성한 삶을 주신다는 것을 보여 줍니다. 구원이라는 것은 예수
를 믿은 후에 모든 것을 버리고 고행하는 삶을 사는 것이 아닙니다. 그
뒤에 반드시 풍성한 삶이 오게 되어 있습니다. 주님을 붙들면 새로운
가정을 주십니다. 주님을 붙들면 새로운 직업을 주십니다. 주님을 붙
들면 새로운 관계를 형성해 주십니다. 이것이 하늘에서 내리는 이슬과
땅의 풍성한 곡식과 포도주로 표현되고 있는 것입니다.

39절과 40절에서 이삭은 에서를 저주하고 있습니다.

그 아비 이삭이 그에게 대답하여 가로되 "너의 주소는
땅의 기름짐에서 뜨고 내리는 하늘 이슬에서 뜰 것이며
너는 칼을 믿고 생활하겠고 네 아우를 섬길 것이며
네가 매임을 벗을 때에는 네 목에서 그 멍에를 떨쳐
버리리라" 하였더라.

에서에게
내린 저주

이삭은 에서를 무섭게 저주하고 있습니다. 그는 기름진 땅에서 살지 못할 것이며 그가 있는 곳에는 이슬도 내리지 않을 것입니다. 따라서 농사가 잘되지 않기 때문에 결국에는 칼을 믿고 남의 것을 강탈하면서 살게 될 것입니다. 더욱이 에서는 야곱의 종이 되어 그를 섬길 것이며, 그 끈이 약간 느슨해지면 멍에를 목에서 떨쳐 내고 도망칠 것이라고 말합니다.

결국 에서의 삶의 특징은 무엇입니까? 불안정의 연속입니다. 억지로 신앙생활 하는 것입니다. 억지로 교회에 붙잡혀 와 있다가 돈 벌 기회가 생기거나 세상에 나갈 기회가 생기거나 어떤 약속이 생기면, 기쁨으로 멍에를 떨쳐 버리고 교회에 오지 않는 것입니다. 어떤 사람은 주일에 약속이 없는 것을 굉장히 애석하게 생각합니다. "왜 오늘은 결혼식도 없고 계도 없는 거야? 할 수 없이 교회나 가야겠네." 이러면서 억지로 와요. 물론 에서에 대한 예언은 문자적으로도 성취되어서 그 자손들은 건조하고 메마른 돌산에서 살게 되었고, 칼로 남의 것을 노략하며 살게 되었습니다. 그리고 한때 이스라엘의 속박을 받았지만 결국은 그 멍에를 떨쳐 버리고 독립했습니다.

그러나 이삭의 이 예언은 단지 에서만 가리키는 것이 아닙니다. 하나님의 은혜에 가장 가까이 있으면서도 변화되지 않는 사람, 누구보다 말씀에 가까이 있으면서도 하나님의 은혜에 매이지 않고 자기 욕심대로 사는 사람을 가리킵니다. 이런 사람들은 억지로 신앙생활 하는 척하다가 재미가 없어지면 자기 칼을 믿고 떠나 버립니다.

그러나 이삭의 저주 안에는 축복도 들어 있습니다. 에서가 잘 살 수 있는 길이 무엇입니까? 에서가 하나님의 이슬을 촉촉히 받을 수 있는 길이 무엇입니까? 야곱의 멍에를 메고 야곱의 종살이를 하는 것입니다. 구약 성경을 볼 때 이스라엘 안에서 가장 존귀한 자는 하나님의 은혜를 받기 위해 종으로 온 사람입니다. 하나님의 은혜를 맛보기 위해 종으로 온 사람한테는 아무 일이나 시키지 않습니다. 화장실을 청소하거나 구정물을 버리는 일 같은 것을 시키지 않아요. 그런 종들은 성전에서 나무를 패고 물을 길으면서 하나님과 가장 가까운 곳에서 종살이를 했습니다. 종은 종이지만 가장 존귀한 종이었던 것입니다.

여호수아 때 기브온 족속들을 한번 생각해 보십시오. 그들은 살기 위해서 여호수아의 종이 되었고, 여호수아는 성전에서 종살이를 하게 했습니다. 그런데 시간이 조금 지나자 그들은 이스라엘 백성이 되어 버렸습니다. 이삭은 에서가 살 수 있는 유일한 길은 야곱의 멍에를 메는 것이라고 말해 주었습니다. 그러면 가장 존귀한 종이 될 것이고 진짜 이스라엘 백성이 됨으로써 복을 누리게 되리라는 것입니다.

성경에서 저주를 할 때는 사실 그 안에 생명이 들어 있습니다. 마귀의 저주와 하나님의 저주는 다릅니다. 마귀의 저주는 어떻게 해서든지 우리를 망하게 하려는 것이지만, 하나님은 실컷 책망하시는 것 같아도 그 안에 생명의 길이 있습니다. 그런데 에서는 조금 은혜를 받으려고 하다가 결국은 멍에를 떨쳐 버리고 자기의 길로 가 버림으로써 더 큰 복을 놓치고 말았습니다.

신앙생활은 내가 원한다고 할 수 있는 것이 아닙니다. 하나님께서 은혜를 주셔야 감당할 수 있습니다. 그 은혜가 무엇입니까? 낮아질 대로 낮아져서 "나는 기꺼이 종의 멍에를 메겠다. 나한테는 자존심이 하나도 없다. 하나님 앞에서 나는 무엇이든지 할 수 있다. 성전 문지기도 좋다. 청소부도 좋다"고 할 때, 그 사람은 그냥 문지기나 청소부가 아니라 가장 존귀한 청소부, 가장 존귀한 문지기가 되는 것입니다. 그래서 봉사 위주로 신앙생활 하는 것은 굉장히 위험합니다. 자기 능력을 믿고 사람들 앞에 나타나는 재미로 억지 겸손으로 신앙생활 하다가 어느 순간 사람들이 자기를 알아주지 않으면, 기회를 봐서 멍에를 벗어 버리고 자기가 가고 싶은 길로 가 버리기 때문입니다.

신앙에는 눈에 보이는 것이 없기 때문에 자기 열심이나 기질을 신앙으로 착각할 가능성이 많습니다. 그래서 에서 같은 사람이 자기 도취에 빠지기 쉽습니다. 그는 아버지에게 축복을 달라고 우는 자기의 모습을 보면서 '내가 이렇게 신앙이 좋았었나' 하고 스스로 놀랐을지도 모릅니다. 그러나 그것은 어디까지나 일시적인 흥분에 불과합니다. 참 신앙의 표지는 자기 자신을 기꺼이 다른 사람의 통제 아래 둘 수 있는 겸손입니다. 부모를 인정하며 어른을 바로 알고 교회 안에서도 기꺼이 질서를 인정하고 자신을 다른 사람의 통제 아래 둘 때, 그의 신앙은 자기 도취를 벗어나 제대로 자라가는 것입니다. 그렇게 되지 않는 사람은 자기 칼을 믿고 살 수밖에 없습니다. 그는 어느 곳을 가도 만족하지 못할 것입니다.

교회 안에서는 서로 복종해야 아름답습니다. 성령 충만하면 할수록 다른 사람을 나보다 낮게 여겨야 합니다. 이것이 중요한 척도입니다. 그래서 하나님께서는 "네 부모를 공경하라"는 것을 첫번째 윤리 계명으로 주셨습니다. 내 기질을 얼마나 꺾을 수 있느냐 하는 것이 하나님의 축복을 얼마나 오래 누릴 수 있느냐를 보여 주는 척도인 것입니다. 모든 중요한 계명은 5계명에 다 들어 있습니다. 모든 신비가 여기에 다 걸려 있어요. 하나님께서는 이 계명에 황금으로 동그라미를 쳐서 강조를 하셨습니다. 즉 약속의 땅 가나안에서 오래 살려면 이 5계명을 지켜야 한다는 것입니다. 무슨 뜻입니까? 나 자신의 기질을 꺾고 잘난 척하고 싶은 마음을 누르며 기꺼이 다른 사람에게 복종할 수 있는 것이 진정한 신앙의 척도라는 것입니다. 사람들이 나를 인정해 주지 않는다고 훌쩍 떠나 버리는 것은 신앙이 아니라 자기 도취입니다.

목회자가 설교를 잘 못한다 하더라도 그를 인정하며 그 밑에서 함께 일하는 사람이 있다면, 그것은 그 사람이 못나서가 아니라 참으로 은혜가 무엇인지 알고 있기 때문에 그렇게 하는 것입니다. 머리 속에만 있는 신앙은 아직 검증되지 않은 신앙입니다. 청년들이 성경에 대해서 아무리 많이 알고 있다고 해도, 그 자체만으로는 아무것도 아닙니다. 자기 집에 가서 부모님 밑에 겸손하게 무릎꿇고 공경할 때에야 비로소 성경공부 한 내용이 제대로 신앙으로 소화가 되는 것입니다.

하나님께서 우리를 낮추셔야 합니다. 머리에만 들어 있는 이 신앙이 얼마나 하나님의 복을 받기에 부적합하며, 내가 얼마나 추악한 자존심과 교만으로 가득 차 있는 사람인지 보게 해 주셔야 합니다. 그래서 저는 교회에서 신앙 좋아지려고 하지 말고 인간이 되라고 강조합니다. 기도하기 전에 인사하는 것부터 배우라고 합니다. 아무리 자기 안에서 복음이 불타올라도 인사를 할 줄 모른다면 그것은 제대로 된 복음이 아닙니다. 자기 자신을 기꺼이 다른 사람의 통제 아래 둘 수 있을 때, 비로소 그의 신앙은 하나님의 이슬을 맛볼 수 있는 은혜가 되는 것입니다.

하나님께서 우리를 연단하시고 낮추실 때, 마치 도저히 있을 수 없는 일이 일어나기라도 한 것처럼 "왜 저한테 이런 일이 일어나야 합니까?" 하는 소리가 우리 입에서 나와서는 안 됩니다. 어디 그런 소리가 나옵니까? "주여, 주야로 저를 낮추셔서 이 도취에서 깨워 주옵소서. 저는 다른 사람보다 나은 것이 하나도 없습니다. 그런데도 이렇게 신앙생활 하게 해 주시니 정말 감사합니다"라고 고백할 때, 비로소 참된 신앙이 되는 것입니다.

오늘 에서를 통해 우리의 신앙을 점검해 봅시다. 나의 신앙은 자기 열심에 도취되어 울고 떼를 쓰면서 복을 달라고 몸부림치는 신앙이 아닙니까? 야곱의 약점을 떠벌리면서 그가 머리가 된다는 사실을 절대로 인정할 수 없다고 소리지르고 있지는 않습니까? 야곱의 신앙이 옳다는 것이 아닙니다. 그 속에 있는 거짓말하는 기질이 모두 빠져 나갈 때까지 그는 말할 수 없는 연단을 받을 것입니다.

우리는 다 에서 같은 자들이고 야곱 같은 자들입니다. 교만하든지 아니면 거짓말하는 사람들입니다. 우리에게는 연단이 필요합니다. 우리는 더 많은 눈물을 흘려야 다른 사람의 축복을 인정할 수 있으며 진실해질 수 있습니다. 하나님이 원하시는 것은 삶 전체에서 하나님을 인정하고 감사하며 하나님께서 나의 삶에 오셔서 인도해 주시기를 초청하는 겸손한 믿음입니다. 내가 가지고 있는 칼을 믿지 마십시오. 하나님이 비웃으십니다. "내가 너에게 칼을 빌려 주었는데 너는 그것이 마치 하나님이나 되는 것처럼 믿고 있구나. 너는 그렇게 네 머리와 네 재주를 믿고 살다가 이슬 없는 메마른 곳에서 죽게 될 것이다"라고 하실 것입니다.

매일 매일 하나님의 은혜를 간구하십시오. 그리고 다른 사람들을 함부로 판단하지 마십시오. 그 자체가 얼마나 큰 교만인지 모릅니다. 그것은 에서의 기질입니다. 다른 사람이 잘될 때 한없이 축복하십시오. 마음으로 기뻐하면서 기도해 주십시오. 그것이 하나님의 은혜가 내 마음 속에 임한 증거입니다.

9 쫓겨나는 야곱

그 아비가 야곱에게 축복한 그 축복을 인하여
에서가 야곱을 미워하여 심중에 이르기를
'아버지를 곡할 때가 가까왔은즉 내가 내 아우
야곱을 죽이리라' 하였더니
맏아들 에서의 이 말이 리브가에게 들리매
이에 보내어 작은아들 야곱을 불러 그에게 이르되
"네 형 에서가 너를 죽여 그 한을 풀려 하나니
내 아들아, 내 말을 좇아 일어나 하란으로 가서
내 오라버니 라반에게 피하여 네 형의 노가
풀리기까지 몇 날 동안 그와 함께 거하라.
네 형의 분노가 풀려 네가 자기에게 행한 것을
잊어버리거든 내가 곧 보내어 너를 거기서
불러오리라. 어찌 하루에 너희 둘을 잃으랴?"
리브가가 이삭에게 이르되
"내가 헷 사람의 딸들을 인하여 나의 생명을
싫어하거늘 야곱이 만일 이 땅의 딸들, 곧 그들과
같은 헷 사람의 딸들 중에서 아내를 취하면 나의
생명이 내게 무슨 재미가 있으리이까?"

창 27:41-46

만일 어떤 사람이 자기 나름대로 노력한 끝에 이 세상의 모든 축복을 움켜쥐었다고 생각했는데 바로 눈앞에서 그 모든 축복이 사라져 버렸다면 어떤 생각이 들겠습니까? 이 자리를 차지하기 위해서, 또 이만큼 경제적으로 성공하기 위해서 피땀을 흘리면서 모든 노력을 다한 끝에 마침내 움켜쥐려는 그 순간 전부 다 사라져 버렸다면 어떻겠습니까? 아마 눈앞이 캄캄해지면서 세상 살 맛을 완전히 잃을 것입니다. 그리고 하나님이 자기를 버렸다는 생각에 원망이 절로 나올 것입니다. 그런데 이상하게도 오히려 그렇게 되었을 때 더 정신을 차리고 하나님께 감사하는 사람들이 있습니다.

지난번에 어떤 교인이 자신의 친척 이야기를 해 주었습니다. 그 친척은 우리 나라에서 제일 좋은 대학을 나왔습니다. 그리고 직장에서도 인정을 받아 외국 지사에서 근무했습니다. 그 회사 회장이 이 사람을 아주 신임해서 승진도 다른 사람보다 빨랐습니다. 그의 앞에는 모든 부귀와 영화가 있었습니다. 움켜쥐기만 하면 전부 자기 것이 될 수 있었습니다. 그런데 어느 순간부터 회사 사정이 좀 복잡해지기 시작하더니 언론에서 그 회사 문제를 떠들기 시작했습니다. 결국 이 사람은 외환관리법 위반 혐의로 경찰에 구속되었습니다. 회장이 이 사람을 너무나도 신임한 나머지 회사 돈을 빼돌리는 데 사용했던 것입니다.

모든 것이 눈앞에서 날아가 버렸습니다. 직책도 돈도 영광도 움켜쥐려고 하는 그 순간에 다 날아가 버렸습니다. 그런데 감옥에 들어가 보니 그렇게 편할 수가 없었다고 합니다. 그 동안에는 목사님의 설교가 한 번도 귀에 들어온 적이 없었는데 감옥 안에서 들으니까 모든 설교가 다 '아멘 할렐루야'로 받아들여지고, 성경말씀이 구구절절 그렇게 옳을 수가 없었다는 것입니다. 어떻게 이렇게 될 수 있었을까요? 이것은 그가 하나님께서 택하신 백성이기에 가능한 일입니다.

하나님이 택하신 사람은 절대로 이 세상의 것을 움켜쥐고 살 수 없게 되어 있습니다. 그러나 하나님의 백성들도 눈에 보이는 부귀나 영화나 권세가 좋기 때문에 자기 꾀나 노력으로 그것을 움켜쥐려고 합니다. 이들을 위하여 하나님께서 준비하고 계신 것은 고난의 프로그램입니다. 이 세상의 좋은 것들을 움켜쥐었다고 생각한 순간 전부 다 날아가 버립니다. 하나님께서는 그 사람을 인생 맨 밑바닥으로 패대기쳐 버리십니다. 그리고 거기에서 믿음으로 살지 않고 자기 머리와 꾀와 기질로 살아 온 결과가 무엇인지 철저하게 체험하게 하십니다. 그러면 어떻게 됩니까? 붙잡을 것이 없기 때문에 할 수 없이 믿음을 붙들고 다시 재기합니다. 이것이 하나님이 택하신 백성들의 삶입니다.

야곱의 추락

우리는 오늘 본문에서 야곱을 통하여 바로 이 진리를 깨닫게 됩니다. 이 말씀을 듣는 시간은 길어 봐야 두 시간이지만, 오늘 이 진리를 중심으로 받아들이기만 한다면 수십 년의 시간 낭비를 줄일 수 있습니다. 야곱은 자기 꾀와 기질과 속임수로 아버지의 축복을 받아 냈습니다. 이제 그에게는 아버지 집에 있는 모든 재산과 권리를 차지할 수 있는 합법적인 자격이 생겼습니다. 그런데 이 모든 것을 움켜쥐려고 하는 찰나에 갑자기 일이 꼬이기 시작하더니 어느 한순간 광야에 패대기쳐지고 모든 것을 다 빼앗긴 채 20년, 30년에 걸친 노예생활이 시작되었습니다. 가장 높은 곳에 올라갔다고 생각한 순간, 자기의 노력과 머리로 가장 원하던 것을 움켜쥐었다고 생각한 그 순간, 바닥으로 떨어지면서 끝없는 방랑과 비참한 노예생활이 시작된 것입니다.

왜 이렇게 되었습니까? 하나님께서 그를 택하셨기 때문입니다. 하나님께서 그를 믿음만 붙들고 사는 사람으로 만들기로 작정하셨기 때문입니다. 야곱의 인간 승리는 승리가 아니었습니다. 자신의 기질과 속임수로 아버지의 축복을 받아 낸 것은 축복이 아니었습니다. 그것은 단지 앞으로 그가 얼마나 많은 연단을 받고 얼마나 많은 피눈물을 흘려야 하나님이 원하시는 사람으로 만들어지겠는가를 보여 주는 표지에 불과했습니다.

하나님께서 택하신 사람들은 절대로 자기 머리나 꾀로 이 세상에서 잘살 수 없습니다. 물론 처음에는 자기 머리나 노력으로 부귀나 영화를 움켜쥘 수 있을 것이라는 생각에 믿음은 뒤로 제쳐둔 채 자기 기질과 꾀로 몸부림을 칩니다. 그런데 어느 한순간 이것이 아니라는 생각이 들면서, 그 때부터 끝없는 하나님의 프로그램에 들어가게 됩니다. 그리고 자기 속에 있는 속이는 기질, 남을 올라타고 이기려는 기질이 완전히 빠져 나갈 때까지 거기에서 절대로 벗어나지 못합니다.

1. 야곱에게 돌아온 것

야곱이 마침내 아버지 이삭의 축복을 받아 낸 과정을 보면 일종의 인간 승리 드라마 같습니다. 야곱은 약점을 가지고 있는 사람이었습니다. 그는 둘째 아들인데다가 형 에서에 비해 신체적으로도 열등했습니다. 형은 사냥하는 사람이었고 성격도 남자다웠으며 밤에 옷을 벗고 자면 짐승인지 사람인지 구별이 안 될 정도로 털도 많았습니다. 그 당시에 가장 인기 있는 사람은 짐승에 가까운 사람이었는데, 에서가 바로 그런 사람이었어요. 그럼에도 불구하고 야곱은 놀라운 집념으로 아버지와 형을 속임으로써 축복을 받아 냈고, 이 집안의 공식적인 후계자로 인정받게 되었습니다. 그야말로 감동적인 인간 승리 드라마 아닙니까? 오늘날 세상은 그런 사람들에게 아낌없는 박수와 갈채를 보냅니다. 그러나 하나님 앞에서는 결코 인간 승리가 아닙니다. 오히려 이것은 야곱이 얼마나 거짓되며 하나님의 축복을 받기에 부적합한 사람인가를 보여 주는 표지일 뿐이었습니다.

부와 권세를 얻고 싶다!

오늘 우리가 질문하게 되는 것은 야곱이 그토록 아버지의 축복을 받으려고 했던 이유가 어디에 있느냐 하는 것입니다. 이삭의 집이 작은 떠돌이 가정이 아니라 이미 하나의 나라에 가까울 정도로 큰 재물과 권력을 가지고 있었다는 사실을 모르면 그 이유를 결코 이해할 수 없습니다. 이삭의 집안은 작은 나라였습니다. 그리고 실제로 하나님께서 아브라함과 이삭에게 약속하신 것도 하나의 나라가 되리라는 것이었습니다. 야곱이 그토록 집요하게 소유하려고 했던 것은 아버지 집에 있는 부귀와 권세였습니다. 그 당시에 이삭보다 더 큰 부자는 없었습

니다. 그리고 그는 막강한 권력을 소유한 족장이었습니다. 그에게 절
대적인 권력이 다 있었습니다. 야곱이 원한 것은 바로 이 엄청난 부귀
와 권세였습니다.

　야곱은 아직 믿음으로 사는 것이 어떤 것인지 몰랐습니다. 그래서
이 작은 나라의 공식적인 상속자로 임명받기 위해 모든 모략과 술수와
방법을 사용했습니다. 그런데 그에게 돌아온 것이 무엇입니까? 아무
것도 없었습니다. 분명히 축복을 움켜쥐었다고 생각했는데 돌아온 것
하나 없이 오직 미친 짐승 하나만 자기 주변을 돌게 되었습니다. 이것
이 유일한 결과였어요. 27장 41절을 보십시오.

예기치 못한
결과

　　그 아비가 야곱에게 축복한 그 축복을 인하여
　　에서가 야곱을 미워하여 심중에 이르기를
　　'아버지를 곡할 때가 가까왔은즉 내가 내 아우 야곱을
　　죽이리라' 하였더니

　야곱은 수단과 방법을 가리지 않고 아버지 이삭의 축복을 받아 내기
만 하면 모든 것을 다 움켜쥘 수 있으리라고 생각했습니다. 이미 에서
는 장자권을 포기한다는 맹세까지 했습니다. 그리고 아버지는 한번 축
복한 것을 번복할 사람이 아닙니다. 거짓말을 하고 사기를 쳐서라도
일단 축복을 받기만 하면 아버지 집에 있는 모든 재산과 권세는 자기
의 것이 된다고 믿었습니다. 그래서 야곱은 지금 이 상황을 도무지 이
해할 수가 없었습니다. 그가 세워 놓은 공식에 의하면 그는 지금 가장
높은 곳에 앉아 있어야 했습니다. 형은 자기 옆에서 굽실거리면서 무

언가 더 얻어 내기 위해 타협을 시도해야 했습니다. 여러 사람들도 자기를 추켜세우며 자기에게 아부하려고 줄을 서야 했습니다. 그런데 그런 일은 일어나지 않았습니다. 오직 미친 짐승 한 마리를 건드린 결과밖에 되지 않았습니다. 에서는 일부러 화난 체하는 것이 아니었습니다. 그는 진짜 분노하고 있었습니다. 재산은 필요 없습니다. 그것은 이미 포기했습니다. 그가 원하는 것은 야곱을 죽이는 것뿐이었습니다.

이제 야곱은 모든 것을 포기하고 빈손으로 도망칠 수밖에 없게 되었습니까? 이렇게 된 이유가 어디에 있습니까? 하나님께 있습니다. 하나님께서는 택한 백성이 이런 식으로 복받고 살기를 원치 않으십니다. 하나님께서는 그 백성이 오직 하나님 한 분만을 의지하고 살기를 원하십니다. 그러나 야곱은 하나님 한 분만 바라보기에는 머리가 너무 좋았고 진실하기에는 거짓말이 너무 몸에 배어 있었습니다. 이제 남은 일은 무엇입니까? 하나님께서 야곱을 쥐어짜서 진짜 믿음의 사람을 만들어 내시는 것입니다. 거짓말하는 기질, 사기치는 기질이 전부 다 빠져나가서 철저하게 정직한 사람, 사기와 거짓말이라면 구역질이 나올 정도로 진실한 사람으로 만들어 내는 길고 긴 연단이 야곱을 기다리고 있었습니다.

만일 아버지를 속여서 축복을 차지한 아들이 에서라면 그냥 내버려 두셨을지도 모릅니다. 이 세상의 아들들은 그런 방식으로 살게 되어 있기 때문입니다. 약탈하고 빼앗다가 어느 한순간 멸망하고 마는 것이 그들의 정해진 운명입니다. 그러나 하나님의 백성은 절대로 자기 야망이나 욕심이나 기질에 따라 살지 못합니다. 집요하면 집요할수록, 야망이 강하면 강할수록 더 심하고 긴 하나님의 연단과 훈련을 거쳐야 할 뿐입니다.

2. 하나님이 원하시는 것

하나님은 이 세상에 많은 것을 주셨습니다. 이 세상에는 지혜도 있고 부귀도 있고 권력도 있습니다. 그러나 이 모든 것은 하나님께서 기본으로 주신 것입니다. 기본은 장사 밑천과 같은 것입니다. 이 세상이 돌아가려면 어느 정도의 지혜나 물질이나 권력이 있어야 합니다. 만약 이런 기본적인 밑천마저 없다면 이 세상은 제대로 돌아갈 수가 없을 것입니다. 그래서 하나님께서는 자신이 정하신 그 때까지 이 세상이 돌아갈 수 있도록 어느 정도의 지식과 권세와 부귀를 주셨습니다. 사람들은 그것을 움켜쥐기 위하여 한평생을 소비합니다. 한 사람이 그것을 움켜쥐면 또 다른 사람이 빼앗고 그 빼앗은 것을 또 다른 사람이 빼앗으면서 역사는 흘러갑니다. 그러나 하나님께서는 그 택하신 백성들만큼은 그런 식으로 살지 않게 하셨습니다.

하나님께서 그 백성들에게 원하시는 것은 그분이 주시는 것으로 사는 것입니다. '하나님께서는 나에게 필요한 모든 것을 다 주신다. 시간이 얼마나 흐를지 모르고 얼마나 오래 기다려야 할지는 모르겠지만, 여하튼 하나님께서는 자기 백성에게 필요한 것을 다 공급해 주신다'고 믿는 그것이 믿음입니다. 어느 누구도 이 세상에 있는 것들을 영구히 자기 것으로 만들 수는 없습니다. 서로 돌아가면서 쓸 뿐입니다. 예를 들어 돈은 돌고 도는 것입니다. 이 세상이 망할 때까지 어쨌든 몇

"네 것은
내가 준다"

명은 거부가 되게 마련입니다. 그래야 그 밑에서 사람들이 직장생활을
하면서 먹고 살 것 아닙니까? 장사 밑천은 없어지지 않습니다. 이 세
상이 끝날 때까지는 어차피 이 세상에 학자와 권력자와 부자가 있게
마련입니다. 그러나 적어도 하나님의 백성들은 그런 것들을 움켜잡으
려고 달려가서는 안 됩니다. 어항에서 왔다갔다 하는 금붕어 보듯이
해야 해요. 어항의 금붕어는 보라고 있는 것이지 잡으라고 있는 것이
아닙니다.

하나님은 자기 백성들에게 필요한 것을 전부 다 공급해 주십니다.
집이 필요하면 집을 주시고, 직장이 필요하면 직장을 주시며, 건강이
필요하면 건강을 주시고, 결혼할 배필이 필요하면 배필을 주십니다.
남자와 여자를 만드신 이가 하나님입니다. 아담이 여자가 없어서 에덴
동산에서 힘들어할 때 하와를 만들어서 데리고 오신 분이 하나님이에
요. 그러므로 하나님은 그 백성들이 눈에 보이는 것을 움켜쥐지 않고
그분만 바라보며 그분이 주시는 은혜로 삶으로써, 이 세상에 하나님의
축복을 전달하며 이 세상을 새롭게 하는 하나님의 방편으로 사용되기
를 원하십니다.

그것을
믿지 못할 때

그런데 문제는 그런 말이 귀에 들어오지 않는다는 것입니다. 이런
것들을 움켜쥐지 않으면 바보가 되는 것 같아요. 이 자리에서 조금만
더 노력하면 높은 자리를 움켜쥘 수 있을 것 같습니다. 좀더 애를 쓰면
돈을 모을 수 있을 것 같습니다. 그런데 그것을 잡으려고 하는 순간 갑
자기 누가 다리를 걸더니 바닥으로 패대기쳐 버립니다. 그래서 누구인
가 봤더니 바로 하나님입니다. 하나님께서 아주 비참하게 넘어뜨리십
니다. 평범하게 넘어지면 또 일어납니다. 아예 바닥에 패대기쳐져야

'나는 누구인가? 내 야망이란 어떤 것인가? 나의 기질은 무엇인가? 오늘까지 그렇게 거짓말하고 사기치면서 살아온 결과가 무엇인가?'를 철저하게 깨닫고, 다시는 자기 기질과 자기 머리를 믿지 않고 오직 하나님이 공급하시는 것만을 믿으며 정직하게 살게 되는 것입니다.

야곱의
실패에서
배우라

야곱을 보십시오. 야곱은 눈에 보이는 것을 움켜쥐기 위해 수단과 방법을 가리지 않았던 사람입니다. 얼핏 보았을 때는 그가 승리한 것 같았습니다. 그런데 한순간에 완전한 실패자의 모습으로 나타나게 되었습니다. 왜 그렇게 되었습니까? 하나님께서 야곱이 움켜쥐고 있던 것을 훅 불어 버리셨기 때문입니다. 야곱이 아버지 이삭의 축복을 속여서 차지하는 과정에서 나타난 특징은 두 가지입니다. 하나는 불순종이고 하나는 거짓말하는 기질입니다. 이 두 가지는 앞으로 하나님께서 준비하신 연단을 통해 철저하게 부서지고 깨어질 부분입니다.

우리는 말로는 믿음으로 산다고 하지만 사실은 믿음으로 살지 않습니다. 하나님의 때를 기다리질 않아요. 그 이유가 무엇입니까? 내 머리를 쓴 결과가 어떤 것인지 아직 보지 못했기 때문입니다. 그 꼴을 봐야 합니다. 내 꾀에 걸려서 넘어져 봐야 합니다. 패대기쳐진다는 것이 어떤 것인지, 인생 밑바닥으로 떨어진다는 것이 어떤 것인지 보기 전까지는 절대로 자기 꾀를 버리지 않습니다.

지금까지 야곱은 너무나도 교묘하게 살아왔기 때문에 연단을 받을 일이 없었습니다. 또 어머니 리브가가 철저하게 그를 보호해 주었습니다. 그러나 이제는 하나님의 때가 다 되었습니다. 하나님의 사람으로 본격적인 훈련을 받아야 할 때가 되었습니다. 그 때는 리브가도 아무런 도움이 되지 않았습니다. 오히려 리브가가 자진해서 야곱을 종이 될 자리로 보내고 있습니다. 이제 야곱은 꾀를 부리면 부릴수록 하나님의 덫에 걸려들게 되어 있습니다. 그냥 가만히 있었으면 아버지의 것이 다 자기 것이 되었을 텐데, 괜히 꾀를 부리다가 미친 짐승 하나만 건드리는 꼴이 되었습니다. 또 가만히 있었으면 라헬과 결혼하게 되었을 텐데, 괜히 꾀를 부리다가 라반의 종이 되었습니다. 라반이라는 삼촌은 날고 기는 사람입니다. 야곱의 아이큐가 200이면 라반은 400입니다.

하나님께서 야곱에게 원하신 것이 무엇입니까? 눈에 보이는 아버지의 권력과 재산은 아무것도 아니니, 그것을 움켜쥐려고 하지 말라는 것입니다. 하나님께 무한한 권력과 무한한 부귀와 무한한 존귀가 있는데, 왜 눈에 보이는 그것을 거짓말과 자기 기질로 움켜쥐려고 하느냐는 것입니다. 가만히 있으면 하나님이 주실 텐데, 왜 그 여자를 움켜쥐기 위해 자기 스스로 종의 계약을 맺느냐는 것입니다.

그런데 우리는 그것을 못 믿습니다. 내 삶을 하나님께 맡기면 하나님이 다 망쳐 버릴 것이라고 생각합니다. 나는 여기에서 잘먹고 잘살고 싶은데, 직장생활 잘 하면서 아들 딸 낳고 자가용 굴리면서 살고 싶은데, 혹시라도 신앙이 좋아지면 하나님께서 억지로 우간다에 선교사로 보낼까 봐 두려워서 신앙이 자라지 않게 하려고 몸부림을 칩니다. 조금만 신앙이 자라는 것 같으면 얼른 제동을 걸어요. '이대로 나가다가는 틀림없이 불려갈 거야.' 그래서 신앙이 자라는 쪽을 택하는 대신 집을 잡으려고 애를 쓰고 직책을 잡으려고 경쟁을 합니다.

무언가 움켜쥐려고 하는데 이상하게 갈등이 생기고 일이 복잡해지고 있습니까? 그렇다면 그것은 하나님이 주시는 것이 아닙니다. 누구

와 결혼하려고 하는데 인간관계가 무언가 굉장히 복잡해지고 사돈의
팔촌까지 들고 일어나서 문제를 제기합니까? 그렇다면 그 사람은 나
의 배우자가 아닙니다. 어떤 직책을 잡으려고 하는데 상사하고도 부딪
치고 동료하고도 부딪칩니까? 그렇다면 굳이 그 자리를 차지하려고
애쓸 필요가 없습니다. 그냥 가만히 있으면 하나님이 다 주실 것입니
다. 지금 잡으려고 무리하게 애쓸 필요가 없어요.

무언가 움켜쥐었는데 그것을 잡은 손이 구멍에서 빠져 나오지 않는
다면 하나님의 훈련 프로그램이 시작된 것으로 아십시오. 절대로 못
빠져 나옵니다. 야곱이 그 동안은 빤질빤질하게 피해 다녔습니다. 그
러나 이제는 걸려들었습니다. 이제부터는 머리를 쓰면 쓸수록 걸려들
게 되어 있습니다. 좀 머리를 굴리면 에서가 사자처럼 주변을 돌아다
니기 시작합니다. 또 좀 머리를 굴리면 종이 되어 버립니다. 종으로 7
년이 지난 후에 또 새로운 7년이 시작됩니다. 자기 속에 있는 기름이
전부 다 빠질 때까지, 자기 속에 있는 거짓말하는 기질, 사기치는 기질
이 전부 다 빠져 나갈 때까지 하나님의 세탁기에서 벗어날 수가 없습
니다.

지금까지의 연극은 리브가와 야곱이 제작하고 연출하고 주연한 것
이었습니다. 모든 것을 마음 먹은 대로 끌고 갈 수가 있었습니다. 그런
데 어느 날 갑자기 야곱의 드라마가 끝나더니 하나님의 드라마가 시작
되었습니다. 한 번 재주를 부리니까 7년이 휙 지나가 버립니다. 한 번
더 재주를 부리니까 14년이 지나가 버립니다. 젊음도 청춘도 다 지나
가 버렸습니다. 만일 하나님께서 도와 주지 않으셨더라면 야곱은 한평
생 종노릇이나 하면서 살았을 것입니다.

하나님께서 야곱의 생애를 통해서 우리에게 보여 주시는 것이 무엇입니까? 눈에 보이는 권력이나 부귀는 그냥 구경거리라는 것입니다. 그것을 잡으면 걸려들게 되어 있다는 것입니다. 하나님은 자기 백성들의 모든 필요를 직접 채워 주십니다. 그것으로 살아야 합니다. 내 여자가 많이 있는 것이 아닙니다. 내 여자는 조강지처 한 명뿐입니다. 또 그 한 명도 주시지 않는다면 그냥 없는 대로 살아야 합니다. 그런데 눈에 보이는 모든 여자들을 다 자기 여자처럼 생각해서 그 여자들이 결혼할 때마다 가슴아파하는 사람은 영락없이 걸려들게 되어 있습니다. 아파트가 보일 때마다 '저게 내 아파트가 되어야 하는데!' 하는 사람은 걸려들게 되어 있습니다. 기름이 쫙 빠질 때까지 절대 빠져 나오지 못할 것입니다.

여러분, 하나님은 필요한 모든 것을 다 주십니다. 그것을 믿는 것이 믿음입니다. 눈에 보이는 것을 움켜쥐면 위험합니다. 잡았다고 생각하는 순간 인생 밑바닥으로 떨어져서 내 머리를 믿고 산 결과가 어떤 것인지 철저히 보게 될 것입니다. 잘나가는 사람을 절대로 부러워하지 마십시오. 잘나가는 것은 결코 좋은 일이 아닙니다. 그 사람이 정말 택한 백성이라면 한순간에 바닥으로 넘어질 것입니다. 가장 현명한 사람은 하나님의 때를 기다리는 사람입니다.

3. 리브가의 한계

지금까지 야곱이 붙들고 살았던 것은 어머니 리브가의 지혜와 눈먼

사랑이었습니다. 리브가는 야곱을 사랑했고, 이 집에서 리브가를 무시
할 수 있는 사람은 아무도 없었습니다. 그러나 하나님의 때가 되자 리
브가는 자기가 더 이상 야곱을 도울 수 없다는 사실을 깨닫게 되었습
니다.

> 맏아들 에서의 이 말이 리브가에게 들리매
> 이에 보내어 작은아들 야곱을 불러 그에게 이르되
> "네 형 에서가 너를 죽여 그 한을 풀려 하나니,
> 내 아들아, 내 말을 좇아 일어나 하란으로 가서
> 내 오라버니 라반에게 피하여 네 형의 노가 풀리기까지 몇
> 날 동안 그와 함께 거하라"(27:42-44).

사람이 그렇게 자신있게 날뛸 수 있는 것은 무언가 붙들고 의지하는
것이 있기 때문입니다. 큰소리치는 사람 뒤에는 돈이 있든지 학벌이
있든지 건강이 있든지, 분명히 뭔가 믿을 만한 것이 있게 마련입니다.
지금까지 야곱이 그렇게 자신있게 살 수 있었던 이유가 무엇입니까?
어머니 리브가가 있었기 때문입니다. 야곱이 한 일 중에 리브가의 머
리에서 나오지 않은 것이 없었습니다. 리브가는 야곱이 기댈 수 있는
보루였습니다.

그러나 하나님의 때가 이르자 리브가도 도움이 되지 못했습니다. 리
브가가 무엇이라고 이야기합니까? "이제 나도 너를 지켜 줄 수 없으니
먼 곳으로 도망치라"는 것입니다. 리브가 생각에 야곱이 가장 안전하
게 있을 수 있는 곳은 오라비 라반의 집이었습니다. 그런데 거기가 바

로 지옥이었습니다. 라반은 무려 14년 동안 야곱을 종처럼 부렸습니다. 리브가는 라반이 외삼촌이니 야곱을 잘 돌봐줄 테고, 또 조금만 시간이 지나면 에서의 분이 풀려서 집으로 돌아올 수 있을 것이라고 생각했습니다. 그러나 이것으로 리브가의 역할은 끝나고 맙니다. 그는 다시는 야곱의 생애에 간섭할 수가 없었습니다.

야곱은 무엇보다 어머니와 분리될 필요가 있었습니다. 어머니 때문에 하나님 앞에 홀로 설 수가 없었기 때문입니다. 믿음은 하나님 앞에 나 홀로 서는 것입니다. 그런데 누군가 책임져 주는 사람이 있으면 하나님 앞에 홀로 서려고 하지 않고 언제나 그 사람 뒤에 있으려고 합니다. 그럴 때 하나님은 그 사람에게 자랑거리가 되고 의지가 될 만한 것을 거두어 가심으로써, 자기 자신의 모습을 있는 그대로 보게 하십니다.

사람들 사이에 있으면 거짓된 칭찬에 속아서 자기가 대단한 사람이나 되는 것처럼 착각하기 쉽습니다. 그러나 한번 어려움에 처해 보면 나라는 존재가 얼마나 무력하며 보잘것없는 존재인지를 깨닫게 됩니다. 자기를 바로 보려면 인생 밑바닥까지 내려가야 합니다. 끼니를 해결할 수 없을 정도로 가난해져 보면 자기가 자랑하던 학벌이 오히려 더 부끄럽게 느껴지고, 불치의 병에 걸려서 엄청난 수술을 눈앞에 두고 있으면 그 동안 자기가 직책을 믿고 날뛴 것이 얼마나 부끄러운 일이었는지 비로소 깨달아집니다.

오늘날 사람들은 별 것 아닌 것을 마치 대단한 것이나 되는 양 의지하면서 살아가고 있습니다. 그러나 사실 우리들은 비닐하우스 안에 있는 식물과 같습니다. 비닐하우스 안에 있을 때는 아무 문제 될 것이 없습니다. 공부만 잘하면 그만이지요. 그러나 만약 그 비닐하우스를 덮고 있는 비닐이 벗겨진다면 그 안에 있는 식물들은 그대로 다 죽고 말 것입니다.

우리는 인간 사회가 가지는 마력에 주의할 필요가 있습니다. 우리 사회는 비닐하우스와 같습니다. 그 안에서는 남들보다 조금 덜 자면서 조금 더 노력하면 인정을 받을 수 있습니다. 그러나 비닐하우스를 덮고 있는 안전장치가 벗겨지듯이 그 사회 전체에 위기가 닥칠 때에는 학벌이나 재주가 아무 소용이 없습니다. 그래서 하나님의 학교에는 비닐이 없습니다. 거기에는 칭찬해 주는 사람이 없어요. 자기 자신의 모습을 있는 그대로 적나라하게 보게 하십니다.

야곱은 자기 머리를 굴리면 굴릴수록 점점 더 깊은 수렁에 빠져들게 된다는 것을 알았습니다. 나중에 애굽의 총리가 막내아들을 보내라고 했을 때 야곱이 어떻게 했습니까? 옛날의 야곱 같았으면 다른 종을 보내면서 아들이라고 속였을 것입니다. 그러나 야곱은 죽으면 죽으리라는 심정으로 베냐민을 보냈습니다. 하나님의 말씀 하나 붙들고 사는 것이 얼마나 복된 일인지 깨달았기 때문입니다.

하나님의 백성들이 기억해야 할 철칙은 머리를 복잡하게 굴리면 굴릴수록 남는 결과가 없다는 것입니다. 그것은 연단의 기간만 연장시킬 뿐입니다. 머리 한 번 굴리면 10년이 지나갑니다. 고민을 세 번만 하고 나면 30년이 그냥 흘러가 버려요. 어느새 갑자기 늙어 있는 자신을 발견하게 됩니다.

하나님은 우리가 이 세상에 있는 것들을 움켜쥐는 것을 절대로 허락하시지 않습니다. 그것은 이 세상이 돌아갈 수 있도록 해 주는 밑천에

언제까지
연단하시는가?

불과한 것으로서, 하나님의 백성이 움켜쥘 수 있는 것이 아니기 때문입니다. 그저 바보처럼 하나님 앞에 엎드려 그분만 바라보고 있으면 필요한 모든 것을 다 채워 주십니다. 하나님께서는 야곱의 필요를 다 채워 주시는 분이었습니다. 야곱이 그렇게 거짓말하고 사기쳐서 얻은 것들을 보니 그것은 원래 하나님이 주시려고 했던 것이었습니다. 단지 고생만 실컷 하고 종살이만 엄청나게 하면서 그 많은 시간을 허비했을 뿐입니다.

기질이 닳아 없어질 때까지

야곱이 결국 깨달은 것이 무엇입니까? 하나님 앞에서 능력이 좀 부족한 것은 큰 문제가 아니라는 것입니다. 학벌이 좀 모자란 것은 큰 문제가 아니라는 것입니다. 하나님 앞에서 가장 큰 문제는 기질이라는 것입니다. 종살이 기간을 길게 만드는 것은 바로 이 기질입니다. 이 기질이 다 닳아 없어질 때까지 종살이를 해야 합니다. 눈에 보이는 것은 아무것도 아니라는 것을 깨달을 때까지 종살이를 해야 합니다.

우리는 예수를 믿는다고 하지만 사실은 믿지 않습니다. 우리가 진짜 믿는 것은 자기 능력과 학벌과 부모의 재산입니다. 겉으로는 정직한 것 같아도 실제로는 사기꾼들입니다. 하나님이 주시지 않은 것을 움켜쥐려고 하는 사람은 사기꾼입니다. 우리는 왜 정직해지지 못합니까? 자기 욕심을 포기하지 못하기 때문입니다. 하나님의 뜻이 아닌 줄 알면서도 하고 싶으니까 하는 것, 그것이 거짓말이고 사기입니다. 그것이 전부 없어질 때까지 야곱은 참된 자유를 얻지 못한 채 계속 노예생활을 해야 했습니다. 눈에서 피눈물이 흐릅니다. 잠을 제대로 자 본 적이 없습니다. 계속 쫓겨다닙니다. 한 번 욕심을 부릴 때마다 7년씩 종노릇을 합니다.

오늘 우리가 하나님 앞에서 깨달아야 할 것이 무엇입니까? 지금이라도 나의 야망과 계획을 내려놓고 하나님께서 나에게 필요한 것을 이미 다 주셨다고 생각하는 것입니다. 그래서 그 무엇보다 하나님 앞에 나아오는 것을 가장 중요하게 생각하면서 하나님의 은혜로 내 마음이 채워지기를 원하는 것, 그것이 20년, 30년의 방황을 단축하는 지혜입니다. 그렇게 할 때 하나님께서는 우리 안에 있는 거짓말하는 본성이나 추악한 자존심이 전부 빠져 나가게 하셔서 하나님 앞에서 참으로 천사 같은 모습으로 서게 하십니다.

나중에 야곱이 변화된 모습을 보십시오. 거짓이라고는 찾아볼 수가 없지 않습니까? 그는 참으로 진실을 사랑하게 되었습니다. 왜 그렇게 되었습니까? 자기 안에 있는 거짓에 철저하게 실망하고 환멸을 느꼈기 때문입니다. 그는 이 거짓말하는 본성이야말로 하나님의 은혜와 축복을 막는 것으로서, 자기가 그토록 오래 비참한 종노릇을 하게 된 원인이었다는 것을 잘 알고 있었습니다.

단지 거짓말을 하지 않는다고 해서 정직한 것이 아닙니다. 예를 들어 어떤 한 부분만 이야기하는 것은 진실이 아닙니다. 진체를 다 이야기해야 합니다. 자기한테 불리한 사실은 감추고 유리한 사실만 강조함으로써 다른 사람들을 바른 관계에 있지 못하게 하는 것은 거짓말입니다. 모든 것을 자기 기준에 따라 설명하고 해석하는 것은 정직하지 못한 것입니다. 이 모든 것은 하나님의 연단을 통해 걸러져야 할 것들입니다. 결국에는 이런 식으로 자신에게 유리하게 모든 것을 끼워 맞추는 것이 얼마나 혐오스럽고 거짓된 일인지 깨닫게 될 것입니다.

이제 리브가가 하는 말을 들어 보십시오.

리브가가 이삭에게 이르되

"내가 헷 사람의 딸들을 인하여 나의 생명을 싫어하거늘

야곱이 만일 이 땅의 딸들, 곧 그들과 같은

헷 사람들의 딸들 중에서 아내를 취하면

나의 생명이 내게 무슨 재미가 있으리이까?"(27:46)

이것은 리브가가 야곱을 도망시키기 위해 남편의 허락을 구하는 말입니다. 야곱이 결혼을 해야 한다는 것이나 에서의 가나안 아내들이 리브가를 괴롭힌다는 것은 사실입니다. 그러나 이것은 부분적인 사실이었습니다. 실제로 야곱을 보내는 이유는 무엇입니까? 에서로부터 피신시키기 위해서입니다. 그런데 사실대로 이야기하면 이삭이 허락하지 않을 것 같으니까 여자를 구하는 문제를 핑계로 삼은 것입니다. 에서가 야곱을 죽이려고 하기 때문에 피신시켜야겠다고 하면 이삭이 믿겠습니까? 그러니까 엉뚱하게 다른 일을 핑계 삼음으로써 결국 야곱을 도망시키는 데 성공했습니다.

이것은 리브가가 야곱을 위하여 해 줄 수 있는 마지막 거짓말이었습니다. 앞으로 야곱은 넌더리가 날 정도로 자기의 거짓말하는 기질을 원망하고 혐오하게 될 것입니다. 그렇게 되지 않으면 그 안에서 거짓말하는 본성이 빠져 나가지 않을 것이기 때문입니다. 야곱은 리브가와 단절되어야 했습니다. 그래야 자기 모습을 보고 그 때부터 하나님 앞에서 새로워질 수 있기 때문입니다.

4. 에서의 역할

사기꾼 야곱을 성도 야곱으로 만들기 위해서는 뛰어난 훈련 조교가 필요했습니다. 야곱에게는 아주 뛰어난 조교가 두 명 있었습니다. 만약 이 두 사람의 수고가 없었더라면 위대한 믿음의 사람 야곱은 만들어질 수 없었을 것입니다. 한 사람은 바로 야곱의 쌍둥이 형 에서입니다. 또 한 사람은 야곱이 하란에서 만나게 되는 외삼촌 라반입니다.

에서는 무엇보다 야곱을 이 집에서 쫓아내는 데 혁혁한 공을 세웁니다. 에서가 아니면 누가 감히 야곱을 이 집에서 쫓아낼 수 있겠습니까? 늑대를 길들일 수 있는 것은 곰밖에 없습니다. 이 곰이 집에 버티고 있는 한 야곱은 집으로 돌아갈 수가 없습니다. 야곱은 외삼촌 집에서 힘들 때마다 집으로 돌아가 엄마 품에서 울고 싶었을 것입니다. 그러나 아무리 집으로 돌아가고 싶어도 돌아갈 수가 없었습니다. 이렇게 무서운 곰이 버티고 있는데 어떻게 돌아갑니까? 하나님의 때가 다 차기까지 그는 돌아가지 못했습니다.

또 다른 조교인 외삼촌 라반은 처음에는 야곱에게 잘 해주는 것 같았습니다. 그러나 결국에는 야곱을 뛰어넘는 천재적인 머리로 그를 철저하게 이용해 먹었습니다. 리브가 집안 사람들이 머리가 굉장히 좋은 것 같아요. 라반과 리브가는 속이는 데 천재였습니다.

에서나 라반은 야곱에게 가장 가까운 사람들이었지만 실제로는 원수였습니다. 자기 집 안에 있는 원수였어요. 그들의 역할이 무엇이었습니까? 야곱으로 하여금 철저하게 자기 자신을 보게 한 것입니다. 야곱은 에서의 무서운 분노를 보면서 '아버지의 축복을 받아 낸 것은 복을 받는 길이 아니라 완전히 내 무덤을 파는 짓이었다' 는 것을 깨달았습니다. 야곱은 그 뒤에도 두고두고 그 때의 끔찍했던 순간을 기억했을 것입니다.

자기 도취를
깨워 주는
가시 같은 이웃

에서와 라반은 절대로 야곱을 추켜세워 주지 않았습니다. 어머니 리브가 앞에서는 그렇게도 당당했던 야곱이 이들 앞에만 서면 자꾸 작아졌습니다. 왜 그랬습니까? 이들은 철저한 현실주의자였기 때문입니다. 어떤 의미에서 하나님의 백성들은 환상을 먹고 사는 사람들이라고 할 수 있습니다. 하나님께서 은혜받을 자격이 없는 우리들을 무조건 사랑하시니까, 자신이 마치 대단한 사람인 것처럼, 그렇게 사랑받을 만한 자격이 있는 것처럼 착각하기 쉽습니다. 그 때 우리를 이런 잘못된 환상에서 철저하게 깨어나게 하는 사람이 누구입니까? 우리 가까이에 있는 불신자들입니다.

그들은 놀라울 정도로 우리의 약점을 잘 파악하고 있습니다. 그래서 큰 은혜를 받고 집에 가면 가차없이 내 약점만 파고들어서 형편없는 내 모습을 보지 않을래야 보지 않을 수 없게 만듭니다. 예배를 드릴 때에는 그렇게도 엄청나게 보였던 자신이 회사에서 일을 처리하거나 학교에서 시험 문제를 받아 보고 나면 그렇게 작아질 수가 없어요. 저는 그런 사람들을 '가까운 원수' 라고 부릅니다. 이들은 그리스도의 사랑이라고는 전혀 모르는 사람들입니다. 그들은 나의 약한 부분만 사정없이 파고들어서 늘 나를 비참하게 만드는 사람들입니다.

그러나 그들은 공연히 그렇게 하는 것이 아닙니다. 그들은 하나님의 훌륭한 훈련 조교입니다. 하나님의 특급명령을 받고 이 일을 하고 있는 거예요. 사실 이런 분들에게 월급을 주면서 훈련을 시켜 달라고 해야 하는데, 무보수로도 얼마든지 우리를 괴롭힐 마음의 각오가 되어 있으니 얼마나 좋습니까? 특히 에서는 더 귀한 사람입니다. 본인만 야곱을 괴롭힌 것이 아니라 그 자손들까지 두고두고 이스라엘 백성들의 교관 노릇을 톡톡히 했으니 말입니다.

그런데 우리가 기억해야 할 것은 그 교관들에게는 아무 상이 없다는 것입니다. 그들은 자기 기질에 따라 그렇게 한 것일 뿐입니다. 그런데 나타난 결과는 무엇입니까? 하나님의 백성들이 더 순결해지고 더 정직해지고 더 믿음 위에서 성장한 것입니다. 만일 에서가 없었더라면 믿음의 조상 야곱은 절대로 만들어질 수 없었을 것입니다. 다른 사람 같았으면 그렇게까지 오래 야곱을 기억하면서 괴롭힐 필요가 없었을 거예요. 남이라면 무슨 상관이 있겠습니까? 그러나 쌍둥이이기 때문에 잊을래야 잊을 수가 없고 만나지 않을래야 만나지 않을 수가 없는 것입니다. 그래서 그는 야곱의 몸 속에 남아 있는 정직하지 못한 기질이 다 빠져 나갈 때까지 두고두고 괴롭히고 두렵게 만들면서 끝까지 수고했습니다.

오늘 본문이 우리에게 말씀하는 것이 무엇입니까? 하나님의 백성들이 이 세상의 부귀나 영화를 움켜쥐는 것은 성공이 아니라는 것입니다. 그것은 단지 그들이 얼마나 하나님의 말씀을 믿지 못하며 얼마나 좋지 못한 기질을 가지고 있는지, 따라서 얼마나 많은 연단이 필요한 지를 보여 주는 표지일 뿐입니다. 그래서 어떤 하나님의 백성이 세상적인 방법으로 엄청나게 출세를 하고 돈을 벌었다면, 그는 성공한 만큼 낮아져야 하고 멀리 간 만큼 되돌아와야 합니다. 성공한 만큼 눈물과 피땀을 쏟아야 하나님의 은혜를 받을 수 있습니다.

하나님의 백성들은 이 세상의 것을 움켜쥐려고 해서는 안 됩니다. 그냥 보기만 해야 합니다. 때가 되면 하나님께서 나에게 필요한 모든 것을 다 채워 주실 것이기 때문입니다. 만약 하나님이 주시지 않은 것을 많이 가지고 있다면 그것은 전부 부담으로 나타나게 될 것입니다. 많이 가진 만큼 특별 훈련을 받아야 합니다.

야곱이 거짓으로 차지한 아버지의 축복은 복이 아니었습니다. 그가 얼마나 간교하며 믿음이 없는가를 보여 주는 표지일 뿐이었습니다. 하나님의 백성들은 미리 자기 속에 있는 모든 거짓을 버려야 합니다. 자기에게 유리한 것만 이야기하는 진실은 진실이 아닙니다. 참으로 다른 사람들과 바른 관계에 있게 되기를 사모하기까지, 그는 많은 눈물을 흘려야 하며 조교들의 길고 긴 훈련을 받아야 합니다.

우리를 훈련시켜 줄 조교들은 주변에 얼마든지 많습니다. 직장 안에도 많고 형제들 중에도 많습니다. 시집 식구들도 전부 다 훌륭한 훈련 조교로 사용될 수 있습니다. 에서를 미워하지 마십시오. 에서가 없다면 우리는 참된 하나님의 백성으로 만들어지지 않을 것입니다. 에서는 나를 위해 월급도 받지 않고 수고하고 있습니다.

내 안에 있는 강한 기질들을 생각할 때 많은 연단과 훈련이 필요하다는 것을 고백하십시오. 내가 사기꾼이며 거짓말쟁이라는 것, 말로는 믿는다고 하지만 실제로는 내 기질과 속임수대로 모든 것을 다 움켜쥐는 간악한 야곱이라는 것을 하나님 앞에 고백하십시오. 그러면 20년, 30년의 방황이 단축될 것입니다.

아무리 말로는 하나님의 자녀라고 해도 끝까지 연단받지 않는 사람은 하나님의 자녀가 아닙니다. 만일 여러분이 하나님의 택한 자녀라면 절대로 여러분의 뜻대로 되지 않을 것입니다. 부귀와 영광을 손에 움켜쥐었다고 생각하는 그 순간, 하나님의 연단이 시작될 것입니다.

어떻게 하든 다른 사람과 정직한 관계에 있도록 노력하십시오. 다른 사람에게 알릴 것은 충분하게 알림으로써 바른 관계에 서십시오. 나에게 유익한 것은 과대평가하고 불리한 것은 전부 감추어서 자기에게 유리한 쪽으로 모든 것을 몰아가는 것은 야곱의 기질이고 거짓말이며 사기꾼의 본성입니다.

하나님께서 나의 필요를 채워 주시기를 기다리는 사람은 수십 년을 단축할 수 있습니다. 다른 사람과 바른 관계에 있기 위해서 애를 쓰는 사람은 이 무서운 종살이를 피할 수 있으며 풍성한 삶을 누릴 수 있다는 것을 잊지 마십시오.

10 신앙과 결혼

이삭이 야곱을 불러 그에게 축복하고
또 부탁하여 가로되
"너는 가나안 사람의 딸들 중에서 아내를 취하지
말고 일어나 밧단 아람으로 가서 너의 외조부
브두엘 집에 이르러 거기서 너의 외삼촌 라반의 딸
중에서 아내를 취하라. 전능하신 하나님이 네게
복을 주어 너로 생육하고 번성케 하사 너로 여러
족속을 이루게 하시고 아브라함에게 허락하신 복을
네게 주시되 너와 너와 함께 네 자손에게 주사
너로 하나님이 아브라함에게 주신 땅, 곧 너의
우거하는 땅을 유업으로 받게 하시기를 원하노라."
이에 이삭이 야곱을 보내었더니
밧단 아람으로 가서 라반에게 이르렀으니
라반은 아람 사람 브두엘의 아들이요
야곱과 에서의 어미 리브가의 오라비더라.
에서가 본즉 이삭이 야곱에게 축복하고
그를 밧단 아람으로 보내어 거기서 아내를 취하게
하였고 또 그에게 축복하고 명하기를 "너는 가나안
사람의 딸들 중에서 아내를 취하지 말라" 하였고
또 야곱이 부모의 명을 좇아 밧단 아람으로 갔으며
에서가 또 본즉 가나안 사람의 딸들이 그 아비
이삭을 기쁘게 못 하는지라.

이에 에서가 이스마엘에게 가서 그 본처들 외에
아브라함의 아들 이스마엘의 딸이요 느바욧의
누이인 마할랏을 아내로 취하였더라.

창 28:1-9

지금 미국에는 제 처형들이 살고 있고, 미국에서 태어나서 자란 조카들이 있습니다. 그 아이들이 방학이 되어서 한국을 찾아왔을 때 제가 한번 물어 보았습니다. "너희는 스스로 미국 사람이라고 생각하니? 한국 사람이라고 생각하니?" 그랬더니 그 아이들이 한참 생각하다가 "둘 다"라고 대답했습니다. 그래서 다시 "그러면 앞으로 미국 사람과 결혼할 거니? 한국 사람과 결혼할 거니?" 하고 물어 보았더니, 그 중에 한 아이가 주저하지 않고 "미국 사람"이라고 대답했습니다. 그래서 또 다시 물어 보았습니다. "부모님은 너희가 미국 사람과 결혼하는 것을 좋아하시니?" 그들의 대답은 "절대로 노우!"라는 것이었습니다. 그러나 이렇게 부모님이 반대하는데도 불구하고 결혼은 자기 문제이니만큼 자기가 잘 아는 사람, 사랑하는 사람과 하겠다는 것입니다.

왜 한국 부모들이 미국 사위나 미국 며느리를 좋아하지 않습니까? 그들의 머리 속에 들어 있는 것이 한국 사위나 한국 며느리상이기 때문입니다. 그들에게는 미국 사위나 미국 며느리들에 대한 상이 없습니다. 미국에 가서 산 지는 오래 되었지만 그래도 여전히 한국 사람입니다. 그래서 자녀들이 한국에 가서 한국 사람과 결혼해 오기를 바랍니다. 그러나 아이들로서는 단지 주변에 한국 사람이 많지 않기 때문만이 아니라, 오히려 한국 사람보다는 미국 사람이 더 가까이 있고 언어와 사상이 더 잘 통하며 그 문화가 더 체질에 잘 맞기 때문에 미국인과 결혼해도 상관이 없다고 생각하는 것입니다.

미국에 사는 부모들이 자기 자녀가 한국 사람과 결혼하기를 바라는 것은 문화적인 이유 때문입니다. 그런데 우리는 오늘 본문에서 문화적인 이유와는 또 다른 이유로 가까운 곳에서 결혼 상대를 구하지 못하는 사람을 보게 됩니다. 그 사람은 바로 신앙적인 이유 때문에 가까운 곳에서 결혼 상대를 구하지 못하고 먼 곳에 있는 어머니의 고향까지 가야 하는 야곱입니다. 야곱은 축복 사건 때문에 형 에서의 미움을 받아 어쩔 수 없이 집에서 도망쳐야 할 형편이 되었습니다. 어머니 리브가는 이것이야말로 야곱이 결혼할 기회라고 생각하고, 남편 이삭을 열심히 설득해서 야곱을 자신의 친정에 보내 아내를 구하게 하는 일을 허락받습니다.

가나안 여자와 결혼할 수 없다

오늘 본문에는 일관되게 흐르고 있는 사상이 하나 있습니다. 그것은 가나안 여자는 결코 야곱의 아내가 되어서는 안 된다는 것입니다. 도대체 가나안 여자들이 어떻길래 성경이 이렇게 일관되게 거부하는 것일까요?

야곱이 지금까지 결혼을 못 하고 있었던 것은 아마도 어머니 리브가의 반대가 너무나도 심했기 때문이었던 것 같습니다. 리브가는 가나안으로 시집와 가나안 땅에서 오래 살았지만 결코 가나안 여자가 될 수 없었습니다. 마치 한국 여자가 미국으로 시집가 오래 살았다고 해서 미국 여자가 될 수 없는 것처럼 리브가는 가나안 여자가 될 수 없었습니다. 남편과 아들들은 모두 가나안에서 태어났고 가나안에서 자랐기 때문에 그 사고방식에 익숙했고, 따라서 가나안 여자들의 문제를 잘 알지 못했습니다. 그러나 밧단 아람에서 살다가 성인이 되어 시집온 리브가는 가나안 여자들의 사고방식과 생활방식을 누구보다도 정확하게 비판할 수 있었습니다. 그래서 리브가는 가나안 여자는 절대로 야곱의 결혼 상대가 될 수 없다고 일관되게 주장했습니다.

　오늘 본문은 믿음의 사람 야곱은 절대로 가나안 여자와 결혼해서는 안 된다고 분명히 말씀하고 있습니다. 성경이 왜 그토록 가나안 여자를 거부하고 있으며 이 진리가 오늘 우리들에게 말씀하려고 하는 것은 무엇인지를 살펴보는 것이 이 설교의 목적입니다.

1. 가나안 여자의 문제

이삭이 야곱을 불러 그에게 축복하고 또 부탁하여 가로되
"너는 가나안 사람의 딸들 중에서 아내를 취하지 말고
일어나 밧단 아람으로 가서 너의 외조부 브두엘 집에
이르러 거기서 너의 외삼촌 라반의 딸 중에서 아내를
취하라"(28:1, 2).

성경은 워낙 많은 사실을 생략하고 있기 때문에, 성경이 왜 이렇게

까지 가나안 여자들을 싫어하고 거부하는지 그 이유를 알 수가 없습니다. 가나안 여자들의 문제를 아브라함이나 이삭의 시대에서 찾으려고 들면 완벽한 해답을 찾을 수가 없습니다. 이 문제를 제대로 보려면 노아 시대로 거슬러 올라가야 합니다. 그렇지 않으면 성경이 일관되게 가나안 여자를 거부하고 있는 이유를 찾을 수가 없습니다.

우리는 무엇보다 먼저 노아 홍수가 일어나게 된 원인을 생각해 보아야 합니다. 창세기 6장 1절과 2절을 보십시오.

사람이 땅 위에 번성하기 시작할 때에 그들에게서 딸들이
나니 하나님의 아들들이 사람의 딸들의 아름다움을 보고
자기들의 좋아하는 모든 자로 아내를 삼는지라.

잘못된 결혼이
홍수 심판을
불렀다

이 말씀은 노아 홍수가 일어나게 된 배경에 대해, 하나님의 아들들이 사람의 딸들을 좋아해서 그들의 육체적인 미모를 보고 결혼했기 때문이라고 말씀하고 있습니다. 그래서 어떤 사람은 여기에 나오는 "하나님의 아들들"이 '천사'를 의미한다고 말하면서, 타락한 천사와 사람이 결혼한 것이 노아 홍수 심판의 시작이라고 말하기도 합니다. 그러나 여기에서 하나님의 아들들은 천사가 아닙니다. 이것은 경건한 '신앙의 아들들'을 가리키는 말입니다. 하나님께서 인간의 구원을 위해 보존해 놓으신 경건한 후손들을 "하나님의 아들들"이라고 표현하고 있는 것입니다.

그런데 이 경건한 후손들이 신앙 없는 가인의 딸들의 미모에 반해서 그들과 결혼하게 되었습니다. 그래서 셋의 후손들이 그대로 보존되지

못하고 가인의 후손들과 섞이면서 경건한 사람들이 없어지게 된 것이
노아 홍수의 원인 가운데 하나가 되었습니다. 다시 말해서 하나님을
믿는 신앙을 지켜야 할 사람들이 정욕적인 결혼을 함으로써 신앙에서
떠나게 된 것이야말로 무서운 심판을 불러오는 결과를 가져오게 되었
다는 것입니다. 이런 결혼은 진정한 교회의 모습을 완전히 파괴시킬
것이며 결국에는 하나님의 구원을 망칠 것입니다. 그래서 하나님은 그
들을 홍수로 심판하셔서 노아의 여덟 식구만 남겨 놓으셨습니다.

그런데 문제는 여기에서 끝나지 않았습니다. 홍수가 다 끝난 후에
노아는 포도 농사를 짓고 그 열매로 술을 만들어 마셨습니다. 그런데
얼마나 마셨던지 완전히 취해서 옷을 전부 벗은 채 장막 안에서 잠이
들었습니다. 그 때 노아의 아들 함이 아버지의 벌거벗은 모습을 보고
두 형제 앞에서 아버지를 비난했습니다. 그런데 나중에 술이 깨서 이
사실을 알게 된 노아는 함이 아니라 그 아들 가나안을 저주했습니다.
문제는 바로 이것입니다. 아버지를 욕한 것은 함인데 왜 노아는 함의
작은아들 가나안을 저주했을까요?

성경이 문제 삼고 있는 것은 사람 안에 있는 부패한 본성의 확산입
니다. 노아 홍수는 하나님께서 만연되어 있는 부패한 본성을 청소함으
로써 경건한 씨를 남겨 놓으신 일종의 개혁 운동이었습니다. 사람 안
에는 타락하고 부패한 본성이 있습니다. 그런데 이 부패한 본성이 어
떻게 확산됩니까? 모방에 의해서 확산됩니다. 누군가 나쁜 짓을 하는
것을 보면 다른 사람들도 따라 하게 되어 있습니다. 또 때로는 보지도
않았는데 창조적으로 악한 짓을 하는 사람들도 있습니다. 그것은 유전
에 의한 죄의 확산입니다. 그런데 이러한 모방과 유전을 합작해서 돌

이킬 수 없을 정도로 죄의 성향을 굳혀 버리는 일이 바로 악한 성향을 가진 자와 결혼하는 것입니다. 악한 성향을 가진 자와 결혼으로 연합될 때 그 사이에서 태어나는 자식은 어떤 부분은 모방을 통해서, 어떤 부분은 스스로 창조해 냄으로써 확실한 방법으로 악을 배우게 되어 있습니다.

하나님께서는 그리스도가 오실 때까지 경건한 후손이 남기를 원하셨습니다. 그러나 경건한 후손들이 가인의 후손들을 보고 그들의 육체적인 아름다움에 매료되면서, 하나님의 구원 계획은 큰 위기를 맞이하게 되었습니다. 물론 노아 홍수는 인간들의 죄에 대한 하나님의 심판이기도 하지만 다른 한편으로는 경건한 씨를 보존하기 위한 하나님의 어쩔 수 없는 결단이기도 했습니다. 그러나 이런 심판이 끝난 후에도 노아 자신과 그 아들들 안에 이 부패한 바이러스는 여전히 살아 있었습니다.

홍수가 끝난 후 포도주에 취해서 벌거벗고 쓰러졌을 때, 노아는 분명히 어떤 성적 충동에 사로잡혔습니다. 그냥 더워서 옷을 벗은 게 아니에요. 더워서 벗었다면 윗옷만 벗으면 되는데 아래까지 다 벗지 않았습니까? 그는 아주 좋지 않은 성적 충동에 사로잡혔던 것이 분명합니다. 그리고 함이 그 아버지의 벗은 모습을 보았다는 것도 그냥 단순히 본 것이 아닙니다. 동성애적인 마음을 가지고 굉장히 자세하게 살펴보면서 아주 좋지 않은 상상을 한 것입니다.

노아는 이 모든 사건이 터지고 난 뒤에 자기 안에 있는 죄의 본성과 자기 아들 안에 있는 죄의 본성을 놓고 깊이 근심했습니다. 함도 문제였지만 함의 작은아들 가나안은 특히나 성적으로 예민하고 부패한 성향을 가지고 있었습니다. 그러므로 노아의 저주는 단순히 아들의 버릇 없는 비난에 대한 보복이 아니었습니다. 전에 살펴보았듯이 '가나안 은 종이 되어야 한다' 는 말 때문에 흑인들을 노예로 팔아먹어도 된다 고 생각한 것은 성경을 너무나도 잘못 해석한 것입니다. 노아는 자기 자신도 문제이고 함도 문제지만, 특히 가나안이라는 함의 아들에게 지 나치게 나타나고 있는 추악한 성적 경향을 경고하는 예언을 한 것입니 다.

그런데 가나안 여자들은 바로 이 가나안의 후손들입니다. 이것을 보 면 가나안 여자들의 성향을 능히 짐작할 수 있지 않습니까? 가나안 여 자들은 단순한 불신자가 아니었습니다. 그들은 마치 섹스 종교의 전도 사나 되는 것처럼 육체의 쾌락에 헌신한 자들이었습니다. 마치 나실인 이 하나님께 헌신되듯이 가나안 여자들은 섹스에 헌신된 자들이었습 니다.

우리는 음식이 부패하는 것을 자주 봅니다. 아무리 맛있는 음식이라 도 시간이 지나면 맛이 변하고 곰팡이가 피면서 썩기 시작합니다. 이 것을 부패한다고 합니다. 이처럼 사람의 정신도 부패합니다. 항상 새 로운 도전과 건전한 생각이 없으면 갑자기 허망해지면서 말도 안 되는 더러운 생각에 빠지게 됩니다. 그것이 바로 생각이 부패하는 것입니 다. 보통 그런 사람들을 '맛이 갔다' 고 하지요. 그런데 가나안 여자들 은 맛이 간 정도가 아니라 회복이 도저히 불가능할 정도로 부패한 가 치관과 성 문화를 가지고 있었습니다. 하나님께서는 그들의 성적인 타 락이나 정신적인 부패를 억제하지 않고 내버려 두심으로써 그들을 영 원히 버리기로 작정하셨습니다. 로마서 1장에 나오는 말씀 그대로입니다.

단지 하나님을 모르고 우상을 섬기는 것만이 가나안의 문제가 아니었습니다. 단순히 하나님을 믿지 않는 것이 아니라, 정상적인 이성으로 보아도 무언가 너무 지나친 면이 있는 사람들이었어요. 그들은 사람들의 기준에서 보아도 '맛이 간' 여자들이었습니다. 아직 지옥에는 가지 않았지만 이 세상에서 사는 것만 보아도 그 궁극적인 결과를 능히 짐작할 수 있는 삶을 살고 있었습니다. 가나안 여자들의 이런 모습을 본 리브가는, 야곱은 절대로 가나안 여자들과 결혼해서는 안 된다고 주장했습니다.

죄의 바이러스는 언제 증폭되는가

결국 성경이 말씀하고 있는 것이 무엇입니까? 우리의 마음 속에는 부패한 죄의 바이러스가 있다는 것입니다. 감기 바이러스와 비슷하게 생각하면 좋겠습니다. 감기약을 먹는다고 해서 바이러스가 죽는 게 아니에요. 늘 잠복해 있다가 여건만 나빠지면 활동을 재개해서 사람을 자리에 눕게 만듭니다. 요새는 감기가 중병입니다. 옛날에는 누워서 땀만 흘리면 나았는데, 요즘은 한번 걸리면 두세 달 고생하는 것은 예사입니다. 초가을에 감기 걸린 사람이 눈 내릴 때까지 회복이 안 되어서 영육간에 침체되어 있는 모습을 자주 볼 수 있지 않습니까?

우리 안에 있는 죄의 바이러스도 마찬가지입니다. 늘 잠복하고 있다가 기회만 주어지면 다시 활동하기 시작합니다. 죄의 바이러스가 가장 활발하게 활동하는 때가 언제입니까? 혼자 있을 때입니다. 식구들이 다 나가고 집에 혼자 있거나 화장실에 혼자 앉아 있을 때, 이 바이러스는 활발하게 활동합니다. 공중화장실에 가 보면 낙서가 없는 곳이 없어요. 또 다른 사람이 음란한 짓을 하는 것을 보거나 그런 종류의 책이나 영화를 볼 때 이 죄의 바이러스는 급격하게 증폭되어 버립니다. 그러나 이렇게 혼자 있을 때 짓는 죄는 하나님의 은혜로 진압될 수 있습니다. 하나님의 말씀을 듣거나, 시간이 지나면서 정신이 들면 불길이 잡히게 되어 있습니다.

그런데 악한 성향을 가진 자들과 친구 관계를 맺게 되면, 이 악한 성향이 지속적으로 그 사람을 지배하게 됩니다. 성경에서 이런 사상을 정확하게 말씀하고 있는 구절이 고린도전서 15장 33절입니다.

악한 교제의
위험

속지 말라. 악한 동무들은 선한 행실을 더럽히나니

여기에서 "악한 동무들"이란 '나쁜 교제'를 의미합니다. 부패한 성향을 가진 자들과 지속적인 친구 관계를 맺는 것보다 그리스도인들에게 더 위험하고 치명적인 일이 없다는 것입니다. 하물며 그런 성향을 가진 사람과 결혼한다는 것은 생각과 마음을 죄에 내주는 것이나 다름없는 일입니다.

성경에서 남자는 머리요 여자는 몸이라고 했으니 머리가 몸을 잘 지배하면 되지 않겠느냐고 할 사람도 있겠지만, 그렇게는 안 됩니다. 머리를 움직이는 것은 몸입니다. 우리는 보통 남자를 바꾸기 어렵다고 하지만 실제로 더 바꾸기 어려운 것이 여자의 가치관이요 생활방식입니다. 여자가 이불에서 속삭이는 소리에 넘어가지 않는 남자가 없다는 말들도 하지 않습니까? 그 속삭임이 "내일 우리 새벽기도 함께 갑시다" 같은 것이라면 좋겠지만, "내일 우리 죄 지읍시다. 사람이 얼마나 음란해질 수 있는지 한번 해봅시다" 같은 것이라면 정말 큰일나는 것이지요.

어떤 이들은 예수님도 죄인들과 교제하시지 않았느냐고 반문할지 모릅니다. 그러나 예수님께서 죄인들을 만나신 것은 그들과 어울려 교제하기 위해서가 아니라 치료하기 위해서였습니다. 그리고 그 죄인이라고 하는 자들도 타락한 죄인들이 아니라 유대인들로부터 죄인 취급을 당하던 율법적인 죄인이었다는 점을 기억해야 합니다. 예수님은 그 당시 제자들과 함께 신앙적인 공동체를 이루고 있었고, 그 죄인들을 그 사귐 안으로 초청해 들임으로써 그들을 전도하신 것이지, 세상 맛을 보기 위해 사귀신 것이 아닙니다.

내 안에 있는 이 부패한 바이러스를 무시한 채 자기 하고 싶은 대로 하거나 악한 친구를 사귀는 것보다 더 영혼을 병들게 하는 것이 없다는 것을 기억하십시오. 세상적인 사람들을 사귀더라도 신앙의 공동체 안으로 초청해서 그 안에서 신앙적으로 만나는 것이 가장 안전한 방법입니다.

2. 하나님의 나라와 여성

이삭은 야곱을 밧단 아람으로 보내면서 다시 한 번 축복을 합니다. 우리는 이것이 진짜 축복이라는 것을 알 수 있습니다. 3절과 4절을 보십시오.

"전능하신 하나님이 네게 복을 주어 너로 생육하고

번성케 하사 너로 여러 족속을 이루게 하시고

아브라함에게 허락하신 복을 네게 주시되

너와 너와 함께 네 자손에게 주사

너로 하나님이 아브라함에게 주신 땅, 곧 너의 우거하는

땅을 유업으로 받게 하시기를 원하노라."

이 축복은 진짜 축복입니다. 하나님 나라의 가장 중요한 두 가지 요소, 즉 많은 후손과 땅을 다 포함하고 있기 때문입니다. 이것이 포함되어 있지 않은 축복은 진짜 축복이 아닙니다. 물론 땅은 여자와 상관이 없습니다. 땅은 하나님께서 선물로 거저 주시는 것입니다. 그러나 많은 후손은 여자와 직접적인 관계가 있습니다. 하나님께서는 장차 이 세상을 구원할 자가 여자의 후손으로 와서 사탄의 머리를 깨고 인류를 구원하리라고 약속하셨습니다. 이 여자는 반드시 믿음의 사람이어야 합니다. 세상적인 여자는 하나님의 나라를 세우는 것이 아니라 오히려 아들들을 참된 믿음에서 떠나게 하기 때문입니다.

성경에는 그 속으로 흐르는 강한 흐름이 하나 있습니다. 그것은 아

믿음의 어머니는
축복의 징검다리

들을 낳지 못했으면서도 끝까지 믿음으로 하나님을 바라보고 기다린 믿음의 어머니들이 형성하고 있는 흐름입니다. 사라가 그러했고 삼손의 어머니가 그러했으며, 사무엘의 어머니 한나가 그러했고 세례 요한의 어머니 엘리사벳이 그러했습니다. 그리고 더 가깝게는 예수의 모친 마리아가 그런 여자였습니다. 이 믿음의 여인들은 오랜 기다림을 통하여 그리스도를 바라보는 믿음이 어떤 것인지 보여 주었습니다. 그런 징검다리들이 있었기 때문에 사람들은 그리스도를 알게 되었습니다. 또한 이 여자들은 실제로 믿음으로 아들을 낳음으로써, 하나님의 백성은 혈통으로 만들어지는 것이 아니라 믿음을 통해 초자연적으로 태어난다는 것을 보여 주었습니다.

믿음이 좋은 부모에게서 태어난다고 해서 자동적으로 하나님의 백성이 되는 것이 아닙니다. 말씀으로 다시 태어나야 합니다. 믿음의 어머니들이 보여 준 것이 무엇입니까? 아이들을 믿음으로 낳아야 하고 믿음으로 키워야 한다는 것입니다. 이스마엘은 아브라함의 아들이었지만 불신자였고 개망나니였습니다. 에서는 이삭의 아들이었지만 짐승 같은 자였습니다. 하나님의 백성은 혈통으로 나는 것이 아닙니다. 하나님의 말씀으로 만들어지는 것입니다.

그런 의미에서 볼 때, 하나님 나라의 머리는 남자였지만 실제로 그 나라를 오게 한 징검다리는 전부 믿음의 어머니들이었습니다. 아들을 낳을 수 없었지만 끝까지 인간적인 방법을 의지하지 않고 믿음으로 하나님을 기다린 어머니들이 하나님의 나라를 도래하게 만든 것입니다. 그런데 믿음으로 하나님을 기다리는 것은 고사하고 누구의 아들인지조차 모르는 사생아들을 낳기 일쑤인 이 가나안 여자들이 어떻게 하나님 나라의 어머니가 될 수 있겠습니까?

많은 후손과 땅의 축복을 신약 시대에 맞게 표현한다면 말씀과 성령이라고 할 수 있습니다. 오늘날 하나님의 나라를 임하게 하는 가장 중요한 요소는 말씀과 성령입니다. 교회는 성령의 공동체요 하나님의 말씀을 선포하고 밝히는 그릇입니다. 말씀을 선포하고 그 가운데 성령이 역사할 때 수많은 하나님의 백성들이 태어나게 되는 것입니다.

교회는 성경에서 여성적으로 표현될 때가 많습니다. 교회는 '그리스도의 신부'입니다. 또 바울은 자신을 그리스도인들을 키우는 '유모'로 표현하기도 했습니다. 이것은 교회의 머리는 그리스도시지만, 교회는 어머니로서 사람들의 신앙을 낳고 하나님의 백성을 만들며 그들을 양육하는 여성적인 역할을 한다는 것을 보여 줍니다. 어머니 교회가 변질되고 타락할 때, 그 안에 있는 교인 한 사람 한 사람이 제대로 된 신앙을 지킨다는 것은 너무나도 어려운 일입니다. 어머니가 병든 집안을 보십시오. 제대로 돌아가는 일이 하나도 없습니다.

오늘날 교회의 문제는 교회 전체가 가나안화되었다는 것입니다. 교인 한 명 한 명이 세속화된 것은 물론이고 교회도 집단적으로 가나안화되어 버렸습니다. 어머니가 가나안 여자인 것입니다. 그러니까 아이들도 당연히 가나안 아이들입니다. 오늘날 교회의 모습을 보면 호세아서가 저절로 생각납니다. 호세아서를 통해 하나님이 말씀하시는 것이 무엇입니까? 그 어미와 자식을 함께 버리시겠다는 것입니다. 이스라엘의 문제는 한 명 한 명의 타락이 아니었습니다. 한 명이 술을 끊지 못하거나 한 명이 죄스러운 생활을 하거나 한 명이 음란한 생활을 하는 것이 문제가 아니었습니다. 이스라엘 교회 전체가 가나안화된 것이 문제였습니다.

자식이 타락하면 그 한 사람만 하나님의 나라를 떠나게 되지만, 어머니가 타락하면 자식들을 몽땅 데리고 떠나게 되어 있습니다. 한 사람이 타락하면 그 한 사람의 타락으로 그치고 말지만, 설교가 타락하고 교회가 타락하면 그 안에 있는 거의 대부분의 사람들의 신앙이 타락하게 되어 있습니다. 제아무리 똑똑한 사람이라도 어머니가 병들어서 썩은 젖을 먹고 자란다면 병들지 않을래야 병들지 않을 수 없는 것입니다.

구약에서 신앙 교육은 거의 여성의 손으로 이루어졌습니다. 그 대표적인 예가 모세입니다. 모세는 젖을 뗄 때까지 어머니의 신앙 교육을 받았습니다. 젖을 뗀 후에 바로의 궁전에서 애굽식 교육을 받긴 했지만, 결국 모세의 삶에 결정적인 영향을 준 것은 어렸을 때 받은 신앙 교육이었습니다. 나중에 모세가 성경을 기록할 때 하나님이 영감도 주셨지만, 어머니로부터 들은 수많은 이야기들이 속에 새겨져 있다가 중요한 기초가 되었으리라는 것을 우리는 짐작할 수 있습니다.

이것은 신약도 마찬가지입니다. 사도 바울은 디모데에게 편지를 쓰면서 "네 눈물을 생각하여 너 보기를 원함은 내 기쁨이 가득하게 하려 함이니 이는 네 속에 거짓이 없는 믿음을 생각함이라. 이 믿음은 먼저 네 외조모 로이스와 네 어머니 유니게 속에 있더니 네 속에도 있는 줄을 확신하노라"(딤후 1:4, 5)고 했습니다. 외할머니에게 있던 신앙이 어머니에게도 내려오고 디모데에게도 내려옵니다. 신앙은 모계입니다.

사람이 성장할 때 기본적인 인격이 언제 형성됩니까? 유치원에 들어가기 전까지입니다. 나중에는 그 때 뿌린 씨가 꽃 피고 열매 맺고 자라는 것입니다. 유치원 들어가기 전에 다 결정되어 버려요. 신앙의 어머니들은 자식들에게 무엇을 가르쳐 주어야 합니까? 하나님이 존재하신다는 것을 가르쳐야 하고 무엇이 옳고 그른가를 가르쳐야 합니다. 이 기준이 한평생 자식의 인격 속에 남습니다.

성인이 되어 새로 그리스도인이 된 사람의 경우에는 그에게 하나님의 말씀을 처음으로 가르쳐 준 사람이 신앙의 어머니가 됩니다. 그를 처음으로 신앙의 세계로 이끌어 주고 성경을 가르쳐 준 사람이 결정적인 영향을 끼치게 되어 있어요. 몇십 년이 지나도 처음에 가졌던 그 신앙을 바꾸기가 어렵습니다. 그래서 처음 믿을 때 잘 믿어야 합니다. 다른 사람들을 전도하고 말씀으로 가르치는 자는 영적인 자녀를 많이 낳고 키우는 사람입니다. 사도 바울은 갈라디아 교인들을 향하여 "다시 너희를 위하여 해산하는 수고를 하노니"(갈 4:19 하)라고 말씀하고 있습니다. 다시 그들을 낳아서 새로 시작하겠다는 것입니다.

우리는 육신의 자녀를 많이 낳을 것인지 영적인 자녀를 많이 낳을 것인지 생각해 보아야 합니다. 믿는 집에서 태어났다고 해서 다 하나님의 백성이 아닙니다. 나의 자녀를 영적으로 키울 것인지 육신적으로 키울 것인지 생각하십시오. 우리 아이에게 영적인 교육이 어느 정도의 비중을 차지하고 있는지를 놓고 부부가 의논하십시오. 이런 점들을 생각하면, 왜 가나안 여자들이 야곱의 아내가 될 수 없는지 이해할 수 있습니다.

3. 혈통의 문제가 아니다

에서는 이미 가나안 여자와 결혼해서 살고 있었습니다. 그것도 한 명이 아니라 두 명이었습니다. 이 가나안 여자들의 존재는 이삭과 리브가에게 큰 근심거리가 되고 있었습니다. 에서는 이 여자들이 부모님을 기쁘게 하지 못하는 것을 보고 새로이 결혼을 합니다.

> 이에 에서가 또 본즉 가나안 사람의 딸들이
> 그 아비 이삭을 기쁘게 못 하는지라.
> 이에 에서가 이스마엘에게 가서 그 본처들 외에
> 아브라함의 아들 이스마엘의 딸이요 느바욧의 누이인
> 마할랏을 아내로 취하였더라 (28:8, 9).

에서의 오해 　가나안 여자들이 에서에게 한 일이 무엇입니까? 에서는 하나님을 믿지는 않았지만 기독교 공동체 안에 들어와 있었습니다. 거듭나지는 못했지만 그래도 하나님의 백성 가운데서 예배드리고 신앙생활 함으로써 하나님의 은혜로 보호되고 있었습니다. 그런데 이 가나안 여자들은 에서를 하나님 나라에서 완전히 떠나게 만들었습니다. 결혼과 함께 신앙이 끝장나 버린 것입니다.

그러나 에서는 자기 아내들의 문제가 혈통의 문제라고 생각했습니다. '이 여자들은 가나안 사람이라서 안 되는 거구나. 할 수 없다. 아브라함의 혈통인 이스마엘의 딸과 결혼하자.' 이렇게 해서 마할랏이라는 여자와 다시 결혼했습니다. 그러나 성경이 가나안 여자를 거부하는 것은 혈통 때문이 아닙니다. 그들의 사고방식과 가치관과 생활 때문입니다.

성경에는 가나안 사람이었으면서도 놀라운 축복을 받은 여자들이 나옵니다. 대표적인 경우가 유다의 며느리 다말입니다. 그는 가나안 여인으로서 이스라엘 백성인 유다의 아들과 결혼했습니다. 그런데 유다의 아들들이 악해서 아들을 낳지 못하고 죽었습니다. 다말은 유다의 막내아들이 크기를 기다렸습니다. 그러나 유다는 이 여자와 결혼한 아들들이 다 죽었기 때문에 막내아들을 주지 않았습니다. 다말은 창녀로 변장하여 시아버지와 관계를 맺음으로써 임신을 했습니다. 그리고 다말이 낳은 후손들 가운데서 유다의 왕이 나왔습니다.

물론 문화적으로는 이해가 되지 않는 일이지만, 하나님께서는 다말의 중심을 보셨습니다. 다말은 가나안식으로 얼마든지 쾌락을 즐기면서 부패한 삶을 살 수 있었습니다. 그러나 그는 참으로 하나님의 백성이 되기 원했고, 자신을 통해 거룩한 씨가 남기를 원했습니다. 그래서 형이 죽으면 동생과 결혼하여 씨를 남기게 하는 율법의 말씀을 붙든 것입니다. 하나님은 이 중심을 보시고 그의 임신을 축복하셨습니다.

또 라합은 가나안의 창녀였습니다. 그러나 하나님의 백성들의 모습을 보면서 여리고가 얼마나 부패한 성인지를 알게 되었습니다. 그래서 여리고를 배신하고 이스라엘 정탐꾼을 살려 줌으로써 하나님의 백성이 되었고, 다시 결혼해서 아주 훌륭한 후손을 얻었습니다.

룻은 모압 여자였습니다. 가나안 족속은 아니었지만 가나안 족속과 다를 바가 없었습니다. 그러나 그는 모압을 버리고 유다에 와서 보아스와 결혼하여 믿음의 씨를 낳았습니다.

또 다윗이 관계를 맺은 밧세바는 가나안 여자였을 가능성이 높습니다. 그의 본래 남편인 우리아가 가나안 사람이었기 때문입니다. 그러나 그는 하나님의 백성이 되었고 하나님께서는 그를 축복하셔서 솔로몬을 낳게 하셨습니다.

이처럼 이 이방 여자들은 하나님의 백성이 되기 위해 너무나도 비참하고 굴욕적인 일들을 감수했습니다. 그러나 그들의 중심은, 가나안 방식으로 얼마든지 잘먹고 잘살 수 있고 얼마든지 쾌락을 즐길 수 있음에도 불구하고 그것을 포기한 채, 설사 비참하고 굴욕적이라 할지라도 하나님의 씨를 가지려는 것이었습니다. 그 때 하나님께서는 그들의 믿음을 보시고 거룩한 씨를 주셨습니다. 이 씨들은 모두 예수 그리스도의 계보에 있는 씨들이었습니다.

성경이 거부하는 것은 가나안의 혈통이 아닙니다. 에서는 그 점을 오해했습니다. 정말 문제가 되는 것은 그들의 혈통이 아니라 사상과 사고방식과 가치관과 생활습관이었습니다. 이렇게 문제가 되는 가나안의 신앙과 사고방식을 버리고 굴욕적인 방법을 통해서라도 하나님의 백성이 되려고 한 자들을 하나님은 축복하셨고 왕의 어머니가 되게 하셨습니다. 에서는 아브라함의 혈통을 가진 여자라면 부모님이 기뻐하실까 싶어서 두 번이나 결혼한 상태에서 또 이스마엘의 딸과 결혼했지만, 이것은 믿음의 외형만 있으면 하나님의 백성이 될 수 있다고 생각하는 것과 마찬가지의 오해입니다.

이 세상에 속한 자들도 얼마든지 하나님의 백성이 될 수 있습니다. 그러나 그렇게 되려면 세상적인 관계와 가치관을 버려야 합니다. 그런 것들을 버리기 싫은 사람은 하나님의 백성이 될 수 없습니다. 어떤 남자가 지속적인 신앙생활을 위해 믿음이 좋은 여자에게 청혼할 수 있습니다. 그러나 그는 먼저 세상적인 관계를 청산해야 합니다. 믿는 흉내만 낸다고 해서 신앙적인 결합이 되는 것이 아닙니다.

오늘날 교회의 문제는 교회가 젊은이들을 말씀으로 만들어 내지 못한다는 데 있습니다. 교회는 불임의 여성과 같습니다. 말씀으로 젊은이들을 창조해 내지 못하고 있습니다. 그래서 교회 안에서 현저하게 젊은이들이 고갈되고 있습니다. 전에는 총각들은 세상으로 가고 처녀들만 많다고 했는데, 이제는 그나마 처녀들도 없고 노인들만 남은 교회로 변하고 있습니다. 교회마다 "이제 흰머리들만 남았구나. 우리가 죽고 나면 이 교회는 누가 지킬까" 하며 한숨을 쉬고 있습니다. 자업자득입니다. 하나님의 나라는 교회가 하나님의 말씀을 선포하며 교회에서 성령의 역사가 일어날 때, 거듭나는 사람들이 계속 생겨나고 또 그들이 결혼해서 가정을 이룸으로써 천대 만대 지속되는 것입니다. 그런데 미래를 생각하지 않고 이기적으로 듣기 좋은 말만 들으려 하니까 거듭나는 사람들이 생기지 않고, 결국 교회가 스스로 해체되는 현상이 일어나는 것입니다. 부모가 믿는 집 아이들도 거듭나지 못해서, 고등학교나 대학교에 들어가면 전부 세상으로 나가 버립니다. 교회가 말씀대로 증거하지 않으면 젊은 영혼들을 낳을 수가 없습니다.

이제 좀더 현실적인 문제를 좀 생각해 봅시다. 결혼을 앞둔 젊은 그리스도인들 중에는 두 부류가 있습니다. 하나는 어떻게 해서든지 믿는 자와 결혼해야 하며, 그렇지 않으면 제대로 신앙생활을 할 수 없다고 생각하는 사람들입니다. 이들은 결혼에 대해 분명한 믿음을 가지고 있습니다. '신앙생활은 혼자 하는 것이 아니다. 따라서 결혼할 사람과 신앙이 맞아야 한다. 신앙 없는 사람과 결혼할 때 내 신앙생활은 굉장히 위험해진다' 는 것을 알고 있는 사람들입니다.

그에 비해 신앙보다는 현실적인 문제들을 더 중요하게 생각하는 사람들이 있습니다. 예를 들면 인물이나 학벌이나 돈 등을 중시하는 것입니다. 이런 부류는 '현실형' 이라고 부를 수 있을 것입니다. 신앙보다는 현실을 더 중요하게 생각하는 것이지요. 대학 나오고 키도 크고 능력도 있는 사람과 결혼해야겠다는 것입니다. 우리는 이런 현실파에 대해, 그의 신앙이 대단히 위태롭다는 것을 지적하지 않을 수 없습니다. 만일 그가 참된 신앙을 가진 사람이라면 한평생 몸과 머리가 따로 노는 고통을 받게 될 것입니다. 머리와 몸이 따로 놀면 어떻게 됩니까? 춤을 출 때라면 대단히 훌륭한 춤이 나오겠지만, 생활할 때 머리와 몸이 따로 노는 것은 병입니다. 그는 한평생 자신의 잘못된 결혼을 후회하며 살게 될 것입니다.

이삼십 년 전만 해도 여자들은 결혼 상대를 선택할 권리가 없었습니다. 그래서 신앙을 가진 여자가 신앙을 가진 남자와 결혼한다는 것은 대단히 드문 일이었습니다. 그래서 교회 안에서 유아세례를 받는 것을 얼마나 귀한 일로 생각했는지 모릅니다. 그러나 신앙이 없는 남자와 결혼했을 경우에도 열매는 있었습니다. 그것은 자식들을 신앙으로 확실하게 붙드는 것입니다. 아이들은 철이 들 때까지는 철저하게 엄마 편이기 때문에, 특히 신앙 때문에 핍박받는 엄마의 모습을 보면서 대단히 좋은 믿음을 갖게 되는 경우가 많습니다. 그래서 이런 결혼을 한 어머니들의 공(功)이라면, 자기의 결혼생활은 비록 불행했지만 전혀 믿음 없는 집안에 믿음의 씨를 뿌려 놓고 믿음의 가지를 접붙여 놓은 것이라고 할 수 있었습니다.

그런데 자기 신앙도 분명치 않은 사람이 신앙 없는 사람과 결혼할
경우에는 결혼과 동시에 믿음이 끝나고 맙니다. 이런 사람은 '가룟 유
다형'이라고 할 수 있을 것입니다. 결혼하면서 신앙을 팔아먹는 것이
지요. 에서는 결혼하면서 신앙의 공동체로부터 끝내 물러나고 말았습
니다. 야곱도 없는 집에서 에서가 뛰쳐나간 이유가 무엇입니까? 가나
안 여자들 때문이었습니다. 그들이 에서를 들쑤셔서 도저히 있을 수가
없습니다. 하나도 아니고 둘이 밤마다 "답답해 죽겠으니 불타는 사막
으로 가자"고 들쑤시는 것입니다. 그래도 이 가정 안에 있을 때는 은
혜로 지킴을 받았는데 이 결혼 때문에 그것도 끝나 버렸습니다.

그래서 결혼에서 참된 신앙의 가정을 이루는 일을 중요하게 생각하
지 않고 인간적인 조건을 먼저 고려하는 사람은 신앙을 담보로 잡는
것과 같습니다. 예를 들어 아내나 딸을 담보로 노름을 한다면 말이 되
겠습니까? 그는 너무나도 귀중한 것을 담보로 잡고 있는 것입니다. 마
찬가지로 이 세상에서는 신앙을 담보로 잡히고 잘살 수 있을지 몰라
도, 그것은 잠깐의 행복과 영원한 천국을 바꾸는 깃입니다. 굉장히 손
해보는 장사를 하는 거예요.

두번째로 결혼에서 신앙을 절대적으로 생각하는 사람들의 경우를
생각해 봅시다. 그 중에 한 부류는 "하나님께서 다른 것뿐 아니라 신
앙적으로도 준비된 사람을 만나게 해 주시기 전까지는 절대로 결혼하
지 않겠다. 나는 완전히 준비된 사람과 결혼하겠다"는 '순결형' 내지
는 '절개형'입니다. 이런 사람들은 준비된 배우자가 없을 경우 기꺼이
혼자 사는 쪽을 택합니다. 마치 사라가 아들을 낳을 때까지 그냥 살았

믿음으로
기다리는 경우

던 것처럼, 마노아의 부인이 아들이 생길 때까지 그냥 살았던 것처럼 인간적인 방법을 택하지 않고 믿음으로 무작정 기다리는 것입니다. 이것은 대단히 좋은 신앙으로서, 반드시 하나님의 상급을 받을 것입니다.

그러나 대개의 사람들은 마냥 기다리기만 해서는 안 된다고 생각합니다. 그래서 신앙을 제일 조건으로 삼고 다른 것들은 포기함으로써 기준을 완전히 낮추어 버립니다. 이런 사람을 '현명형'이라고 부를 수 있습니다. 그들은 대단히 현명한 결단을 내린 것입니다. 독신으로는 도저히 살 수 없고, 집안의 압력이나 다른 형편을 볼 때 결혼은 꼭 해야겠는데 이 조건 저 조건 다 맞는 사람이 없습니다. 그래서 신앙과 인격만 확실하다면 나이에 대한 기준도 팍 내리고, 키도 '난쟁이가 아닌 이상 괜찮다. 입장할 때 고개를 좀더 조금 숙이고 가면 되지' 하는 마음으로 기준을 팍 내려 버리고, 학벌에 대한 기준도 팍 낮추어 버립니다. 이런 사람들은 굉장히 지혜로운 사람들입니다. 이렇게 결혼한 후에 보면, 사실 자기의 배우자가 너무나도 준비된 사람이며 이 결혼이 하나님이 축복하신 결혼이라는 것을 느끼게 될 때가 많습니다. 그래서 절개형이나 현명형 모두 성경적인 입장이라고 할 수 있습니다.

또 다른 부류도 있습니다. 기준을 낮추기는 싫고 그렇다고 독신으로 살 수도 없으니, 교회 밖에서 믿을 가능성이 있는 사람을 찾아서 전도해서 결혼하는 형입니다. 이를테면 '용감형'에 속하는 사람들입니다. 우물에서 숭늉을 찾느니 직접 끓이겠다는 것이지요. 이것도 굉장히 좋은 믿음입니다. 그러나 여기에는 많은 위험이 수반됩니다. 처음에는 분명히 복음적인 목적을 가지고 접근했다가, 나중에 정이 들고 나면 될 대로 되는 식의 자기 모순에 빠질 가능성이 많고, 남자들 중에는 신앙을 가지겠다고 해 놓고서도 나중에 부도를 내는 사람들이 많기 때문입니다. 그러나 개인적인 사귐을 발전시키기 전에 자꾸 공동체 안으로 끌어들여서 함께 신앙생활을 하는 가운데 먼저 신앙으로 바로 서게 한 후에 결혼을 고려한다면, 이것도 훌륭한 일이 될 수 있습니다.

오늘 본문이 말씀하고 있는 것이 무엇입니까? 우리 안에 있는 부패한 본성을 어떻게 억누르고 참된 하나님의 백성으로 남느냐 하는 것입니다. 그리고 공동체와 결혼의 문제는 이 점에서 참으로 중요한 일이라는 것입니다. 우리 안에는 죄의 바이러스가 늘 잠복해 있습니다. 이 바이러스는 기회만 주어지면 우리를 병들게 하며 부패시킬 것입니다. 그렇기 때문에 자기가 지금 누구와 사귀고 있는지 생각해야 합니다. 결혼은 이 사귐에 도장을 찍는 것처럼 중요한 일입니다. 믿음의 교회와 믿음의 가정이 우리의 마음을 지켜 주기 때문입니다.

어머니들이 중요합니다. 어머니가 건강하면 자식들도 건강하게 되어 있습니다. 교회가 신앙적으로 건강하면 교회가 복음으로 낳은 아들이나 딸들로 인해 건강한 가정들이 세워질 것입니다. 이것은 순환 관계입니다. 건강한 교회는 건강한 가정을 낳아야 하고, 건강한 가정은 건강한 교회를 만들기 위해 노력해야 합니다. 그래야 다시 건강한 가정이 세워지고, 성령의 역사가 지속적으로 불타오르며, 하나님의 나라가 확산되는 것입니다. 우리 안에 있는 부패한 본성은 혼자만의 결단으로는 해결되지 않습니다. 교회에 계속 복음으로 거듭나는 일이 일어나고, 가정이 세워지며, 가정을 통해 또 교회가 이루어져야 합니다.

사랑하는 여러분, 가나안의 문제는 혈통이 아니었다는 것을 기억하십시오. 이것은 삶의 방식의 문제이고 가치관의 문제입니다. 이 세상을 분별하십시오. 내 속에 있는 믿음을 지키며 이 부패한 본성을 억누르려면 어떻게 생활해야 할지에 대해 생각하십시오. 이 세상에서 자녀들을 어떻게 키워야 할지에 대해 생각하십시오.

벧엘의 하나님

야곱이 브엘세바에서 떠나 하란으로 향하여 가더니
한 곳에 이르러는 해가 진지라. 거기서 유숙하려고
그 곳의 한 돌을 취하여 베개하고 거기 누워 자더니
꿈에 본즉 사닥다리가 땅 위에 섰는데
그 꼭대기가 하늘에 닿았고 또 본즉
하나님의 사자가 그 위에서 오르락내리락하고
또 본즉 여호와께서 그 위에 서서 가라사대
"나는 여호와니 너의 조부 아브라함의 하나님이요
이삭의 하나님이라. 너 누운 땅을 내가 너와 네
자손에게 주리니 네 자손이 땅의 티끌같이 되어서
동서남북에 편만할지며 땅의 모든 족속이 너와 네
자손을 인하여 복을 얻으리라. 내가 너와 함께 있어
네가 어디로 가든지 너를 지키며 너를 이끌어 이
땅으로 돌아오게 할지라. 내가 네게 허락한 것을 다
이루기까지 너를 떠나지 아니하리라" 하신지라.
야곱이 잠이 깨어 가로되 "여호와께서 과연 여기
계시거늘 내가 알지 못하였도다."

창 28:10-16

나님께 대단한 열심을 가지고 있는 사람들이 종종 부딪치는 문제는, 도대체 하나님은 어디 계시는가 하는 절망입니다. 믿는다고 하면서도 자신의 삶에서 신앙이 별로 중요하지 않은 사람의 경우에는 이렇게 되든 저렇게 되든 상관이 없습니다. 그러나 하나님을 향해 뜨거운 열심을 가지고 있고 신앙이 자신의 삶에서 가장 중요한 부분을 차지하고 있는 사람의 경우, 자기 나름대로 믿음으로 행했다고 생각하는데도 나타나는 결과는 하나도 없고 오히려 자신만 완전한 실패자가 되어 버릴 때, 도대체 하나님은 어디에 계시는지, 앞으로도 계속 이런 식으로 믿어야 하는지를 놓고 고민에 빠지게 됩니다.

예를 들어 신앙이 좋은 어떤 집사님이 있었다고 합시다. 그는 정말 교회를 중요하게 생각하며 하나님의 은혜를 사모하는 사람이었습니다. 그런데 그가 보기에 자신이 다니는 교회에는 너무나도 은혜가 없었고, 목회자에게는 말씀이 없었습니다. 그리고 전혀 신앙이 없는 장로나 집사들이 교회를 다 좌지우지하고 있었습니다. 그래서 이래서는 안 되겠다는 생각에, 마음이 통하는 몇 사람과 의논하여 교회에서 바른 소리를 한번 하기로 했습니다. 그러나 나타난 결과는 완전한 재앙이었습니다. 그 소리가 교회에 덕이 되기는커녕 엄청난 혼란과 갈등을 초래하는 바람에, 결국 그 사람들 모두가 교회를 떠날 수밖에 없게 되었습니다. 그뿐만 아니라 하던 사업까지 잘 되지 않아서 집까지 몽땅 다 날려 버렸습니다. 그렇게 교회도 직장도 다 잃고 어두운 반지하 집에 웅크리고 앉아 있을 때, 그 사람의 마음 속에 무슨 생각이 들겠습니까? '도대체 뭐가 잘못되었을까? 신앙이 없는 사람들은 뭐든지 잘되던데, 그래도 저 사람들보다는 백 배 천 배 나은 나는 왜 이 모양이 되었을까? 하나님은 도대체 어디에 계시는 걸까?' 하는 의심이 생기지 않겠습니까?

좀더 큰 예를 들어보겠습니다. 마틴 루터도 하나님의 말씀을 연구하기 전까지는 신앙에서 다른 사람들과 별다를 것이 없었습니다. 그런데 아주 작은 신학교의 교수로 임명되어 학생들에게 성경을 가르치기 위해 직접 성경을 연구해 보니, 교회가 너무나도 잘못되어 있었습니다. 그래서 95개 항목에 달하는 문제점을 적어 비텐베르그 성당 문에 붙여 놓았습니다. 구구절절 옳은 말이니, 사람들이 이것을 보면 아마도 자신들의 잘못을 깨닫고 고칠 줄 알았을 것입니다. 그러나 나타난 결과는 정반대였습니다. 악한 자들은 더 미쳐 날뛰면서 루터를 파문하려고 했고, 결국 그는 아무도 모르는 곳에 수년 간 숨어 지내야 했습니다. 물론 나중에는 루터의 개혁이 성공했지만 당장 그를 찾아온 것은 철저한 패배였고, 그나마 정치적인 문제로 그를 도와 주는 영주들이 없었더라면 분명히 화형을 당했을 것입니다.

존 칼빈도 마찬가지였습니다. 칼빈은 전혀 이름난 사람이 아니었습니다. 그는 풋내기 학자였습니다. 그런데 니콜라스 콥이라는 그의 친구 한 사람이 파리 대학 총장으로 취임하면서 취임 연설문을 예수님의 팔복 설교로 대신해 버렸습니다. 그런데 이 설교는 그 당시 프랑스 사람들이 대단히 받아들이기 어려운 복음적인 내용이었습니다. 결국 총장에 취임하려고 했던 친구는 연설문 때문에 체포당할 위기에 놓여 도망을 치게 되었고, 칼빈도 덩달아 도망치게 되었습니다. 그래서 칼빈이 그 연설문의 초안을 작성하지 않았겠는가 하는 추측도 나왔지만, 정확한 것은 알 수 없습니다. 아무튼 말씀대로 믿으려고 했던 그들은 정직한 말과 행동 때문에 모든 것을 다 잃고 인생 밑바닥에 내동댕이쳐져서 모든 것을 잃고 말았습니다. 그 때 그들이 생각하게 된 것이 무엇이었겠습니까? '나는 분명히 하나님 편에 서 있었고 하나님은 나를 도우시리라고 생각했는데, 어떻게 다른 사람들은 다 멀쩡하고 나만 이렇게 비참한 패배자가 되어 이 지경에 빠지게 되었는가' 하는 생각이 들지 않겠습니까?

우리는 이미 오래 전 야곱의 삶에서 이와 똑같은 과정을 발견할 수 있습니다. 야곱은 지금 어떤 형편에 있습니까? 가지고 있던 것을 다 잃고 완전히 빈털터리가 되어 들판에 누워 있습니다. 적어도 자기 자신은 하나님의 말씀을 붙들었다고 생각했고, 또 그렇게만 하면 모든 것이 정상으로 회복될 줄 알았습니다. 하나님의 축복을 받아 내기만 하면 아버지나 형이 자신들의 과오를 인정할 줄 알았어요. 그런데 믿음으로 했다고 생각한 이 행동이 마치 미친 곰의 옆구리를 찌르는 것 같은 결과를 낳는 바람에, 오히려 에서가 야곱을 죽이겠다고 날뛰는 상황이 벌어졌습니다. 결국 야곱은 하나님의 축복을 받으려고 하다가,

패배자 야곱

그리고 하나님의 집을 바로잡으려고 하다가, 모든 것을 다 잃고 인생의 패배자가 되어 혼자 도망치는 신세가 되고 말았습니다.

지금 그의 마음 속에 계속 일어나고 있는 의문이 무엇입니까? '도대체 내가 어쩌다가 이 모양 이 꼴이 되었는가! 차라리 믿음 없이 살았더라면 이 지경까지 오지는 않았을 텐데, 괜히 믿음 찾다가 모든 것을 다 잃고 보따리 하나 없이, 동행하는 사람 하나 없이 인생 밑바닥으로 떨어지고 말았구나!' 하는 것입니다. 돌멩이를 베개 삼아 누워 있자니 끊임없는 의심과 회의가 마음 속에서 일어납니다.

그러나 하나님은 바로 그 곳에서 야곱을 만나 주셨습니다. 믿음으로 살려고 하다가 실패해서 모든 것을 다 잃고 인생의 패배자로 누워 있는 그 길바닥에서 하나님은 야곱에게 나타나셨으며 그를 만나 주셨고 그를 축복해 주셨습니다.

오늘 본문은 우리에게 세 가지를 이야기하고 있습니다. 하나는 야곱이 하나님을 만나게 된 상황입니다. 또 하나는 하나님께서 야곱에게 보여 주신 환상입니다. 그리고 마지막으로 하나님께서 야곱에게 주신 축복과 약속의 내용이 무엇이며 하나님이 궁극적으로 야곱에게 원하시는 것이 무엇인가 하는 것입니다.

1. 야곱이 하나님을 만나게 된 상황

야곱이 벧엘 들판에서 하나님의 놀라운 환상을 보고 그의 음성을 친히 들으며 축복과 약속의 말씀을 들은 상황은 어떤 상황입니까? 하나님의 축복을 얻기 위해 열심히 흥정하고 머리를 쓸 때가 아니었습니다. 오히려 가진 것을 다 잃고 빈털터리가 되어 완전히 무방비 상태로 빈들에 누워 있을 때였습니다. 28장 10절과 11절을 보십시오.

> 야곱이 브엘세바에서 떠나 하란으로 향하여 가더니
> 한 곳에 이르러는 해가 진지라. 거기서 유숙하려고
> 그 곳의 한 돌을 취하여 베개하고 거기 누워 자더니

이 본문을 읽을 때, 야곱이 아내를 구하려고, 또는 형의 위협을 잠시 피하려고 외삼촌 집으로 가다가 밤이 되니까 어쩔 수 없이 들판에서 자는 것으로 생각해서는 안 됩니다. 야곱은 지금 수많은 별들이 쏟아지는 아름다운 밤 하늘을 바라볼 처지가 아닙니다. 그는 그토록 노력하고 몸부림쳤음에도 불구하고 완전한 패배자가 되어 들판에 내팽개쳐져 있는 것입니다. 이 밤은 아름다운 밤이 아닙니다. 별이 빛나는 밤이 아닙니다. 완전한 절망의 밤입니다. 이 장면을 단순히 '야곱이 들판에 누워 있다'는 것으로만 보면 안 됩니다. 이전에 그가 하나님의 축복을 얻기 위해 몸부림치고 하나님의 복을 애타게 구했던 일과 연관시켜서 생각하지 않으면 이 장면을 절대로 이해할 수 없습니다.

야곱이 원한 것은 아버지의 축복이었습니다. 그러나 아버지의 축복은 단순히 아버지의 축복이 아니라 하나님의 축복이었습니다. 그는 이 축복을 얻기 위해 흥정을 했습니다. 사기도 쳤습니다. 자기가 할 수 있는 모든 것을 다 했습니다. 그러나 나타난 결과는 아무것도 없었습니다. 그는 지금 빈털터리가 되어 철저하게 무방비 상태로 버려져 있습

니다. 오죽 가진 것이 없으면 돌을 머리에 베고 누웠겠습니까? 그는
짐승이 달려들어도 방어할 힘이 없었습니다. 에서가 사람을 보내어 죽
이려 한다 해도 꼼짝 못 하고 당할 수밖에 없었습니다. 그는 철저한 무
방비 상태, 완전히 노출된 상태에서 들판에 누워 있었습니다.

　야곱이 원한 것이 무엇입니까? 야곱의 행동을 제대로 이해하려면
그의 집이 어떤 곳이었는지를 이해해야 합니다. 야곱의 집은 보통 집
이 아닙니다. 그 곳은 바로 하나님의 집입니다. 요즘으로 말하면 교회
입니다. 이 하나님의 집에서 야곱이 원한 것이 무엇이었겠습니까? 하
나님의 온전한 은혜와 축복이었습니다. 그런데 그에게는 이런 하나님
의 축복을 가로막는 존재가 있었습니다. 바로 아버지 이삭과 형 에서
였습니다. 최근에 아버지는 하나님의 선지자가 아닌 것 같았습니다.
원래는 선지자였는데 최근에는 통 말씀이 없었습니다. 아버지는 말씀
보다는 형이 잡아다 주는 사냥물의 요리에 빠져 있었습니다. 하나님의
집에서 모든 것을 쥐고 흔드는 사람은 신앙이라고는 눈꼽만큼도 없는
에서였습니다. 그뿐만 아니라 아버지는 하나님의 집에 대한 모든 결정
권을 이 에서에게 물려주려고 했습니다. 하나님의 집에 말씀이 없었습
니다. 오히려 신앙 없는 사람이 전부 쥐고 흔들고 있었고 그 모든 책임
을 물려받으려 했습니다.

　어떻게 이것을 그대로 두고 볼 수 있습니까? 그래서 야곱은 마음이
통하는 어머니 리브가와 계획을 짜서 아버지의 축복을 가로챘습니다.
물론 방법은 잘못되었습니다. 그러나 이것은 열심입니다. 열심이 없으
면 이런 일도 하려 들지 않습니다. 다른 사람이 아무리 하라고 빌어도
안 해요. 야곱은 하나님께 열심이 있었습니다. 그래서 형과 거래를 했

습니다. 팥죽으로 하나님의 은혜를 사려고 했습니다. 그리고 특별한 열심으로 그 축복을 가로챘습니다.

야곱이 생각한 것이 무엇입니까? 이렇게 하기만 하면 하나님께서 자기를 축복하시리라는 것이었습니다. 그러나 나타난 결과는 그것이 아니었습니다. 하나님을 대적하고 있는 에서가 전혀 영향을 받지 않았을 뿐 아니라 오히려 미쳐 날뛰면서 더 당당하게 야곱을 잡아 죽이려고 하는 바람에 모든 것을 잃고 집에서 쫓겨나야 했습니다. 그것도 그냥 쫓겨난 것이 아니라 완전히 거짓말장이요 사기꾼으로 몰려서 쫓겨났습니다. 에서는 모든 것을 차지했고, 자신은 지금 돌베개를 베고 누워 있습니다.

그 때 야곱의 마음을 지배하는 생각이 무엇입니까? 과연 하나님은 어디 계시냐는 것입니다. 나는 그렇게도 은혜를 받고 싶어서 몸부림치고 기도하고 노력하고 사기치고 흥정했는데, 하나님은 도대체 어디 계시느냐는 것입니다. 그는 믿음 때문에 망했다는 생각을 떨쳐 버릴 수가 없었습니다. 그 때 바로 거기에서 하늘이 열리며 하나님이 야곱을 만나 주셨습니다. 하나님께서는 왜 이렇게 야곱에게 엄청난 실패를 안겨다 주신 후에 그 인생 밑바닥에서 그를 만나 주신 것입니까? 그 때야말로 우리가 진정으로 하나님을 만날 때이기 때문입니다.

평소에 우리는 사람들 틈에 에워싸여 진정한 자신의 모습을 보지 못합니다. 그래서 사람들이 붙여 준 여러 가지 수식어나 가면들을 그대로 쓴 채 하나님을 만나려고 합니다. 회사에서 사장이면 하나님 앞에서도 사장 행세를 하려 들고, 학교에서 교수이면 하나님 앞에서도 교수 행세를 하려 듭니다. 그래서 하나님이 어떻게 하십니까? 진정으로 복주기 원하시는 사람들을 인생 밑바닥으로 내동댕이치십니다. 왜 그렇게 하십니까? 그 때의 모습이 우리의 진정한 모습이기 때문입니다.

야곱은 하나님의 은혜와 축복을 받으려면 무언가 받을 만한 건덕지가 있어야 한다고 생각했습니다. 그래서 하나님의 축복을 거래하려고 했습니다. 돈 주고 사든지 팥죽을 주고 사든지 어쨌든 흥정을 하려고 했습니다. 그는 자신의 노력으로 하나님의 축복을 차지하려고 했습니다. 형 에서를 속인 것은 어떻게 보면 사기지만, 또 어떻게 보면 엄청난 노력과 열정이라고 할 수 있습니다. 열심이 없었다면 어떻게 변장을 하고 음성을 바꾸면서까지 축복을 받으려고 할 수 있었겠습니까? 그러나 하나님의 축복은 절대로 흥정의 대상이 되지 못합니다. 하나님의 축복은 돈으로 살 수 있는 것이 아닙니다. 거저 주시는 것입니다. 언제 거저 주십니까? 모든 수식어와 가면들을 다 벗어버리고 진정한 자신의 모습을 가지고 하나님 앞에 나타날 때입니다.

여러분, 부모님과 거래를 할 수 있습니까? 나에게 생명을 주시고 공부시켜 주시고 결혼시켜 주신 부모님의 은혜를 어떻게 돈으로 계산할 수 있겠습니까? 부모와 자식 사이에는 흥정할 수가 없습니다. 그러나 우리는 하나님과 흥정을 하려고 합니다. "하나님, 이 헌금은 보통 헌금이 아닙니다. 제가 신경을 써서 하는 헌금이라는 점을 좀 알아주셨으면 합니다. 그러니 여러 사람 가운데서도 특별히 꼭 찝어서 복을 주십시오." "지금 제 봉사는 평범한 것이 아닙니다. 상당히 바쁜데도 불구하고 상당히 신경 써서 하고 있는 것입니다. 그러니까 하나님께서 복을 주실 때에도 그냥 모든 사람에게 주시듯이 평범하게 하시면 안됩니다." 이렇게 흥정하다가 안 통하면 기도원에 올라갑니다. 날마다 바위 위에 올라가서 40일 기도, 100일 기도를 합니다.

그러나 우리가 하나님을 만날 때는 그럴 때가 아닙니다. 언제 하나님을 만납니까? 인생 밑바닥에 내던져져서 '나는 하나님 앞에 내놓을 것이 아무것도 없구나. 나는 하나님 앞에서 티끌과 같구나' 하는 것을 깨달을 때입니다. 하나님의 축복은 이처럼 하나님과 나의 관계를 바로 알 때 시작됩니다. 내가 누군인지 모르고 하나님이 어떤 분이신지 바로 알지 못하면 신앙도, 축복도 없습니다. 모든 것을 다 잃고 먼지와 흙 속에 누워 있는 야곱, 맹수나 형으로부터 자신을 지켜 줄 만한 것이 하나도 없는 야곱, 이것이 하나님 앞에서 그의 바른 모습이었습니다. 하나님은 거기에서 그를 만나 주셨고 비전을 보여 주셨으며 축복해 주셨습니다.

내 나름대로는 하나님의 뜻대로 산다고 하다가 실패해서 빈손으로 바닥에 던져져 있을 그 때가 바로 하늘이 열리는 순간입니다. 우리는 거기에서 참으로 인정하기 싫은 우리 자신의 모습을 최초로 인정하게 됩니다. 아무것도 자랑할 것이 없고, 믿는다고는 했지만 사실은 그것도 하나의 수단에 불과하다는 것을 깨달으며, 이제 남은 것이라고는 철저한 수치와 부끄러움밖에 없는 자신의 모습을 가지고 하나님 앞에 나아갈 때에야 비로소 그분을 만날 수 있습니다.

그렇다면 우리도 하나님을 만나기 위해 전부 들판에 나가 누워 있어야 합니까? 전부 사업에 실패하고 부도가 나야 합니까? 이 세상에서 완전히 망해야 하나님을 만날 수 있습니까? 그렇지 않습니다. 하나님의 성령이 강하게 역사하실 때에는 그렇게 물리적으로 실패하지 않아도 갑자기 자신의 모습이 옆에서 보는 것처럼 보이기 시작합니다. 자

신의 죄성과 잔악함과 기질이 있는 그대로 보이면서 '내가 지금까지
망할 짓만 해 왔구나. 이렇게 살아 있는 것만 해도 하나님의 큰 은혜구
나' 하는 것을 깨닫고, 두렵고 떨리는 마음으로 하나님 앞에 서게 됩
니다. 청교도들은 이런 경험을 성령의 부으심이라고 이야기했습니다.
바로 그 때가 은혜의 시간입니다. 바로 그 때가 하나님을 만나는 시간
이며 하나님의 축복을 받는 시간입니다.

2. 야곱이 본 환상

하나님께서는 야곱에게 사닥다리의 환상을 보여 주셨습니다. 12절
과 13절 상반절을 보십시오.

꿈에 본즉 사닥다리가 땅 위에 섰는데 그 꼭대기가
하늘에 닿았고, 또 본즉 하나님의 사자가 그 위에서
오르락내리락하고 또 본즉 여호와께서 그 위에 서서
가라사대

야곱이 본 것은 사닥다리였습니다. 그러나 오늘날 우리가 생각하는
그런 사다리는 아닐 것 같습니다. 우리는 세상에서 조금씩 승진하는
것을 사다리를 한 칸씩 올라가는 것과 비슷하게 생각합니다. 또 남들
보다 좋은 대학을 나와서 돈 많은 집 처녀와 결혼하면 사다리를 몇 칸
씩 뛰어서 올라갈 수 있을 것이라고 생각합니다. 이처럼 우리가 생각

하는 사다리라는 개념은 칸과 칸 사이가 비어 있으며 폭이 좁아서 여러 사람이 올라갈 수 없는 것입니다. 그러나 여기에는 말하는 사닥다리는 한 사람씩 손으로 잡고 오르내려야 하는 사다리는 아닌 것 같고, 좀더 쉽게 이야기하자면 계단이나 다리라고 할 수 있을 것 같습니다. 그래야 그 위로 천사가 오르락내리락할 수 있지요.

그렇다면 하나님께서 야곱에게 보여 주신 이 환상의 의미는 무엇이겠습니까? 이 사닥다리는 하늘과 땅을 연결하는 다리입니다. 죄로 죽어 있는 이 세상과 영원한 하나님의 축복의 세계를 연결하고 있는 다리이며 매개체입니다. 이것이야말로 하나님이나 우리 인간에게 가장 어렵고 힘들면서도 중요한 문제입니다. 하나님께서 원하시는 것이 무엇입니까? 서로 떨어져 불화 상태에 있는 하늘과 땅을 연결하는 것입니다. 누구를 통해 그렇게 하십니까? 야곱을 통해서입니다. 이것이 바로 하나님이 야곱에게 주시려고 하는 축복의 내용입니다.

하늘과 땅이 연결되어 있는 곳이 어디입니까? 성전입니다. 사람들이 땅에서 벗어나서 하늘로 가려면 하늘과 땅이 연결되어 있는 그 곳, 즉 야곱과 그 후손들이 만드는 신앙의 공동체로 가야 합니다. 즉 하나님께서 지금 야곱에게 환상으로 보여 주고 계시는 것은 바로 성전의 환상입니다.

지금 하나님과 사람 사이를 분리시키고 있는 것은 단지 하늘이라는 공간만이 아닙니다. 하나님과 사람 사이를 분리시키고 있는 것은 죄입니다. 교만입니다. 지금 하나님께서 생각하고 계신 것은 이 교만과 죄가 해결되어 하나님과 사람의 교제가 회복되는 축복입니다. 예수님께서 나다나엘을 만났을 때 하신 말씀이 바로 이것입니다.

예수께서 대답하여 가라사대

"내가 너를 무화과나무 아래서 보았다 하므로 믿느냐?

이보다 더 큰 일을 보리라." 또 가라사대

"진실로 진실로 너희에게 이르노니 하늘이 열리고

하나님의 사자들이 인자 위에 오르락내리락하는 것을

보리라" 하시니라(요 1:50, 51).

예수님께서는 야곱이 환상 가운데서 보았던 성전의 꿈이 바로 자신을 통하여 성취될 것이라고 말씀하신 것입니다.

그 다리,
예수 그리스도인간의 가장 큰 숙제가 무엇입니까? 어떻게 하늘과 땅을 연결하느냐 하는 것입니다. 어떻게 하늘과 땅처럼 나뉘어 있는 이 두 세계를 연결해서 서로 하나가 되어 교제하게 할 수 있느냐 하는 것입니다. 이것은 야곱이 할 수 있는 일이 아닙니다. 그가 도망치는 데는 명수일지 몰라도 하늘과 땅을 연결할 수는 없습니다. 하늘과 땅을 연결하기 위해서는 누군가 하늘에서 내려와야 합니다. 그것도 그냥 내려오기만 해서는 안 되고, 하늘과 땅을 화해시킨 후에 다시 하늘로 올라가야만 합니다. 누가 감히 그 일을 할 수 있겠습니까? 에베소서에서 사도 바울은 이렇게 말씀합니다.

그러므로 이르기를 "그가 위로 올라가실 때에 사로잡힌

자를 사로잡고 사람들에게 선물을 주셨다" 하였도다.

올라가셨다 하였은즉 땅 아랫곳으로 내리셨던 것이 아니면

무엇이냐? 내리셨던 그가 곧 모든 하늘 위에 오르신 자니

이는 만물을 충만케 하려 하심이니라(엡 4:8-10).

　야곱은 에서만 제거되고 아버지만 정신을 똑바로 차린다면, 온전한 하나님의 축복을 받을 수 있다고 생각했습니다. 그러나 에서를 제거했다고 생각한 순간, 그것이 문제가 아니라는 사실을 알게 되었습니다. 하늘과 땅이 분리되어 있었습니다. 하늘과 땅만큼이나 사람과 하나님 사이는 멀었고, 그 사이를 죄와 교만이 가득 채우고 있었습니다.

　지금 하나님께서 하시려고 하는 일이 무엇입니까? 하늘과 땅을 연결하는 것입니다. 노아 홍수가 난 후 사람들은 높은 탑을 쌓으면서 "자, 성과 대를 쌓아 대 꼭대기를 하늘에 닿게 하여 우리 이름을 내고 온 지면에 흩어짐을 면하자"(창 11:4)고 했습니다. 그 때 인간들이 원한 것이 정말 꼭대기가 하늘까지 닿는 높은 탑을 만들려고 한 것인지, 아니면 비유적인 표현으로 꼭대기가 하늘까지 닿을 정도로 높은 탑을 쌓아서 자신들의 위대함을 떨치려고 한 것인지는 분명하지 않습니다. 그러나 한 가지 그들의 머리 속에 들어 있던 것은 '우리가 좀더 노력하고 힘을 합한다면 인간의 한계를 극복할 수 있을 것'이라는 신념이었습니다.

　노아 홍수 이후 인간들이 고민한 것이 무엇입니까? 자신들은 어쩔 수 없는 인간이라는 것입니다. 홍수가 나도 죽어야 하고 병이 들어도 죽어야 하고 늙어도 죽어야 하는 존재, 흩어지면 힘을 쓰지 못하는 나약한 존재라는 것입니다. 그래서 "어떻게 하면 이런 인간의 한계를 극복할 수 있을까? 우리 힘을 합치자, 머리를 합치자" 했던 것이 바벨탑의 이념이었습니다.

죽음은 우리의 모든 노력을 끝장내 버립니다. 아무리 열심히 연구하던 학자라도 죽음의 사자가 찾아오면 하던 연구를 그만 두고 떠나야 합니다. 환상적인 사랑을 하던 연인들도 죽음이 오면 헤어져야 합니다. 그래서 사람들은 어떻게 하면 하늘과 땅을 연결할 수 있을까, 어떻게 하면 좀더 멀리 날아갈 수 있을까, 어떻게 하면 자신의 한계를 넘어설 수 있을까 하는 문제에 온갖 지혜와 노력을 쏟아붓습니다. 처음에는 조금 높은 산을 정복하고, 그 다음에는 더 높은 산을 정복하고, 그 다음에는 에베레스트를 정복하고, 그 다음에는 달을 정복합니다. 의학 기술을 발달시켜서 옛날 같으면 죽었을 사람들을 살려 냅니다. 타임머신을 타고 과거로 갔다 미래로 갔다 하는 영화들을 만듭니다. 이 모든 노력이 의미하는 것이 무엇입니까? 바로 인간의 노력으로 지상과 영원을 연결하려는 것입니다. 그러나 죽음은 이 모든 것을 망쳐 놓고 맙니다.

바벨탑에 관한 성경의 기록을 보면 인간들이 바벨탑을 만들 때 하나님이 직접 거기에 내려가서 그들이 하는 것을 보셨다고 쓰여 있습니다. 인간들 안에 정말 무서운 잠재력이 있기 때문에 그대로 두면 하나님의 보좌까지 뚫고 올라올까 봐 두려워서 거기까지 내려가신 것이 아닙니다. 그들은 또 멸망할 짓을 하고 있었습니다. 또 교만하게 자기들의 노력을 집중시켜서 망할 짓을 하고 있었습니다. 그래서 하나님이 간섭해서 그들의 노력을 무력화하지 않으면 또 망할 수밖에 없기 때문에 내려가신 것입니다.

오늘 우리들이 하고 있는 일이 무엇입니까? 각자 나름대로 바벨탑을 쌓는 것입니다. 조금만 더 노력하고 조금만 더 공부하고 조금만 더 승진하고 조금만 더 건강하고 조금만 더 젊다면, 더 오래 영원히 완전하게 살 수 있을 것 같습니다. 그러나 그것으로는 하늘과 땅을 연결할 수 없습니다. 죽음과 함께 모든 것이 끝나 버립니다. 죽음은 도저히 뛰어넘을 수가 없습니다.

그러나 하나님께서는 우리 죄인과 하나님의 영원한 세계를 연결할 다리를 이미 생각해 놓으셨습니다. 이 다리가 어떻게 놓일 수 있습니까? 하나님께서는 무엇보다 이 다리가 세상에 놓일 지점이 바로 야곱의 공동체라는 점을 분명히 밝히셨습니다. 그러나 이 다리가 어떻게 놓이게 되며 누가 이 다리 역할을 할 것인지에 대해서는 분명하게 말씀하시지 않았습니다. 그 후에 오고 오는 세대를 통해 밝혀진 그 다리는 바로 예수 그리스도십니다. 예수 그리스도가 이 하늘과 땅을 연결하는 다리인 이유가 무엇입니까? 그는 친히 하늘에서 내려오신 분이기 때문입니다. 에베소서에서 사도 바울이 말씀하는 것이 바로 이것입니다. 시편에서 그가 올라가셨다고 말씀하고 있는데, 올라가시려면 먼저 내려오셔야 하지 않겠느냐는 것입니다. 그리스도는 내려오셨고 다시 올라가심으로써 이 다리를 완성시키셨습니다.

오늘 우리에게 가장 중요한 것이 무엇입니까? 삶의 지평선을 좀더 넓히는 것이 아닙니다. 정보를 좀더 많이 아는 것이 아닙니다. 우리에게 가장 중요한 것은 하나님과 바른 관계를 회복하는 것입니다. 하늘과 땅을 연결하는 다리가 없는 자는 여전히 사망의 세력에 갇혀 있게 됩니다. 아무리 살려고 몸부림쳐도 죽음이 찾아오면 모든 것을 다 내려놓고 떠나야만 합니다. 그러나 그리스도 안에 있는 자는 이 세상에 살고 있으면서도 이 세상의 능력으로 살지 않습니다. 이 다리를 통해 계속 하나님의 능력을 공급받습니다. 그는 이 땅에서 하늘의 삶을 삽니다. 천사들은 이 땅에 하나님의 뜻을 실현하고 성도들의 기도를 하나님께 전달하는 일을 합니다. 그러나 오늘날 우리는 천사들을 통하지 않습니다. 성령을 통해 하나님과 더 깊이 교제합니다.

오늘 하나님의 다리가 놓여 있는 곳은 어디입니까? 하나님의 백성들이 모여 있으며 성령으로 예배드리고 있는 교회입니다. 여기가 바로 하늘과 땅이 맞닿은 곳입니다. 우리는 바로 여기에서 하나님께 나아갈 수 있으며, 바로 여기에서 우리의 죄를 고백하고 사함받을 수 있습니다. 바로 여기에서 우리는 하나님의 무한한 능력을 간구할 수 있습니다.

3. 하나님의 궁극적인 뜻

하나님께서 환상을 통해 야곱에게 보여 주시려고 한 궁극적인 뜻은 무엇입니까? 하나님께서는 야곱에게 주실 축복을 반복해서 말씀하고 계십니다.

또 본즉 여호와께서 그 위에 서서 가라사대
"나는 여호와니 너의 조부 아브라함의 하나님이요
이삭의 하나님이라. 너 누운 땅을 내가 너와 네 자손에게
주리니 네 자손이 땅의 티끌같이 되어서 동서남북에
편만할지며 땅의 모든 족속이 너와 네 자손을 인하여

복을 얻으리라"(28: 13, 14).

　하나님께서는 하나님의 다리가 이 땅에 닿아 있는 부분, 하나님의 은혜가 이 땅에서 시작되고 퍼지는 부분이 바로 야곱의 공동체이고 야곱의 자손이며 지금 야곱이 누워 있는 땅이라는 것을 분명히 밝히고 계십니다. 다른 곳에서는 하나님을 만날 수가 없습니다. 하나님은 야곱과 그 후손에게 이 특별한 약속을 주셨습니다. 이 곳이 바로 하나님 나라에 갈 수 있는 문입니다.
　하나님은 15절에서 한 가지를 더 말씀하십니다.

"내가 너와 함께 있어 네가 어디로 가든지 너를 지키며
너를 이끌어 이 땅으로 돌아오게 할지라. 내가 네게 허락한
것을 다 이루기까지 너를 떠나지 아니하리라" 하신지라.

　하나님께서 야곱에게 원하신 것이 바로 이것입니다. 즉 그분이 친히 야곱과 함께 생활하시는 것입니다. 친히 야곱과 함께하시면서 그를 지키며 그를 인도하시는 것입니다. 어떻게 그 엄청난 하나님과 야곱이 함께 동행할 수 있습니까? 야곱은 나중에 자기와 동행했던 그 천사를 직접 보게 됩니다. 얍복 강가에서 에서를 만날 일을 두려워하고 있을 때 씨름을 벌였던 그 힘센 천사가 바로 그분입니다. 야곱은 아주 강한 분이 자신을 지키고 계시다는 것을 구체적으로 체험할 수 있었습니다. 그러나 그분의 이름이 무엇이며 어디에 계시는지는 알지 못했습니다. 나중에 이스라엘 백성들이 애굽에서 나와 시내 산에서 하나님과 언약

을 맺었을 때, 비로소 하나님께서는 이스라엘 백성들에게 집을 짓게
하시고 그 집에서 그들과 함께하셨습니다.

야곱의 생애는 개인의 생애가 아니라, 앞으로 이스라엘 민족 전체가
경험할 체험을 미리 보여 주는 것입니다. 야곱의 하나님은 저 멀리 하
늘에 계시는 분이 아니었습니다. 몸을 입고 오셔서 모든 위험에서 그
를 지키시며 그와 동행하시는 살아 계신 분이었습니다. 하나님께서는
이스라엘 백성들에게 실제로 그렇게 하셨습니다. 그들의 장막 가운데
같이 사시면서 그들을 도우시고 그들과 함께하시면서 그들을 가나안
땅으로 인도하셨습니다.

오늘 하나님께서 우리에게 원하시는 것이 무엇입니까? 단순히 우리
와 함께하시는 정도가 아니라 우리 안에 들어와 실제로 사시면서 우리
몸을 운전하시는 것입니다. 우리 옆에서 동행하시는 정도가 아니라 내
안에 들어오셔서 내 굳어 있는 몸을 운전하고 사용하시는 것입니다.
운전을 배울 때 운전 잘하는 사람이 옆에 앉아 핸들도 잡아 주고 브레
이크도 잡아 주면 얼마나 좋습니까? 하나님께서 야곱에게 약속하신
것이 그것입니다. "네가 어디를 가든지 내가 옆에 앉아서 핸들을 잡아
주고 브레이크를 잡아 주어서 건강하게 돌아오게 하겠다"는 것입니
다. 그러나 오늘 우리들에게 요구하시는 것은 그와 다릅니다. 하나님
은 친히 우리 안에 들어와 우리의 입을 사용하고 우리의 손을 사용하
며 우리의 감정을 사용하기 원하십니다. 우리를 운전하셔서 직접 우리
의 몸을 통해 이 세상에서 당신의 뜻을 이루기 원하십니다.

하나님께서 우리에게 궁극적으로 원하시는 것은 이 세상에서 대충
신앙생활 하다가 죽은 후에 훌쩍 천국으로 가는 것이 아닙니다. 그것

은 기독교에서 너무나 작은 부분입니다. '예수 천당 불신 지옥'은 기독교를 오해하게 만드는 말입니다. 기독교의 본질은 '예수 믿으면 천당 간다'는 것이 아니에요. 바로 여기에서 하나님이 내 삶을 운전하며 사시는 것입니다. 내 혀가 바뀌어야 합니다. 자기 멋대로 말하면 안 됩니다. 하나님이 말씀하시게 해야 합니다. 내 손이 움직여야 합니다. 내 몸이 움직여야 합니다. 몸이 움직이지 않는 신앙은 죽은 신앙입니다.

우리는 자꾸 무언가가 되려고 합니다. 장관이 되려고 하고 사장이 되려고 합니다. 어느 위치에 오르면 더 나은 봉사를 할 수 있을 것 같습니다. 그러나 하나님은 이 몸 자체가 그 어떤 지위나 위치보다 탁월하다고 하십니다. 지위만 높고 돈만 많으면 뭐합니까? 몸이 하나님의 뜻대로 움직여져야지요. 그래서 매 순간이 중요합니다. 매 순간 매 순간 하나님께 나를 맡기기만 하면 하나님이 나를 사용하셔서 그분의 뜻을 이루십니다.

오늘 말씀에서 짚고 넘어가야 할 것이 두 가지 있습니다. 첫째는 야곱이 본 꿈과 오늘 우리가 꾸는 꿈은 근본적으로 다르다는 것입니다. 그리스도가 오시기 전에는 하나님께서 꿈이나 환상을 통해서 말씀을 보여 주셨습니다. 야곱이 본 꿈은 오늘 우리가 듣는 설교와 같은 것입니다. 따라서 오늘날 자기의 직감이나 동물적인 본능, 잠재의식, 생생한 꿈 같은 것을 계시로 생각하면 안 됩니다. 그것은 계시가 아니라 개꿈입니다. 혹시 맞는다 해도 개꿈이에요. 우리가 꾸는 꿈에는 계시적인 성격이 없습니다.

오늘날 하나님은 꿈이 아니라 말씀으로 다가오십니다. 육감으로 알아맞히는 것은 동물적인 본능이 생생한 것이지 하나님과 더 가까이 있

다는 뜻이 아닙니다. 어쩌다가 맞을 때도 있지만 맞지 않을 때는 생사
람 잡기 쉽습니다. 우리는 말씀으로 하나님을 만납니다. 하나님의 말
씀이 너무나도 생생하게 마음에 부딪쳐 올 때가 있습니다. 그것이 바
로 오늘 우리가 꾸는 꿈이요 우리가 보는 비전인 것입니다.

둘째는 사닥다리 위에 서 계신 분은 성부 하나님이 아니라는 것입니
다. 그분은 성자이십니다. 성부는 아무도 본 사람이 없습니다. 성자가
친히 하늘과 땅을 연결하실 사명을 가지고 자기 종 야곱을 찾아오셔서
말씀하시는 것입니다.

우리가 하나님을 만날 때가 언제입니까? 말씀을 가지고 몸부림치다
가 실패했을 때, 한번 믿음으로 살아 보려고 했는데 실패해서 모든 것
을 다 날려 버리고 빈털터리가 되어서 누워 있을 때, 그 때가 바로 하
나님을 만날 때입니다. 그럴 때 살려고 몸부림치면 안 됩니다. 그냥 누
워 있어야 하나님이 찾아오십니다. 꿈지럭거리지 말고 누워 있어야 합
니다.

그러나 오늘날 대부분의 사람들은 야곱 같은 시도조차 하지 않습니
다. 미리 딱 재 봅니다. 말씀을 가지고 무리하는 일을 하지 않습니다.
이것이 문제입니다. 그리스도인들이 말씀을 가지고 몸부림을 치지 않
습니다. 미리 다 계산해서 자기 혼자 끝내 버립니다. 하나님의 은혜를
더 받기 위한 시도조차 하지 않습니다. 자기가 이미 가지고 있는 것이
있기 때문입니다. 이런 사람은 에서입니다. 이런 사람은 영원히 하나
님의 은혜를 만나지 못할 것입니다.

그러나 말씀을 가진 사람은 가만히 있을 수가 없습니다. 은혜를 더

받기 위해 몸부림치지 않을 수 없습니다. 하나님은 그런 사람을 내동댕이치셔서 자신의 모습을 보게 하시고 하나님을 만나게 하십니다. 야곱이 무엇이라고 고백하고 있습니까?

> 야곱이 잠이 깨어 가로되 "여호와께서 과연 여기
> 계시거늘 내가 알지 못하였도다"(28:16).

야곱은 지금까지 하나님을 만나기 위하여 온갖 노력을 다했습니다. 자기는 잘 믿는다고 생각하면서 거짓말도 했습니다. 흥정도 했습니다. 그러나 하나님을 만나지 못했습니다. 그가 자기 노력으로 얻어낸 축복은 진짜 축복이 아니었습니다. 그런데 철저하게 낮아져서 자기의 모습을 있는 그대로 보게 되었을 때, 너무나도 비참한 자리에서 하나님께 내놓고 요구할 것이 아무것도 없는 티끌 같은 자신을 보았을 때, 하나님이 그를 찾아와 주셨습니다.

우리가 정말 정직하고 겸손하다면 하나님 앞에서 나 자신을 방어할 능력이 조금도 없으며 하나님께서 나를 죽이려고 하신다면 물 한 방울로도 얼마든지 죽이실 수 있다는 사실을 인정하게 될 것입니다. 바로 그 곳이 하나님을 만나는 자리입니다. 바로 그 곳이 하늘의 은혜로 새로 태어나는 자리입니다.

야곱의 서원

이에 두려워하여 가로되
"두렵도다, 이 곳이여! 다른 것이 아니라 이는
하나님의 전이요 이는 하늘의 문이로다" 하고
야곱이 아침에 일찍이 일어나 베개하였던 돌을
가져 기둥으로 세우고 그 위에 기름을 붓고
그 곳 이름을 '벧엘' 이라 하였더라.
이 성의 본 이름은 '루스' 더라.
야곱이 서원하여 가로되
"하나님이 나와 함께 계시사 내가 가는 이 길에서
나를 지키시고 먹을 양식과 입을 옷을 주사
나로 평안히 아비 집으로 돌아가게 하시오면
여호와께서 나의 하나님이 되실 것이요, 내가
기둥으로 세운 이 돌이 하나님의 전이 될 것이요,
하나님께서 내게 주신 모든 것에서 십분 일을
내가 반드시 하나님께 드리겠나이다" 하였더라.

창 28:17-22

여자는 한 남자를 만나서 결혼함으로써 인생의 모든 것이 결정됩니다. 어떤 의미에서 결혼하기 전의 여자의 삶은 마치 목표를 알지 못하는 여행처럼 느껴집니다. 자기 나름대로 많은 꿈을 꾸기도 하고 계획도 세워 보지만 일단 결혼을 하고 나면, 그 결혼이 인생의 축이 되어서 모든 것이 그 결혼 관계를 중심으로 결정됩니다. 여자는 자신의 많은 꿈과 가능성을 포기하고 기꺼이 한 남자에게 헌신합니다. 그러면 남자는 어떻게 해야 합니까? 그는 여자의 모든 필요를 채워 주며 보호해 주고 사랑함으로써 여자가 더 성숙하고 풍성한 삶을 살게 해 주어야 합니다. 이처럼 한 여자가 한 남자를 만나서 결혼하는 것보다 더 기독교 신앙을 잘 설명해 주는 것이 없습니다.

오늘 본문에서 야곱은 머나먼 여행을 떠납니다. 그는 한때 대단한 꿈을 가지고 있었고 자기 자신에 대해서 큰 포부를 가지고 있었습니다. 그러나 어느 순간 먹을 것도 없고 입을 것도 없는 빈털터리로 먼 길을 떠나다가 빈들에 쓰러지는 신세가 되었습니다. 그런데 그는 바로 거기에서 살아 계신 하나님을 만났습니다. 하나님이 나타나셔서 자신이 누구이며 어떻게 할아버지 아브라함과 아버지 이삭을 지켜 주셨는지 말씀하셨습니다. 그리고 야곱에 대해 가지고 계신 계획을 말씀해 주셨습니다.

야곱은 이 하나님의 말씀만큼은 지금까지 그가 가졌던 허황된 꿈처럼 취급하지 않았습니다. 그는 전적으로 이 말씀을 붙들었고 이 말씀을 믿었습니다. 그는 자리에서 일어나 자기가 베고 누웠던 돌을 일으켜 세우고 거기에 기름을 부었습니다. 그리고 그 곳 이름을 '하나님의 집'이라는 뜻으로 '벧엘'이라고 지었습니다. 그는 하나님 앞에서 자기의 연약함과 헐벗음을 고백하고, 하나님께서 자기를 버리지 않으신다면 이러저러하게 하나님을 섬기겠다고 약속합니다.

야곱의 이 경험을 자세히 살펴보면 여자가 남자를 만나서 결혼하는 것과 아주 비슷하다는 사실을 발견하게 됩니다. 하나님을 인격적으로 만나는 것이나, 한번 만나고 난 후에는 전적으로 자신의 삶을 맡기고 헌신하는 것이나, 하나님이 야곱의 먹고 사는 모든 문제를 책임져 주는 이 모든 것이 결혼과 굉장히 비슷한 의미를 가지고 있습니다.

하나님께서 남녀간에 결혼을 허락하신 데에는 결혼을 통해 서로 사랑하고 행복하라는 의미도 있지만, 또 한편으로는 이 결혼을 통해 하나님을 더 잘 알아 신앙생활을 잘 하라는 의미도 있습니다. 그런데 어떻게 된 일인지 결혼하면 오히려 신앙이 없어져 버리는 경우가 많습니다. 아니 데이트를 시작할 때부터 이미 신앙이 점점 없어지다가 첫아이를 낳으면서 완전히 끝장이 나 버립니다.

이런 야곱의 체험은 다른 사람의 삶에서도 반복되고 있습니다. 이스라엘 백성들은 애굽을 탈출해서 거친 광야를 여행했습니다. 언제 물이

없어서 죽을지, 또 언제 양식이 없어서 죽을지, 언제 사나운 맹수들이
나 아말렉 족속 같은 도둑 떼들의 습격으로 죽을지 모르는 상황이었습
니다. 그들은 지쳐 있었고 굶주려 있었습니다. 그 때 하나님께서 시내
산에서 나타나 이스라엘 백성들에게 말씀하셨습니다. 그 말씀은 그냥
평범한 말씀이 아니었습니다. 직접적이고 체험적인 말씀이었습니다.
이스라엘 백성들은 그들에게 말씀하시기 위하여 시내 산에 강림하신
하나님을 느낄 수 있었습니다.

그 때 이스라엘 백성들은 하나님과 언약을 맺었습니다. 다시는 다른
신을 섬기지 않겠고 이웃을 해치지 않겠으며 하나님의 백성으로서의
모든 의무를 다 이행하겠다고 했습니다. 그들은 피를 뿌리는 언약을
세웠고, 하나님께서는 그 언약의 말씀을 두 돌비에 새겨서 주셨습니
다. 이 때부터 이스라엘은 하나님의 백성으로 새로 태어나게 되었습니
다. 그리고 하나님께서는 이스라엘 백성들의 모든 필요를 채워 주시며
그들을 보호하시고 말씀으로 성숙시킬 책임을 지시게 되었습니다. 하
나님께서는 만나와 메추라기로 그들에게 먹을 것을 공급해 주셨고, 반
석에서 물이 나오게 해 주셨으며, 풍성한 말씀을 주셔서 그들을 더 성
숙시켜 주셨습니다.

이 일은 오늘 우리들의 삶에서도 반복되고 있습니다. 우리는 정처
없이 광야 길을 가는 사람들과 같습니다. 물론 꼭 가야 한다고 정해진
목적지가 없으니까 자유롭기는 합니다. 그러나 언제 어디서 무슨 일을
당할지 모릅니다. 그런데 어느 날 하나님이 말씀으로 우리를 찾아와
주십니다. 지금까지와는 다른 방식으로 말씀이 우리에게 임합니다. 그
리고 나서 어떻게 됩니까? 그 말씀을 전인격으로 붙들고 믿음으로 반

응할 때, 우리에게 기름을 부으시고 자기 백성으로 삼으시며 그 때부터 우리의 모든 필요를 채워 주십니다. 그리고 우리를 완성시켜서 온전한 인격체로 만들어 가십니다.

1. 믿음으로 반응한 야곱

야곱은 빈들에서 잠을 자다가 특별한 체험을 했습니다. 즉 꿈을 꾸는 가운데 하나님의 환상을 보고 하나님의 말씀을 들은 것입니다. 지난번에 말씀드렸듯이, 우리가 기억해야 할 것은 꿈이나 환상은 구약시대에 하나님께서 자기 백성들에게 말씀하시는 중요한 수단이었다는 것입니다. 그러므로 야곱이 꿈을 꾸었으니 우리도 꿈을 꾸어야 하고 우리의 꿈에도 사다리가 나타나야 한다고 생각하는 사람은 시계를 5,000년 전으로 돌려 놓으려고 하는 것과 같습니다. 여기에서 중요한 것은 야곱이 이번에 경험한 것은 하나님의 말씀으로서, 이 말씀은 그의 생애에 특별한 것이었다는 사실입니다.

처음으로 직접 말씀을 듣다

지금까지 야곱이 들은 하나님의 말씀은 어떤 것이었습니까? 모두 간접적인 것이었습니다. 하나님께서 할아버지 아브라함에게 하신 말씀을 간접적으로 듣고, 아버지 이삭이나 어머니 리브가에게 하신 말씀을 간접적으로 들었을 뿐입니다. 야곱에게 직접 하신 말씀은 하나도 없었습니다. 다시 말해서 지금까지 야곱이 경험한 것은 모두 간접적인 말씀이었다는 것입니다. 하나님께서 어떤 사람에게 말씀하신 것을 한 다리 건너서 다시 들은 것이었습니다. 물론 한 다리를 건너든지 두 다리를 건너든지 하나님의 말씀은 하나님의 말씀입니다. 그러나 이번에는 특별했습니다. 하나님이 야곱에게 직접 말씀하셨습니다.

구약 시대에 선지자들이 꿈이나 환상을 통하여 하나님을 경험한다고 할 때, 그것은 평범한 꿈이나 환상이 아니었습니다. 꿈이나 환상이라도 직접 눈으로 보는 것 이상으로 생생하며, 사람의 전인격을 지배하는 경험이었기 때문입니다. 구약의 선지자들이나 하나님의 사람들은 하나님께서 계시로 주시는 꿈이나 환상과 자기 마음대로 보는 꿈이나 환상을 분명히 구별할 수 있었습니다. 선지자들이라고 해서 이상한 꿈을 꾸지 않는 것이 아니에요. 선지자들이라고 해서 잘못된 꿈을 꾸지 않는 것이 아닙니다. 그러나 하나님이 주시는 꿈이나 환상은 달랐습니다. 도저히 꿈에서 본 것이라고 말할 수가 없었습니다. 너무나도 엄청나고 압도적이어서 그 메시지에 완전히 사로잡힐 뿐 아니라 꿈에서 깨어난 후에도 온몸이 후들거리는 두려움과 경외감에 사로잡혔습니다.

오늘 본문을 보면 야곱이 꿈에서 깨어난 후 이 꿈이 준 메시지에 완전히 사로잡히는 것을 볼 수 있습니다. 28장 17절을 보십시오.

이에 두려워하여 가로되
"두렵도다, 이 곳이여! 다른 것이 아니라
이는 하나님의 전이요 이는 하늘의 문이로다" 하고

야곱은 잠에서 깨어난 후 온몸이 후들거리는 두려움과 경외감에 사로잡혔습니다. 이것은 그가 경험한 것이 단순한 꿈이 아니라 전적인 하나님의 말씀이며 계시였다는 것을 알려 줍니다.

오늘 우리가 경험하는 하나님의 말씀은 간접적인 것입니다. 하나님이 아브라함에게 말씀하신 것을 한 다리 건너서 듣고, 주님이 제자들에게 하신 말씀을 한 다리 건너서 듣습니다. 마치 호랑이를 직접 보는 대신 사진이나 그림책에서 보는 것과 같습니다. 그림책이나 사진으로 호랑이를 보면서 긴장할 어린이가 어디 있습니까? 온몸을 막 떨고 울면서 그림책 보는 아이가 있습니까? 과자 먹어 가면서, 떠들어 가면서 그림 속의 호랑이를 감상하지요.

우리는 이처럼 그림책 속에 있는 호랑이를 보듯이 아주 여유만만하게 엉뚱한 생각을 하면서 하나님의 말씀을 듣습니다. 재미있으면 웃고, 재미없으면 주보에 낙서를 하거나 잡담을 하거나 옆에 있는 어린아이와 눈을 맞춰 가면서 아주 여유있게 듣습니다. 어떤 때는 설교가 제법 유익하기도 합니다. '아쭈, 오늘은 잘하네' 생각합니다. 그런데 한 번 했던 설교나 예화가 또 나오면 지루합니다. 그러면 시계만 자꾸 쳐다보면서 엉뚱한 생각을 하지요. 한 다리 건너서 하나님의 말씀을 들으니까 긴장하고 두려워해야 할 이유가 전혀 없습니다. 다리가 후들거릴 이유가 없습니다.

그러다가 하나님의 말씀이 아주 비상하게 마음을 파고 들어올 때가 있습니다. '오늘 설교는 바로 나한테 하시는 말씀이구나. 다시는 도망치면 안 되겠구나' 할 때가 있습니다. 물론 평범한 상태에서 이렇게 말씀이 찾아오지는 않습니다. 하나님께서 이렇게 찾아오실 때에는 사전정비 작업을 미리 해 놓으십니다. 가진 것을 싹 다 빼앗아서 완전히 빈털터리로 만들어 놓으십니다. 바닥에 엎드러지게 하십니다. 어떤 때는 자신의 죄 문제로 고민하고 갈등하느라 거의 녹초가 된 상태로 나오게 하시기도 합니다. 돈 잘 벌리고 애들 잘 크면 긴장할 이유가 뭐가 있습니까? 그럴 때는 교회에 와서 예배를 구경합니다. 그러나 하나님이 야곱을 완전히 바닥으로 패대기치셨듯이, 몇 푼 되지도 않는 돈을 과시하면서 살았던 사람의 돈을 싹 다 빼앗아 가시고, 젊다고 까부는 사람을 도덕적으로 실패하게 하실 때, 그래서 죽음 외에는 다른 길이 없다는 생각이 들 때 하나님의 말씀이 임하기 시작합니다.

그 때 하나님의 말씀을 들으면서 느끼는 것이 무엇입니까? '이제는 죽었구나!' 하는 엄청난 두려움입니다. 어떤 때는 설교를 듣기 전부터 벌써 흐느끼기 시작합니다. 하나님께서 다른 사람에게 말씀하시는 것이 아닙니다. 그 불꽃 같은 눈으로 나를 직접 쳐다보시면서 "너 살래, 죽을래" 하며 찾아오실 때가 평생에 한 번은 옵니다. 그림책의 호랑이를 보는 것이 아닙니다. 마치 산에서 헤매다가 갑자기 진짜 호랑이와 맞닥뜨린 것 같습니다. 전에는 "이 교인은 이래서 싫고 저 교인은 이래서 문제고" 하면서 말이 많았습니다. 하지만 지금 그럴 여유가 어디 있습니까? 호랑이를 바로 앞에서 마주쳤는데요.

그 날의 말씀은 지금까지 듣던 말씀과 완전히 다릅니다. 메시지는 같지만 그 안에 흐르고 있는 전류가 다릅니다. 지금까지 듣던 하나님의 말씀이 100볼트나 200볼트 정도였다면, 하나님께서 특별히 찾아오신 날은 20,000볼트입니다. 그냥 저릿저릿한 게 아니에요. 완전히 태워 버립니다. 머리카락이 다 곤두섭니다. '죽었구나! 내가 이 말씀을 듣고도 살 수 있을까!' 자존심이 어디 있습니까? 자기 계산이 어디 있습니까? 하나님이 무섭게 살아 계신 심판주로 임하시면 모든 것이 끝

장나 버립니다. 지금 야곱이 그 경험을 하고 있는 것입니다. 여유만만
하게 교회 다닐 때는 좋았어요. 이 사람 저 사람 핑계대면서, 여유있게
주보에 낙서해 가면서, 이 계획 저 계획 세워 가면서 신앙생활 할 때는
편했습니다. 그런데 하나님의 말씀 앞에 딱 나와 서니까 완전히 작살
에 꽂힌 것 같습니다. 꼼짝달싹 할 수가 없습니다.

　　고린도 교인들이 얼마나 빤질빤질한 사람들이었습니까? 얼마나 잘
난 체하는 사람들이었습니까? 얼마나 사도 바울을 우습게 아는 사람
들이었습니까? 바울은 그들에게 이렇게 말씀합니다.

　　　내 말과 내 전도함이 지혜의 권하는 말로 하지 아니하고
　　　다만 성령의 나타남과 능력으로 하여
　　　너희 믿음이 사람의 지혜에 있지 아니하고
　　　다만 하나님의 능력에 있게 하려 하였노라(고전 2:4, 5).

말씀은
압도한다

　　믿음은 지적인 설득이 아닙니다. 하나님의 말씀을 잘 알아듣도록 설
명해서 받아들이게 하는 것이 아닙니다. 하나님께서 말씀을 통해 찾아
오시는 것입니다. 모든 위선과 핑계의 껍질을 다 벗기시고 우리를 인
격적으로 만나시는 것입니다. 그 때 할 수 있는 말은 한마디밖에 없습
니다. "저를 불쌍히 여겨 주십시오! 저를 살려 주십시오!"

　　여자가 한 남자와 결혼하는 것은 어떤 매력에 사로잡혔기 때문입니
다. 솔직하다든지 믿음직하다든지 돈이 있어 보인다든지, 어쨌든 한
가지는 마음에 드는 것이 있으니까 결혼하는 것입니다. 그러나 우리가
신앙을 갖는 것은 무언가 한 가지 마음에 드는 것이 있어서가 아닙니

다. 진짜 하나님을 만났기 때문입니다. 물론 하나님을 만나기 전에도 신앙은 있었어요. 그러나 그것은 급할 것이 전혀 없는 신앙이었습니다. 오늘 교회 안 가면 다음 주에 가면 됩니다. 다음 주에도 못 가면 한 달 후에 가면 되지요. 안 믿겠다는 게 아닙니다. 그러나 급할 것이 하나도 없습니다. 신앙생활에 긴박함이 없습니다.

이렇게 긴박함이 빠진 신앙은 신앙이 아닙니다. 처녀들이 왜 아름답습니까? 긴장하고 있기 때문입니다. 처녀가 해삼처럼 팍 퍼져서 아무 데서나 하품하고 아무 데서나 드러누우면 누가 좋아하겠습니까? 처녀는 무언가 긴장하고 조심하기 때문에 아름다운 것입니다. 그리스도인에게도 이런 긴장이 있어야 합니다. 교회 가고 싶으면 가고 가기 싫으면 빠지고 졸고 싶으면 조는 것, 이렇게 여유만만하게 믿는 것은 엉터리 신앙입니다.

하나님과의 만남은 설교자의 자질에 필수적인 것입니다. 하나님과 직접 맞부딪친 경험이 없는 설교자는 설교는 들을 만해도 그 안에 긴박함이 없습니다. 여기저기서 뽑은 자료로 시간은 잘 때우지만 지금 이 말씀을 바로 전하지 않으면 이 영혼들이 지옥 간다는 긴박함이 없습니다. "하나님은 살아 계십니다! 여러분은 지금 이 상태로 돌아가면 절대로 안 됩니다!" 하는 절박함이 없습니다. 자기가 경험하지 못한 하나님을 어떻게 다른 사람에게 소개할 수 있겠습니까? 하나님에 대해 객관적으로 설명할 수는 있겠지요. 그러나 사람들을 하나님 앞으로 데려갈 수는 없습니다.

하나님은 말씀 가운데 우리를 찾아오십니다. 어떤 말씀입니까? 멋있는 설교가 아닙니다. 내 영혼을 완전히 쪼개며 쥐어짜는 말씀입니다. "이제는 더 이상 도망가지 마라. 나는 하나님이다! 지금까지는 네 돈과 머리를 믿고 네 멋대로 살았지만, 이제는 걸려 들었다. 너, 죽을래, 살래!" 20,000볼트로 찾아오십니다. 그 때 신앙이 시작됩니다.

2. 돌에 기름을 붓다

야곱은 자기에게 나타나 말씀하신 하나님을 전적으로 믿었습니다. 이것은 그냥 꿈에 사닥다리를 본 것이 아닙니다. 자신을 완전히 짓눌러서 더 이상 도망칠 수 없게 만드는, 엄청난 능력으로 압도하는 말씀이었습니다. 이 말씀을 체험한 야곱은 주관적인 고백으로는 충분치 않다고 생각했습니다. 그래서 자리에서 벌떡 일어나 특별한 의식을 행했습니다.

> 야곱이 아침에 일찍이 일어나 베개하였던 돌을 가져
> 기둥으로 세우고 그 위에 기름을 붓고 그 곳 이름을
> '벧엘'이라 하였더라. 이 성의 본 이름은 루스더라
> (28:18, 19).

야곱은 이런 하나님과의 만남을 "그냥 그럴 수도 있는 일이야. 누구나 한 번씩은 다 이렇대. 난 길이나 빨리 가야지. 꿈을 꾸는 바람에 너무 오래 누워 있었네" 하면서 그냥 넘어가지 않았습니다. 그는 자기가 베고 있던 돌을 세우고 거기에 기름을 붓는 의식을 행했습니다.

우리에게 궁금한 것은 돌에 기름을 붓는 이 일에 무슨 의미가 있는
가 하는 점입니다. 어떤 사람들은 야곱이 숭배의 목적으로 이 돌을 세웠다고 해석하기도 하고, 또 어떤 학자들은 야곱이 여기에서 초인적인 능력을 발휘했다고 해석하기도 합니다. 그러나 반드시 숭배의 목적으로 돌을 세우는 것은 아닙니다. 기념할 의도로 돌을 세우거나 쌓을 때도 있습니다. 우리는 성경 여러 곳에서 숭배하기 위해서가 아니라 기억하기 위해 돌을 세우는 것을 볼 수 있습니다. 더욱이 야곱은 방금 자기 앞에서 말씀하신 하나님을 체험했는데도 금방 마음이 허망해져서 뒤돌아서 돌을 세우고 그 돌에게 영광을 돌릴 만큼 미련한 사람이 아닙니다. 그가 세운 돌은 기념이 되고 표시가 될 만큼 어느 정도는 큰 돌이었을 것입니다. 그러나 혼자서 움직일 수 없을 정도로 아주 큰 돌은 아니었을 것입니다.

돌을 세운 일보다 더 중요한 것은 왜 여기에 기름을 부었는가 하는 점입니다. 우리는 그 당시의 풍습을 잘 모르기 때문에 돌 위에 기름을 붓는 일의 의미를 잘 알 수 없습니다. 게다가 돌에 기름을 붓는 일은 다른 경우에는 잘 나타나지 않습니다. 저는 야곱이 들판에서 한 이 행동을 그 당시에 행해졌던 어떤 풍습의 연장으로 생각하는 데에는 무리가 있다고 생각합니다. 왜냐하면 이 기름 부음은 앞으로 이스라엘 공동체 안에서, 또 신약 시대에 이르기까지 하나님의 소유를 나타내는 가장 중요한 의식으로 받아들여지기 때문입니다.

야곱 이후에 하나님께서는 이스라엘 백성들로 하여금 하나님께 속한 모든 것에 기름을 붓게 하십니다. 제사장에게 기름을 부으면 하나님의 사람이 됩니다. 성전에서 사용하는 기구들에 기름을 부으면 하나

님의 소유가 됩니다. 만약 사람 수가 모자란다고 제사장을 불러다 일을 시키거나 그릇이 없다고 성전 기구로 물을 마시면 곧바로 저주가 임합니다. 하나님께서 그 사람이나 물건을 구분하셔서 구원론적 의미를 주셨기 때문입니다.

이렇게 구분된 사람이나 물건이나 의식은 죄인들을 구원하기 위한 방편으로 사용될 것이며, 그 하나하나가 사람들의 마음 속에 믿음을 불러일으키는 역할을 하게 될 것입니다. 성전은 단순한 천막이었습니다. 그러나 하나님께서는 거기에 기름을 부으심으로써 그 안에서 일어나는 모든 의식에 구원의 능력이 나타나게 하셨습니다. 이것은 신약 시대 때 성령의 역사로 나타납니다. 성령의 기름 부음이 복음 증거의 능력으로 나타나며 구원의 능력으로 나타나는 것입니다.

야곱이 돌에 기름을 부은 것을 당시 사람들의 맹세 의식을 적용한 것으로 생각할 수도 있습니다. 그러나 어떤 의미에서는 그가 성령의 감동으로, 앞으로 교회 안에서 이루어질 구원론적인 입장에서 최초로 기름을 부었다고 볼 수도 있습니다. 왜냐하면 이후에 나오는 야곱의 서원이 실제로는 야곱이 해야 할 말이라기보다는 하나님의 입에서 나와야 할 말씀이기 때문입니다. 다시 말해서 "나를 지키시고 먹을 양식과 입을 옷을 주사 나로 평안히 아비 집으로 돌아가게 하시오면"이라고 하는 말은 사실 하나님이 야곱에게 하실 말인데 그의 입을 통해 표현되고 있습니다. 그렇다면 이 기름 부음도 하나님께서 하실 일을 야곱이 성령의 감동으로 대신 하는 것이라고 생각할 수 있습니다.

야곱이 돌에 기름을 부었다고 해서 그 돌을 신성시했다고 보면 안됩니다. 그가 기름을 부은 것은 자기에게 나타나신 하나님의 말씀을 전적으로 믿고 받아들이며 그 말씀을 한평생 의지하고 살겠다고 약속하는 의식입니다. 예를 들어서 한 여자가 "나는 이러저러한 사람인데, 나를 믿는다면 결혼해 주십시오"라고 말하는 남자의 말을 받아들일 때 어떻게 합니까? 결혼하겠다고 말하면서 서약을 하고 결혼 반지를 낍니다. 그러면 그 때부터 그 남자의 아내가 되는 것입니다.

야곱은 하나님께서 나타나신 것을 자기를 특별히 택하시는 표시로 알고, 믿음으로 받아들입니다. 그래서 자기가 베고 누웠던 그 돌에 기름을 부음으로써 하나님의 말씀을 영원히 잊지 않고 그 말씀만 믿고 살겠다고 선언합니다. 이것은 단순한 약속이 아니라, 이제 자기가 하나님의 것이 되었다는 선언입니다. 그러므로 이 돌은 기억의 돌이나 숭배의 돌이 아니라 서원의 돌이며, 자신을 하나님께 헌신하는 언약의 돌이 되는 것입니다. 바로 이 순간을 통해 야곱은 영원한 하나님의 사람이 됩니다.

우리가 여기에서 알아야 할 것은 야곱이 지금 원맨쇼를 하고 있는 것이 아니라는 것입니다. 하나님께서 먼저 그를 찾아오셔서 자신을 보여 주셨습니다. 그리고 야곱은 그 말씀에 전적으로 순종한다는 뜻으로 돌을 세우고 기름을 부었습니다. 특히 야곱이 기름을 사용한 것은 성령이 주시는 지혜로 앞으로 이루어질 하나님의 소유의 표시를 가장 먼저 실행한 것이라고 생각할 수 있습니다.

이런 언약을 세우면 어떻게 됩니까? 서로가 서로를 소유하게 됩니다. 야곱이 기름 부은 언약을 깨뜨리지 않는 한 하나님은 야곱을 버리지 못하십니다. 그리고 하나님을 만나기 원하는 사람들은 아무리 교활하고 인격적으로 문제가 있는 사람이라 하더라도 야곱을 통하지 않고

서는 절대로 하나님을 만나지 못합니다. 왜냐하면 이 언약을 통해 하나님과 야곱은 서로를 소유하게 되었기 때문입니다.

언약이란 강한 사람에게는 책임이 되고 약한 사람에게는 말할 수 없는 보장이 됩니다. 강대국과 약소국이 상호 불가침 조약을 맺으면 강대국이 손해를 보고 약소국이 이득을 보게 되어 있습니다. 우리는 하나님과 언약을 맺으면 우리가 손해본다고 생각합니다. 술도 못 마시고 주일에 마음대로 놀러도 못 가니까 손해본다고 생각해요. 그런데 그게 아닙니다. 손해보는 쪽은 오히려 하나님입니다. 우리가 손해볼 게 뭐가 있습니까? 오히려 우리는 크게 덕을 보는 것입니다. 그 크신 하나님께서 우리를 통하지 않고서는 아무 일도 하시지 않습니다. 또 우리가 믿음으로 나아갈 때 반드시 들어 주십니다.

3. 야곱의 서원

야곱은 하나님 앞에서 자신의 신앙을 고백하고 서원을 합니다. 20절과 21절을 보십시오.

야곱이 서원하여 가로되 "하나님이 나와 함께 계시사 내가
가는 이 길에서 나를 지키시고 먹을 양식과 입을 옷을
주사 나로 평안히 아비 집으로 돌아가게 하시오면
여호와께서 나의 하나님이 되실 것이요"

야곱의 이 서원을 들을 때 쉽게 이해되지 않는 것이 하나 있습니다. 그것은 야곱이 여전히 신앙을 하나의 조건처럼 제시하고 있다는 점입니다. 야곱은 지금 대단히 어려운 입장에 처해 있습니다. 그는 그런 어려움 가운데 놀라운 하나님을 체험했습니다. 그래서 돌에 기름까지 부어서 헌신을 약속했음에도 불구하고 하나님께 전적으로 자신을 맡기지 못하고 "나를 지키시고 먹을 양식과 입을 옷을 주사 나로 평안히 아비 집으로 돌아가게 하시오면" 그 때서야 비로소 하나님을 자기의 하나님으로 섬기며 십일조를 바치는 본격적인 신앙생활을 하겠다고 서원하는 말처럼 들립니다. 이것이 사실이라면 야곱이 돌에 부은 기름은 헌신의 기름이 아니라 불신앙의 기름이 될 것입니다.

예를 들어서 어떤 남자가 여자에게 나타나서 "내가 당신의 모든 삶을 책임질 테니 나와 결혼해 주십시오"라고 했는데, 여자가 가만히 생각하다가 "저는 당신 말을 다 믿어요. 하지만 지금 제 형편이 아주 어렵거든요. 입을 것도 없고 먹을 것도 없어요. 그러니 상당한 기간 저에게 돈을 대 주시고 저를 보호해 주셨으면 해요. 그러면 당신이 하는 것을 보고 난 후에 결혼 여부를 결정할게요" 했다고 합시다. 이것은 못 믿겠다는 것이나 다름없는 말입니다.

그러나 야곱의 서원은 조건이 아닙니다. 그의 서원에는 두 가지 뜻이 있습니다. 첫째는 자신의 비참하고 어려운 처지를 솔직하게 하나님께 말씀드리면서 그의 도우심을 간구하는 것입니다. 마치 조건을 거는 것처럼 표현되어 있지만 조건을 거는 것이 아닙니다. 야곱은 아버지 집에 있는 것들을 다 찾게 해 주시면 그 때 하나님을 믿겠다고 하지 않았습니다. 오히려 지금 자기가 살아 있기는 하지만 실제로는 살아 있는 것이 아니며 죽은 목숨이나 진배없다는 것을 하나님께 말씀드리면서 그의 도우심을 간구하고 있습니다. 아마 야곱이 하나님께 드린 기도 중에서 이보다 더 진솔하고 절박한 기도가 없을 것입니다. "하나님, 저에게 나타나 주셔서 감사합니다. 저는 하나님의 말씀을 전적으로 믿습니다. 그러나 저는 너무나도 연약해서 이 언약을 지킬 자신이 없습니다. 저의 모든 삶을 하나님께 맡깁니다. 저를 지켜 주시옵소서." 표현만 조건이지 실제로는 자신의 전 삶을 하나님께 맡기는 기도인 것입니다.

 둘째는, 우리가 하나님과 언약을 맺을 때 하나님께서 어떻게 우리를 지켜 주시고 보호해 주시는지 야곱의 입을 통해 미리 말씀해 주시는 것입니다. 여자가 남자와 결혼할 때, 먹는 것이나 입는 것을 주며 모든 어려움에서 지켜 주는 것 등은 남자가 당연히 해야 할 일입니다. 결혼한 후에 매 끼마다 밥의 무게를 달아보면서 아내가 먹는 밥을 아까워한다든지, 몸이 아플 때 약값이나 병원비를 아까워하는 남자는 처음부터 결혼을 하지 말아야 합니다. 결혼했으면 여자의 모든 필요를 다 채워 주어야지요. 그렇게 하지 않으려면 뭐 하러 결혼합니까?

야곱이 돌에 기름을 붓고 하나님의 말씀을 의지하며 살기로 결단했을 때, 먹는 것이나 입는 것이나 위험에서 보호받는 것은 자동적으로 하나님의 책임으로 돌아가게 되어 있습니다. 그러나 우리는 그것을 믿지 못합니다. 하나님을 믿고 난 후에도 여전히 먹는 문제, 입는 문제, 사는 문제 때문에 고민하느라 신앙생활을 제대로 못 합니다. 하나님께서는 야곱의 입을 통하여 이 모든 것은 당연히 자신이 책임지실 문제이며 하나님의 언약 속에 포함되어 있다는 것을 말씀하고 계십니다.

그러므로 이 서원은 야곱의 서원이라기보다는 하나님의 확인이고, 이 기름 부음은 야곱의 기름 부음이 아니라 하나님의 기름 부음입니다.

우리는 하나님이 나의 이런이런 조건을 들어 주시기 때문에 믿는 것이 아닙니다. 하나님께서 능력과 말씀으로 나에게 나타나시고 내가 그 말씀을 믿는다면, 내가 굳이 조건을 내세우지 않아도 나의 먹는 것이나 입는 것이나 모든 안전한 삶을 전부 하나님께서 책임지시게 되어 있습니다. 그래서 예수님께서 제자들에게 무엇이라고 말씀하셨습니까?

"그러므로 염려하여 이르기를 무엇을 먹을까 무엇을
마실까 무엇을 입을까 하지 말라. 이는 다 이방인들이
구하는 것이라. 너희 천부께서 이 모든 것이 너희에게
있어야 할 줄을 아시느니라. 너희는 먼저 그의 나라와
그의 의를 구하라. 그리하면 이 모든 것을 너희에게
더하시리라"(마 6:31-33).

이 세상 사람들에게는 어디에서 먹을 것을 찾으며 어디에서 입을 것을 찾느냐가 가장 중요합니다. 그들은 항상 이것을 염려해야 합니다. 염려하지 않으면 굶어 죽을 것입니다. 그러나 하나님은 자신과 언약을 맺은 이 백성들에게 절대로 염려하지 말라고 말씀하십니다. 염려보다 더 그들을 비참하게 만들고 비굴하게 만드는 것이 없기 때문입니다. '염려하는 하나님의 백성'이라는 것은 앞뒤가 안 맞는 말입니다. '믿는 하나님의 백성'이 맞는 말입니다. 하나님의 백성이 염려하면 마음

그러므로
염려하지 말라

이 돌처럼 굳어져서 믿음이 작동하지 않습니다. 안 믿는 사람하고는 대화가 돼도 염려하는 믿는 사람하고는 대화가 안 돼요. 믿지 않는 사람보다 훨씬 못합니다. 왜 그렇게 신앙생활 합니까? 왜 그렇게 비참하게 믿습니까? 물론 사람이니까 염려하게 될 수 있습니다. 그래도 조금만 염려해야지 줄기차게 염려하면 안 됩니다. 작년에 염려하던 문제를 올해도 계속 염려하면 안 됩니다.

하나님께서 이스라엘 백성과 광야에서 언약을 세웠을 때, 그들은 늘 먹고 마시는 것으로 하나님을 시험했습니다. 과연 하나님께서 이 메마른 광야에서도 신실하게 책임을 지키실 것인지를 의심했습니다. 그러면서 내린 결론이 애굽으로 돌아가자는 것이었습니다. 사실 우리는 광야에 있던 이스라엘 백성의 수준을 넘어서지 못하고 있습니다. 우리는 신앙이 갖는 그 놀라운 측면을 잊고 있습니다. 하나님이 당연히 나의 먹을 것을 책임지십니다. 하나님이 당연히 나의 결혼을 염려해 주십니다. 하나님이 당연히 나의 삶을 염려해 주십니다. 내가 말씀을 붙들기만 하면 이 모든 것을 책임져 주시게 되어 있어요. 만약 그것을 책임져 주지 않는 하나님이라면 뭣 때문에 믿습니까? 교회에 불 싸지르고 뛰쳐나와 버리지 뭐 하러 주일마다 찾아옵니까? 그런데 사람들은 염려는 염려대로 하면서 교회는 교회대로 나옵니다.

하나님 말씀 하나만 붙들면 모든 것이 해결되게 되어 있습니다. 그래서 예수님은 기도할 때마다 하나님을 '아버지'라고 부르라고 가르치셨습니다. 자기 자식을 사랑하지 않을 아버지가 누가 있습니까? 예수님께서 마태복음에서 하신 말씀이 바로 이것입니다.

"너희 중에 누가 아들이 떡을 달라 하면 돌을 주며
생선을 달라 하면 뱀을 줄 사람이 있겠느냐?"(마 7:9,10)

내가 하나님의 말씀에 붙들리면, 하나님께서 나에게 능력있게 나타
나시면, 그분이 내 모든 필요를 채워 주시게 되어 있습니다. 나로 하여
금 풍성한 삶을 살게 하실 책임이 하나님께 있습니다. 사실 남편은 그
렇게 못 할 때가 많습니다. 남편은 결혼해 놓고서도 아내는 제쳐 둔 채
혼자 돌아다닐 때가 많아요. 그리스도인들은 그렇게 하면 안 됩니다.
아내를 행복하게 해 주어야 합니다. "어떻게 하면 당신을 더 행복하게
해 줄 수 있을까?"라고 늘 물어 보십시오. "그것이 나의 소망이고 나
의 간절한 기대야"라고 말씀하십시오. 이것은 조건이 아닙니다. 남편
이 당연히 해야 할 일입니다.

우리는 삶 속에서 우리를 억압하며 풍성하지 못하게 만드는 것들이
있을 때, 그것이 무엇이든지 간에 야곱처럼 하나님께 구체적으로 말씀
드릴 수 있습니다. 야곱의 기도가 어떤 것입니까? "하나님의 언약은
믿지만 제가 너무 어려운 지경에 있습니다. 너무나 억압되어 있습니
다. 저를 도와 주십시오." 그러면 당연히 도와 주십니다. 오늘 예배드
리는 가운데 나를 풍성하게 만들지 못하게 하는 것이 있습니까? 야곱
처럼 기도하십시오. "하나님, 저는 이러이러한 관계 때문에 풍성한 삶
을 살지 못하고 있습니다", "저는 빚 때문에 풍성하게 살지 못하고 있
습니다", "저는 이 병 때문에 풍성한 삶을 살지 못하고 있습니다" 하고
기도하십시오. 굉장히 빨리 응답될 것입니다.

4. 계속적인 헌신의 다짐

야곱은 이렇게 다짐합니다.

"나로 평안히 아비 집에 돌아가게 하시오면
여호와께서 나의 하나님이 되실 것이요
내가 기둥으로 세운 이 돌이 하나님의 전이 될 것이요
하나님께서 내게 주신 모든 것에서 십분 일을
내가 반드시 하나님께 드리겠나이다"(28:21, 22).

야곱의 고백 　여기서도 야곱이 하나님께 조건을 달고 있는 것처럼 보이는데 사실은 조건이 아닙니다. 야곱은 지금 자기 힘으로는 아버지 집에 평안히 돌아갈 가능성이 없다는 것을 고백하고 있습니다. "하나님이 저와 함께하시지만 지금은 집으로 돌아갈 가능성이 없습니다. 형이 나이라도 많으면 먼저 죽으리라는 기대라도 하겠지만, 우리는 쌍둥이이고 저렇게 시퍼렇게 살아 있는데 제가 언제 아버지 집에 돌아가겠습니까? 저는 돌아갈 가능성이 없습니다. 그러나 만일 돌아가게 된다면 그것은 전적으로 하나님의 은혜인 줄 알고, 영원히 하나님을 떠나지 않으며 다른 신을 섬기지 않겠습니다"라고 말하고 있는 것입니다.

야곱은 하나님 앞에서 자신의 연약함을 인정하고 있습니다. 자신의 연약함 때문에 하나님의 언약으로부터 미끄러져 나갈 가능성이 너무나도 크다는 것을 고백하고 있습니다. "저는 하나님을 믿습니다. 그러나 제가 누굽니까? 그 유명한 야곱 아닙니까? 저는 너무나도 간사하며 변덕스러운 사람입니다. 지금은 하나님을 믿는다고 선언하지만 상황이 변하면 어떻게 될지 모릅니다. 저는 이 곳에 텐트를 치고 영원히 하나님을 섬기며 살고 싶습니다. 그러나 저의 힘으로는 이것이 불가능합니다. 만일 하나님께서 저를 버리시지 않는다면 저도 영원히 하나님을 떠나지 않고 하나님을 섬기면서 살겠습니다.”

우리 자신의 모습을 보면 계속 신앙생활 잘할 사람이 없습니다. 실업자로 있다가 직장이 생기면 신앙을 팔아 먹습니다. 혼자 지내다가 결혼하게 되면 신앙을 팔아 먹습니다. 아이 없이 살다가 아이를 낳으면 신앙을 팔아 먹습니다. 우리에게는 야곱 같은 기질이 있습니다. 변덕이 죽 끓듯 합니다. 야곱은 하나님 앞에서 그것을 인정하고 있는 것입니다. 우리가 신앙생활 하면서 내리는 결론이 무엇입니까? ‘하나님은 신실하셨지만 나는 신실하지 못했다’ 는 것입니다. 이것이 늘 하나님께 드리는 고백입니다. 하나님께서 우리에게 큰 승리를 주셨을 때에도 그 내막을 보면 우리는 수없이 실패했고 수없이 변덕을 부렸으며 수없이 넘어졌다는 것을 인정하지 않을 수 없습니다.

하나님은 야곱을 지켜 주셨지만 야곱은 돌아오지 않았습니다. 하나님은 야곱의 필요를 채워 주셨지만 야곱은 서원한 것을 하나도 지키지 않았습니다. 결혼하고 애 키우고 재산을 늘린다고 20년, 30년이 지나도록 벧엘을 잊어버리고 살았습니다. 결국 하나님이 강권적으로 떠나게 하셨을 때에야 비로소 어쩔 수 없이 하나님께 돌아왔습니다.

자기가 세운 기둥으로 성전을 삼겠다는 말이 무슨 뜻입니까? 여기에서 제사장의 역할을 하겠다는 것입니다. 하나님의 말씀을 듣고 그 말씀을 이 땅에 전하며 모든 사람의 죄를 짊어지고 기도하는 제사장의 역할을 감당하겠다는 것입니다.

또 십일조를 하나님께 바치겠다는 것은 자기 소유를 자기 것으로 생각하지 않고 하나님의 뜻대로 사용하겠다는 것입니다. 십일조를 바치는 사람은 나머지 생활을 믿음으로 하지 않을 수가 없습니다. 나머지 생활에 하나님께서 함께하시지 않으면 반드시 적자가 나게 되어 있기 때문입니다. 어떤 사람은 "번 돈을 다 써도 모자라는 판국에 어떻게 십일조까지 떼느냐"고 합니다. 맞습니다. 번 돈을 다 써도 모자랍니다. 그럼에도 불구하고 십일조를 바치는 것은 이제 자기 힘으로 살지 않겠다는 뜻입니다. 그 사람은 나머지 돈을 믿음으로 써야 합니다. 그러면 모자랄 리가 없습니다. 또 주일을 온전히 바치는 사람은 일주일을 믿음으로 살아야 합니다. 월요일부터 토요일까지 제멋대로 살고 주일까지 제멋대로 사는 사람은 파산하게 되어 있습니다.

오늘 말씀을 통하여 우리가 깨닫는 것이 무엇입니까? 신앙은 하나님을 구경하는 일로 되지 않는다는 것입니다. 하나님이 직접 찾아오셔야 한다는 것입니다. 오늘까지 도망치면서 살았습니까? 이제 하나님의 말씀에 사로잡혀야 합니다. 그 말씀에 믿음으로 반응하는 것이 신앙입니다. "하나님, 지금까지 저는 도망쳤습니다. 그러나 오늘 기름을 붓고 다시는 도망치지 않겠습니다." 그 때부터 하나님께서는 나의 먹고 사는 모든 문제를 책임져 주시며 나를 풍성하게 만들어 가실 것입니다. 나의 삶을 변화시켜서 참으로 아름다운 삶을 살도록 축복해 주실 것입니다. 오늘 우리에게 중요한 것은 얼마나 오래 사느냐가 아닙니다. 단 하루를 살아도 아름답게 사는 것입니다. 단 하루를 살아도 믿음으로 사는 것입니다.

　하나님의 말씀은 설득이 아닙니다. 사로잡는 것입니다. 사랑하는 여러분, 오늘 말씀에 붙들리기 바랍니다. 그래서 이 광야 같은 세상에서 살아갈 때 하늘에서 만나가 내리기를 바랍니다. 여러분이 가는 길에 반석에서 샘이 솟는 기적이 일어나기를 바랍니다. 여러분의 기도를 통하여 하늘이 열리며 기도가 응답되는 역사가 나타나기를 바랍니다. 이제는 더 이상 먹고 사는 문제에 매이지 않고 참으로 한순간을 살아도 다른 사람을 축복하는 아름다운 삶이 여러분에게 열리기를 바랍니다. 여러분 가운데 바르게 사는 사람들이 우후죽순처럼 일어나기를 바랍니다.